좋은 잠 처방전

SLEEP WRECKED KIDS by Sharon Moore
Original English language edition published by Morgan James Publishing Copyright (c) 2019 by Sharon Moore. Korean-language edition copyright (c) 2020 by HAEWADAL. All rights reserved.

이 책의 한국어판 저작권은 대니홍 에이전시를 통한 저작권사와의 독점 계약으로 해와달 출판그룹에 있습니다. 저작권법에 의해 한국내에서 보호를 받는 저작물이므로 무단전재와 복제를 금합니다.

* 유월사일은 해와달 출판그룹의 단행본 브랜드입니다.

잠 못 자는 우리 아이를 위한

좋은 잠 처방전

샤론 무어 지음 | 함현주 옮김

유월사일

머리말

샐리Sally는 잠자는 데 문제가 많은 아이다. 이 아이는 잠을 잘 때 계속 입으로 숨을 쉬고 밤새 몸을 뒤척인다. 그리고 숨을 잠깐 멈췄다가 다시 큰 소리를 내면서 숨을 내쉬기도 하는데, 그 소리에 샐리 자신이 깰 정도다. 자신의 침대에서 자긴 하지만 자다가 깨어서는 무섭다고 할 때가 많아서 결국 부모가 샐리의 옆에서 함께 자야 한다. 샐리는 자는 동안 이리저리 굴러다니고, 코를 골거나 발을 차는 일도 잦아서 그 옆에서는 거의 잠을 잘 수가 없다. 그래서 아이의 부모는 서로 번갈아 가며 아이 옆에서 잔다. 가끔 아이가 먼저 잠이 들어 아이의 침실 옆방에서 일을 할 때면, 한 시간에 세 번 정도는 쿵 하고 부딪히는 소리가 들릴 만큼 아이는 자주 뒤척인다. 또 베개에는 항상 침을 흘린 자국이 있어서 일주일에 두 번 정도는 베갯잇을 바꿔야 한다. 샐리의 쌍둥이 언니는 밤에도 대소변을 잘 가리지만 샐리는 이틀에 한 번꼴로 이불에 오줌을 싸며, 그러고 나서도 몇 시간 동안 잠에서 깨지 않는다. 오줌을 쌀 때마다 아이가 너무 속상해하자 엄마는 다시 기저귀를 채워주기 시작했다. 하지만 기저귀를 한다는 사실도 아이에게는 정신적 고통이다. 엄마와 아빠가 얼마나 아이를 사랑하는지 말해주면서, 샐리가 다시 아기가 된 것은 아니라고 안심시켜도 소용이 없었다. 문제는 낮에도 발생한다. 낮 시간 동안 아이는 주로 입으로 숨을 쉰다. 그리고 말할 때 콧소리가 심해서 아이의 말을 알아듣지 못하는 사람이 많다. 또 쌍둥이 언니보다 말이 느려서 쌍둥이 언니가 샐리의 말을 대신 해주곤 한다. 아이에게 코 세척도 해주고 비강 스프레이도 사용했지만 어떤 것도 효과가 없었다. 아이는 누구에게나 다정하고 사랑스러웠지만, 수면과 호흡 문제 때문에 어떤 활동에도 집중하지 못하고 줄곧 피곤해하는 모습을 보인다. 아이는 '수면 무호흡증'의 전형적인 특징을 모두 드러내고 있었다.

  이처럼 힘겨운 수면 문제를 겪고 있는 아이가 샐리 한 명만 있는 것은 아니다. 애덤 맨스바크Adam Mansbach의 책『재워야 한다, 젠장 재워야 한다Go the F**k to Sleep』가 뉴욕타임스의 베스트셀러 목록에 오르자 많은 사람이 깜짝 놀랐다.[1] 애덤 맨스바크의 적나라하고 솔직하면서도 재미있는 이야기들은 피곤해하면서도 잠은 안 자고, 시간을 끌면서 마치 부모의 인내심을 시험하는 것 같은 아이로 인해 고생을 해본 모든 부모의 마음을 사로잡았다. 부모들의 공감을 얻은 이 책은 전 세계에서 뜨거운 반응을 일으키며 150만 부 이상 판매되었다. 어쩌면 무례하게 보일 수도 있는 이 책에 대한 찬사를 통해 알 수 있는 것은 아이의 수면 문제는 이 세상 어디에나 존재한다는 사실이다. 이는 자료를 통해서도 입증되었다. 전체 아이들의 24%, 만 2세 미만 아이들의 35% 정도가 잦은 수면 문제를 겪는다고 한다.² 가장 흔한 수면 문제의 원인은 바로 행동 문제에 있다. 심리학자 세라 블런던Sarah Blunden은 수면 문제를 겪고 있는 아이들 가운데 30~40%가 습관과 행동에서 문제를 보이는 것으로 추정했다.³ 하지만 더 많은 수면 문제의 원인은 생리학적 문제이며 그로 인한 피해는 더욱 오래 지속된다. 저명한 소아 수면 전문가인 주디스 오언스Judith Owens와 심리학자 조디 민델Jodi Mindell은 25%의 아이들이 성장하면서 여러 가지의 수면 문제를 겪는다고 발표했다.⁴

대체로 수면 장애가 심각할수록 그 징후도 심각하다. 징후가 심하지 않은 경우라면 부모는 아이가 수면 장애를 겪고 있다는 사실조차 모른 채, 유난히 피곤해하고 짜증을 많이 낸다고만 생각할 것이다. 아이가 집중력이 약하고 행동이 서툴러서 또는 공격적이어서 고민하거나 아이가 학교생활을 잘하지 못해서 걱정할 수도 있다. 수면 장애의 징후는 똑똑한 아이일수록 알아채기 어렵다. 그런 아이들은 겉보기에 다른 아이들과 큰 차이 없이 잘하고 있기 때문이다. 하지만 그 모습은 원래 아이가 가지고 있는 능력에 훨씬 못 미치는 것이다. 부모는 아이의 모습에 익숙해져, 아이의 본래 모습은 훨씬 더 뛰어날 수 있다는 생각을 미처 하지 못하게 된다. 심각한 수면 장애 징후를 보이는 아이에게는 의학적 질환이 있는 경우가 많다. 이와 관련하여 진단할 수 있는 질환의 종류는 90가지가 넘는다. 수면 호흡 장애도 그중 하나이며 이것은 아이의 뇌, 심장, 혈압, 성장, 식욕, 치아 및 턱 발달 등에 영향을 준다.⁵ 그중 하나는 폐쇄성 수면 무호흡증으로, 가장 심각한 형태의 수면 호흡 장애라고 볼 수 있다. 폐쇄성 수면 무호흡증이 있는 아이는 깨어 있는 채로 생활하는 것조차 힘겨울 수 있기 때문에 행동 및 학습 문제가 심각하고, 언어 발달이 지연되며 감정 조절이 잘되지 않는다. 또한 이 질환이 있는 아이들은 지시를 따르는 데 어려움을 겪고 ADHD(주의력 결핍 및 과잉 행동 장애)로 진단받을 가능성이 보통 아이들보다 다섯 배나 높다. 더 심각한 것은 폐쇄성 수면 무호흡증이 있는 아이들의 95%가 폐쇄성 수면 무호흡증이라는 진단조차 받지 못한 상태라는 점이다.[6] 이는 내 아이도 수면 호흡 장애나 폐쇄성 수면 무호흡증을 겪고 있을 수 있다는 의미이다.

수면 문제의 원인이나 그 징후의 심각성과 상관없이, 아이가 제대로 잠을 못 자면 살아가는 데 필요한 모든 능력에 악영향을 받는다. 잠자는 데 방해를 받으면 잠을 자는 동안에만 일어나는 필수적인 뇌 회복 과정도 방해를 받기 때문이다. 게다가 아이가 잠을 못 자면 부모도 잠을 잘 수 없다. 결국 부모도 참을성이 없어져 육아에도 문제가 생기고 업무도 잘 수행할 수 없게 되며, 자신이 꿈꾸던 부모의 모습과 점차 멀어지게 된다.

부모들은 아이가 코를 골고, 숨소리가 크고, 밤에 자주 깨는 등의 징후가 있어도 정상적인 상태라고 생각하는 경우가 많다. 바로 이 점이 문제를 더 크게 만든다. 이런 징후들은 정상이 아니다. 흔히 나타날 수는 있어도, 결코 정상적인 상태라고는 볼 수 없다. 코골이를 예로 들어보자. 소아 수면 전문가인 짐 파파도풀로스Jim Papadopoulos 박사는 이렇게 말했다. "코골이는 뇌로 공기 즉, 산소가 전달되지 않도록 목구멍을 마개로 막는 것과 같습니다. 따라서 코골이는 행동, 학습, 감정에 영향을 줍니다. 코를 고는 아이는, 심지어 온순하고 보육 기관이나 학교에서 잘 지내더라도 집중하는 데 어려움을 느낍니다. 여러 연구에 따르면 코를 고는 아이들은 지능 검사에서 평균보다 10점 정도 낮은 점수를 보인다고 합니다."[7] 아이가 코를 킁킁거리거나 콧바람을 내는 모습이 귀엽게 보일 수도 있지만 그런 행동이 아이에게는 실제로 지속적이고 심각한 손상을 줄 수 있다.

부모가 아이의 문제를 깨달은 경우에도 대부분은 단순히 빠른 해결법만 찾으려고 한다. 우리는 모두 바쁘고 피곤한데, 거기에 잠을 잘 못 자는 아이까지 있다면 더 힘든 상황일 것이다. 그렇기 때문에 베개를 바꿔 코골이를 고치려고 한다거나, 한밤중에 아이가 깬 경우 다시 편안하게 잠들 때까지 부모의 침대로 옮겨 재우는 등 조금이라도 힘이 덜 드는 지름길을 찾고 싶은 마음이 드는 것도 당연하다. 아이의 문제점을 인식하고 전문가의 도움을 찾는 부모도 종종 있지만 적절한 도움을 받는 것도 쉬운 일은 아니다. 누구에게 어떤 도움을 받아야 할지도 혼란스럽고, 여러 전문가가 해주는 조언들이 달라 더 혼란에 빠지기도 한다. 수면 장애에 대한 진단은 의학계 내에서도 매우 전문적인 분야이다. 수면 장애를 어떻게 발견하고 치료해야 하는지 모르는 의사와 의료 전문가도 많다. 내가 만난 환자 중에는 호주와 미국에서 23명의 의학 전문가를 만나고 나서야 아이에게 맞는 적절한 치료법을 찾은 부모도 있다. 어떤 부모는 아이와 함께 의사를 찾아가 아이가 늘 피곤해한다고 말했더니 의사가 "운동을 좀 더 하거나 아니면 더 많이 쉬도록 해보세요."라는 단순한 조언을 건넸다고 했다. 여기서 수면 문제는 전혀 다루어지지 않았다. 심지어 잠은 그다지 중요하지 않으며 아이들은 훈련을 통해 잠을 덜 잘 수도 있다고 주장하는 의료 전문가도 있다. 의료 종사자들이 다양한 조언과 치료법을 제안하기 때문에 부모들은 도대체 누구의 말을 듣고 어떤 방법을 선택해야 할지 도무지 알 수 없게 되기도 한다. 이러한 상황이 계속되고 있기 때문에 많은 부모가 치료를 포기하는 것은 놀랄 일이 아니다. 자연스럽게 수면 문제는 '끝도 없이 사람을 지치게 만드는 문제'가 된다. 해결책을 찾는 사람 중에는 문제를 해결하는 방식에 동의하지 못해서 결국 답이 없다고 생각하는 사람도 있고 "할 수 있는 것은 다 해봤지만 소용이 없었어요. 그래서 그냥 어쩔 수 없는 일이라고 생각하게 돼요."라고 말하며 체념하고 현재 상태에 안주하는 사람도 있다.

수면 문제가 있는 아이와 그 가족들이 일상생활에서 느끼는 피로감과 힘겨움은 수면 문제가 아이의 몸에 미치는 궁극적인 악영향에 비하면 아무것도 아니다. 밤마다 필요한 만큼 휴식을 취하지 못하면 네 가지의 주요 발달 영역, 즉 신체적(성장, 면역력), 정신적(지능, 집중력, 문제 해결 능력), 정서적(기분 및 감정 조절 능력), 사회적(학교생활, 교우관계, 의사소통 능력) 발달에 문제가 생길 수 있다. 간단히 말하면 잠이 부족한 아이는 자기가 가진 능력을 최대로 발휘할 수 없다.

이 책에서는 부모가 아이의 수면을 지키는 안전 요원이 되는 방법을 안내한다. 안전 요원은 사람들이 위험 상황에 있는지 두루두루 살피고 보호하여 사고를 방지한다. 부모도 이와 똑같은 일을 하면 된다. 인생의 모든 분야에서 아이를 안전한 길로 인도하고 보호하며 돌보는 것이다. 또 필요하다면 위험한 상황으로부터 구조도 해야 한다. 부모는 아이의 인생에서 안전 요원 역할을 하기에 가장 적합한 사람이다. 아이가 태어났을 때부터 가장 가까이에서 매일 지켜봤고, 아이에게 일어나는 모든 변화를 처음으로 목격한 사람이 바로 부모이기 때문이다. 즉, 부모는 아이의 수면 문제의 위험 신호나 징후를 발견할 수 있는 완벽한 위치에 있는 사람이다. 아이를 지키는 안전 요원이 되기 위해서는 아이가 태어날 때부터 좋은 정보와 적절한 도움을 받는 것이 좋지만 아이가 이미 많이 자랐다고 해서 걱정할 필요는 없다. 시작하기에 너무 늦은 나이란 존재하지 않는다. 이 책은 아이들의 수면 양상을 자세히 들여다보면서 수면이 왜 중요한지, 어떤 위험 신호를 주의해야 할지, 잠을 잘 자도록 도와줄 실질적인 방법은 무엇인지 알려줄 것이다. 각 장에서 다음과 같은 내용을 다루고 있다.

- **1장 수면의 중요성 | 수면은 아이의 미래를 결정한다**

잘 자는 것이 중요한 이유와 함께 잠을 잘 못 자는 경우에 생기는 행동, 신체 건강, 성격적 문제에 대해 알아본다. 수면 부족이 계속될 때 나타나는 문제와 함께 특수 아동의 수면 부족 문제도 살펴본다.

- **2장 수면에 대한 이해 | 수면을 제대로 알고, 이해하는 것부터 시작해야 한다**

수면에 대해 정확하게 알아야 한다. 더불어 잘 잔다는 것은 무엇이고, 잘 못 잔다는 것은 무엇인지도 알아야 한다. 이 과정에서 우리가 흔히 가지고 있는 수면에 대한 잘못된 고정 관념들도 바로잡을 것이다. 아울러 잠을 잘 잘 때 몸에서 일어나는 일, 수면 장애가 잠을 방해하는 방식, 가장 흔한 수면 이상의 원인 등에 대해서도 짚어본다.

- **3장 수면 문제 파악 | 아이는 낮과 밤, 언제나 위험 신호를 보내고 있다**

아이가 바람직한 수면 법칙에서 벗어났을 때 나타나는 주요 신호를 감지할 수 있어야 한다. 위험 신호는 보통 눈앞에 명백히 드러나 있다. 말 그대로 면전에 닥친 위험 신호도 있다.[8] 아이가 보내는 위험 신호를 감지하는 방법을 알아보고, 치료나 상담이 필요한 경우도 소개한다.

• 4장 좋은 수면을 위한 조건 | 아이의 수면은 적합한 환경과 일과에 좌우된다

수면 이상으로 힘들어하는 아이를 둔 부모에게 좋은 소식이 있다. 아이의 물리적 환경과 정서적 환경을 바꾸고 아침부터 밤까지 일과에 변화를 주는 것만으로도 많은 것이 해결된다는 사실이다. 본문에 자세한 해결책이 나와 있다.

• 5장 건강한 기도의 중요성 | 아이의 수면은 기도 건강과 밀접하게 관련되어 있다

아이의 일과와 환경을 바꾸어도 문제가 해결되지 않는다면 아이를 좀 더 깊이 들여다볼 필요가 있다. 아이들에게 발생하는 흔한 수면 장애가 상기도 문제, 즉 기도 근육이 기도를 열어놓는 기능과 관련되어 있다. 근육 기능 치료는 상기도 기능과 관련 있는 모든 근육을 훈련시키는 것이다. 바람직한 근육 발달을 위해 태어날 때부터 할 수 있는 중요한 근육 운동과 함께 나이와 상관없이 근육이 제 기능을 하지 못할 때 도움이 되는 근육 기능 치료를 제안한다.

• 6장 전문가가 필요한 경우 | 전문가에게 도움을 청하는 것도 부모의 역할이다

아이에게 수면 장애가 있다거나, 환경과 일과의 변화로 문제를 해결할 수 없다면 전문가의 도움이 필요한 상태이다. 심각한 수면 장애의 신호와 징후는 의학 전문가가 다루어야 한다. 도움을 줄만한 전문가, 전문가로부터 받을 수 있는 도움, 그리고 그런 전문가를 찾는 방법을 설명한다.

나 역시도 부모이기 때문에 아이의 몸 상태가 좋지 않은 것을 알면서 아무것도 해줄 수 없을 때 얼마나 괴로운지 알고 있다. 또 수면 부족만큼 아이와 부모 모두를 최악의 상태에 빠뜨리는 것이 없다는 사실도 알고 있다. 잠을 잘 자는 것이 일상이 되면 아이는 잘 성장하고 아이의 가족은 행복할 것이다. 수면 의학에 대한 연구가 급증하고 있으며 잠을 잘 못 자는 것과 그것이 미치는 악영향에 대한 사람들의 인식도 높아지고 있다. 나는 웰 스포큰Well Spoken의 설립자이자 언어병리학자로서, 호주 캔버라에서 구강 안면 근육 기능 치료를 하고 있다. 약 40년간 언어병리학자로 일하면서 4만 건이 넘는 임상 진료를 했다. 그 과정에서 수면 문제가 아이의 건강과 가족의 행복에 얼마나 큰 피해를 주는지 눈으로 직접 확인할 수 있었다. 그래서 부모가 아이의 수면 문제를 인지하고 치료하는 데 도움이 되고 싶었다.

만 10세 미만의 아이만 보더라도 영국에서 190만 명, 미국에서 1,100만 명, 아시아 전체에서 2억 5,000만 명, 호주에서 70만 명의 아이들이 수면 문제를 가지고 있다. 실제로는 더 많은 아이들이 수면 문제를 가지고 있을 것이다. 안타깝지만 많은 아이의 수면 문제가 잘못 진단되거나, 전혀 진단받지 못하고 있다. 수면 문제가 있는 아이는 보통 수면이 부족하고 산소도 부족하다. 이것은 다음 날 아이의 정신이 좀 멍한 정도로 끝날 문제가 아니다. 나는 언어병리학자이기 때문에 수면이 의사소통, 학습, 집중력, 행동에 영향을 미친다는 사실을 민감하게 알아챌 수 있다. 수면 문제가 있는 아이들은 행동이 서툴고 우울해 보이기도 하며 매사에 주의를 기울이지 못한다. 그래서 ADHD로 잘못 진단받는 일이 많다. 수면이 부족한 아이들은 학교에 입학할 때부터 또래보다 뒤처지고 학교생활을 따라가기 힘들어한다. 힘겹게 보낸 학교생활의 여파가 평생 이어지기도 한다. 아이가 그리고 부모가, 제대로 휴식을 취하지 못하는 경우 언어 능력이나 학습 능력 향상을 위한 치료가 과연 효과를 발휘할 수 있을지도 의문이다.

전 세계 수면 전문가들은 부모가 아이의 수면 문제에 대해 아주 잘 알고 있어야 한다고 말한다. 그것이 이 책을 쓴 이유이기도 하다. 이 책에서는 수면의 중요성과 아이에게 수면 문제가 생겼을 때 알아채는 방법, 수면 문제를 개선할 실질적인 방법을 알려주고자 한다. 수면 문제의 심각성을 널리 알려서 모든 부모가 이 문제에 대해 항상 경계를 늦추지 않도록 하는 동시에 아이들 모두가 매일 밤 필요한 만큼 잘 자도록 돕는 것이 나의 임무이다. 그렇게 모두가 노력한다면 아이는 지금보다 더 향상된 지적 능력과 행복 그리고 건강을 누릴 수 있을 것이다. 나는 부모들이 치료 가능한 건강 문제에 대한 최신 지식을 알 권리가 있다고 생각한다. 아이들 역시 행복하게 잘 자라면서 자신의 능력을 최대로 발휘할 권리가 있다. 모든 사람은 잠을 잘 자야 한다는 사실을 명심하자. 이 책은 당신과 당신의 아이 모두가 좋은 잠을 자는 데 확실한 도움이 될 것이다.

샤론 무어 Sharon Moore

추천의 말 - 1

─── 잠을 잘 잔다는 것은 건강한 삶을 위해 가장 중요한 일이다. 특히 성장 중에 있는 아이의 경우에, 잠은 신체와 정신의 건강한 발달에 훨씬 더 큰 영향을 미친다. 이를 알고 있으면서도 부모들은 아이의 잠 문제를 제대로 파악하기 쉽지 않다는 어려움에 부딪친다. 많은 부모가 아이가 이렇게 자는 것이 과연 정상적인지 아닌지 도무지 알 수 없어 애를 태운다. 고민 끝에 아이의 잠 문제를 병원에서 상담했으나 속 시원한 설명을 듣지 못했던 수많은 부모들의 하소연과 인터넷에 올라오는 더 많은 부모들의 성토가, 아이 잠 문제에 대처하기가 얼마나 어려운지를 보여준다. 아이의 잠 문제는 상황에 따라 대단히 체계적으로 접근해야 한다. 제대로 된 조치가 필요한 상황에서 아이의 잠 문제에 빠르게 대응하지 못하면, 아이의 잠 문제는 엄청난 악순환에 빠지게 된다. 많은 부모들에게 효과적이고 구체적인 대응 방법을, 체계적으로 빠짐없이, 그리고 쉽게 알려줄 수 있는 샤론 무어의 책이 한국에 소개된다는 것은 정말 기쁜 일이다. 이 책은 잠의 중요성부터 잠 문제를 인식하는 방법, 가정에서 실행할 수 있는 환경·정서적인 조치까지 세밀하게 다루고 있다. 더 나아가서는 아이 수면의 질에 직접적인 영향을 미치는 '기도 근육'을 강화할 수 있는 방법과 아데노이드 비대증과 같은 의료 전문가의 도움이 반드시 필요한 경우까지 체계적으로 소개하고 있다. 아이의 수면 문제를 '실제로 해결

하는 것'에 초점을 맞추고 있다.

소아과 전문의로서, 특히 수면 분야를 전문적으로 다루는 의사로서, 모든 부모들에게 이 책을 권하고 싶다. 이 책을 통해 아이들의 현재와 미래가 지금보다 더 건강해지고 행복해질 것이라고 확신한다.

채규영
차의과학대학교 분당차병원 소아청소년과 교수, 분당차병원 수면센터장,
아시아태평양 국제소아수면연구회 한국 대표, 대한소아신경학회 소아수면연구회장

─── 소아 폐쇄성 수면 무호흡증은 2세에서 8세의 아이들에게 흔히 발생하는 심각한 질환이라고 알려져 있지만, 진단받지 못한 채 고통을 받는 아이들이 많다. 소아 폐쇄성 수면 무호흡 증상으로는, 코를 골거나 잘 때 거친 숨소리를 내고 낮 시간에 졸려 하고 행동이 산만한 것 등이 있지만, 아이들이 보이는 증상들을 부모가 간과하는 경우가 흔하다.

교정과 의사로서 30년 동안 소아 폐쇄성 수면 무호흡증을 치료했으며, 국내외 권위 있는 학술 대회에서 아이들의 건강한 호흡과 건강한 수면의 중요성에 대해 강의하면서 다른 의사들, 치과 의사들과 같이 연구하기도 했다. 저자인 호주의 언어병리학자 샤론 무어와는 세계수면학회, 국제소아수면학회 추천인의 강의 후 따로 이야기한 계기로 알게 되었는데, 그녀가 집필한 아이들의 건강한 수면에 대한 책이 한글 번역판으로 출간되어 기쁜 마음으로 추천사를 쓰게 되었다.

마케팅으로 물든 잘못된 정보들이 범람하는 시대에 과학적인 내용을 기반으로 한 『좋은 잠 처방전』이 고통을 받는 아이들과 부모님들에게 도움이 되길 기대한다. 또한 아이들의 건강한 수면을 위해 연구, 진료, 교육하는 소아청소년과, 이비인후과, 치과교정과 교수와 선생님의 도움을 얻는 적극적인 계기가 되길 바란다.

김명립
일리노이 치과교정과 치과의원 원장, 대한수면의학회 치과위원장,
대한수면학회 부회장, 대한치과수면학회 부회장

─── 최근에 의학계뿐만 아니라 일반 대중들이 잠의 중요성을 인식하게 된 것은 무척 다행스러운 일이다. 한때 잠은 시간 낭비이며 게으름의 징표로 여겨진 적이 있었다. 하지만 적절한 잠은 건강에 매우 중요하고, 너무 많이 자는 것은 게으름 때문만이 아니며 잠의 질이 안 좋다는 것을 시사할 수 있다. 잠은 인간의 일생을 거쳐서 정상적인 신체, 정서 및 인지 능력의 성장, 발달 및 유지에 매우 중요한 역할을 한다. 뿐만 아니라 집중력 저하, 학습 장애, 정서 장애, 심혈관 장애, 비만, 대사 장애, 치매 등의 많은 건강 문제와 질환들이 적절하지 않은 잠과 밀접한 연관성이 있다. 그런 의미에서 소아가 겪는 수면의 문제를 대중에게 쉽게 알려주는 샤론 무어의 『좋은 잠 처방전』이 국내에 번역 출간되는 것은 매우 환영할 일이다.

이 책은 인생의 중요한 성장 시기를 보내고 있는 어린아이들의 수면 문제가 그간 얼마나 간과되었는지를 깨닫게 해준다. 이 책은 아이들이 겪는 여러 수면 장애를 다루고 있으며, 특히 수면 호흡 장애에 대하여 자세히 설명하고 있다. 이른바 수면 무호흡증에 관한 것인데, 성인의 10% 이상이 겪고 있는 문제로, 최근 대중에게 많이 알려졌다. 하지만 소아 수면 호흡 장애의 경우에는 그 존재마저도 인식이 부족한 것이 현실이다. 특히 ADHD 진단을 받은 자녀를 둔 부모라면, 혹시 이것이 수면 문제에 기인한 것인지 살펴봐야 한다. 자녀가 잠을 푹 자지 못하고 자주 깨고, 자는 중 코골이나 거친 숨소리가 심하다면 수면 호흡 장애 여부를 심각하게 고려하고 전문가의 도움을 받아야 한다. 이 책은 부모로 하여금 이러한 문제에 대처할 수 있는 실용적인 정보들을 제공한다. 예를 들어, 각종 자가 진단표, 수면 환경 조성 방법, 수면 호흡 장애를 예방하고 완화시키기 위한 상기도 근육에 대한 체계적인 훈련을 제시하고 있다. 또한 관련 전문가에게 도움을 요청해야 하는 상황에 대하여도 잘 정리했다.

어린아이를 키우는 부모에게 꼭 권하고 싶은 책이다. 아이의 잠은 그들의 미래를 위해 다시 돌아오지 않는, 무엇보다 중요한 시간이기 때문이다.

이헌정
고려대학교 안암병원 정신건강의학과 교수,
고려대학교 안암병원 수면센터 의사, 대한수면의학회 이사장

───── 육아가 힘들고, 지치고, 화날 때가 많습니까? 그렇다면 당신의 육아는 '실패 육아'일까요?

'성공 육아'와 '실패 육아'는 '잠'이라는 다리로 연결되어 있다. 행복하고 즐거운 육아가 아니라면, 잠으로 고통을 받고 있는 게 아닌지 뒤돌아봐야 한다. 잠은 질 좋은 행복을 위해 필수적인 요소이다. 질 좋은 행복을 위해 우리는 잠에 대해 점검하고, 해답을 찾아야 할 때다. 육아를 시작하려고 하지만 두려움을 가지고 있는 부모 혹은 육아의 늪에서 헤매고 있는 부모라면, 이 책을 통해 잘못 건너온 잠의 다리를 다시 되돌아가자. 『좋은 잠 처방전』을 읽고 나면 "우리도 행복할 수 있었어! 이게 진짜 행복이지!"라고 외치게 될 것이다. 가족의 행복과 평화를 선물할 이 책을 당신에게 선물하고자 한다.

김민지
이화해솔 아동발달연구소 대표, 행동 수정 전문가

─── 국내 1호 수면 전문가이자 두 아이의 엄마, 그리고 회사를 경영하는 대표이기도 한 나는 내 수면의 양과 질을 희생하며 지낸 적이 많았다. 아마 많은 부모들이 그러할 것이다. 그러나 본격적으로 호주와 미국에서 수면 전문가 과정을 이수하면서 내 삶에도 큰 변화가 찾아왔는데, 바로 좋은 수면을 영순위로 생각하게 된 부분이다.

『좋은 잠 처방전』에는 아이의 수면과 부모의 수면, 모두 소중하다는 내용이 강조되어 있다. 나 역시 이 말에 공감하는 바이다. 또 잠을 잘 자려면, 낮 시간을 잘 보내야 한다는 저자의 의견에도 동의한다. 깨어 있을 때 무엇을 했는지, 어떤 환경 속에서 생활했는지에 따라 수면의 질이 달라진다. 사람들은 깨어 있을 때의 일 혹은 그 성과 등에 초점을 맞출 때가 많지만, 실은 잠을 못 자면 인생은 행복할 수 없다.

이 책은 이해하기 쉽고 구체적이다. 또 수면 전문가의 시각에서 잠이 왜 필요한지를 상세하게 설명하고 있어 유익한 정보를 습득할 수 있으며, 수면 문제를 아이의 기도 건강과 연관시켜 다루는 등 그동안 일반 부모들이 쉽게 접할 수 없었던 전문적인 지식들을 얻을 수도 있다. 아이의 수면 때문에 고생을 하고 있거나 아이의 수면 문제에 관심을 가지고 있는 부모님들이 이 책을 통해 많은 도움을 받을 수 있길 바란다.

김준희
『똑게육아』 저자, 똑게육아 대표,
한국수면협회장

──── 아이들이 겪는 수면 호흡 장애는 최근 들어 심각한 질병으로 간주되고 있다. 이는 단순히 잠을 잘 못 자는 것의 문제로 그치지 않는다는 뜻이다. 아이는 물론 아이의 부모 모두 수면 호흡 장애 질환으로 발생되는 무수한 행동 문제와 어려움 때문에 많은 스트레스를 받는다. 유아 및 아동의 폐쇄성 수면 무호흡증의 심각성에 대한 인식이 높아지면서 미국과 유럽에서는 폐쇄성 수면 무호흡증의 처치를 위한 실무 지침서를 만들기도 했다. 또 아시아에서는 의사들을 비롯한 관련 분야 전문가단이 소아 폐쇄성 수면 무호흡증을 진단하고 치료하기 위한 진단 가이드라인을 제시했다. 사회적 차원에서도 수면 장애, 특히 수면 호흡 장애에 대해 잘 알고 있어야 한다. 그래야 수면 문제의 긴박성과 중요성을 더 잘 이해하고 효과적으로 관리할 수 있기 때문이다.

저자 샤론 무어는 이 책을 통해 수면 장애에 대해 알리는 데 크게 기여하고 있다. 언어병리학자인 샤론 무어는 다년간의 소아 폐쇄성 수면 무호흡증 치료 경험을 바탕으로 수면 문제가 있는 아이들을 치료하는 데 실질적으로 도움이 되는 조언과 꼭 필요한 지식을 소개하고 있다. 또 수면의 중요성과 함께 아이들의 기도 건강이 수면에 미치는 영향에 대해서도 이야기한다. 더불어 폐쇄성 수면 무호흡증 예방의 중요성을 강조하면서 이를 위한 안면 근육 기능 치료도 다루었다. 안면 근육 기능 치료는 폐쇄성 수면 무호흡증의 예방과 치료에 효과적이지만, 일반 대중은 물론 대부분의 의료 종사자들에게도 아직 잘 알려지지 않은 치료법이다. 폐쇄성 수면 무호흡증을 예방하기 위해서는 입이 아닌 코로 숨을 쉬는 것이 중요하다는 사실도 강조한다.

이 책은 부모가 아이의 수면 문제를 발견할 수 있도록 도와주는 한편, 아이의 수면 문제와 더불어 온 가족의 수면 문제를 해결할 수 있는 간단하지만 효과적인 방법들을 이해하기 쉽게 설명해줄 것이다.

다니엘 응 Daniel Ng
의학 박사,
아시아소아호흡기학회 창립 학회장,
세계수면의학회 공인 수면 질환 전문가

─── 아이에게 무엇이 최선인지에 대한 주장은 정말 많다. 하지만 이 책은 그 모든 혼란을 가라앉히는 동시에 잘 자는 것이 왜 아이의 건강과 발달에 필수적인지, 그리고 아이가 잘 자기 위해 부모가 할 수 있는 일은 무엇인지를 설명한다. 이 책의 독특한 점은 아이의 상기도와 수면과의 관계에 초점을 맞춘 것이다. 이 책을 읽기 전까지는 기도에 대해서, 그리고 기도 건강이 아이의 수면 문제에 미치는 영향에 대해서 거의 생각해본 적이 없었을 것이다. 아이들의 수면 문제를 다루는 책들은 대부분 행동 문제와 일과에만 초점을 맞추고 있다. 하지만 그것만으로는 모든 것을 설명할 수 없다. 이 책은 호흡 문제를 발견하는 법, 기도 건강을 증진시키는 운동법, 그리고 수면 이상을 바로잡을 전문가를 찾는 방법에 이르는 모든 조언을 담고 있다. 저자인 샤론 무어는 부모와 아이가 필요한 만큼 잠을 잘 수 있도록 돕는 데 남다른 열정을 가진 사람이다. 우리 가족은 이 책을 읽은 후 조금씩 변화를 보이고 있으며, 앞으로 더 많이 좋아질 것이라 기대하고 있다. 수면의 필요성과 잠을 제대로 못 잘 경우에 나타나는 심각한 결과를 설명하면서, 아이들이 더 나은 삶을 살려면 어떤 수면 계획을 세워야 하는지 알려준 이 책에 감사를 표한다.

제니 리들 Jenny Riddle
샤론 무어를 통해 아이의 수면 문제를 해결한 세 아이의 엄마

―――― 우리 아이들이 어렸을 때 이 책이 나왔더라면 얼마나 좋았을까 하는 생각을 했다. 만약 더 좋은 부모가 되기 위해 단 한 권의 책만 읽을 수 있다면 그것은 이 책이 될 것이다. 수면이 중요하다는 사실은 알고 있었지만, 단기적으로 그리고 장기적으로 수면 문제가 미치는 실질적인 영향은 알지 못했을 뿐만 아니라 실제로 수면 문제가 나타나도 발견하지 못했을 것이다. 이제야 나는 수면에 대한 이해 부족으로 인해 그동안 불필요한 불안감에 너무 많이 시달렸다는 것을 알았다. 이 책이 주는 지식과 실용적인 조언들을 더 빨리 접했다면 온 가족에게 훨씬 많은 도움을 주고 아이들을 잘 돌볼 수 있었을 것이다. 이 책에 담겨 있는 학문적 지식과 연구 자료들이 보여주는 깊이는 놀라울 정도지만 나와 같은 보통의 부모들도 분명하게 이해할 수 있을 만큼 쉽게 쓰여 있다. 그 내용 또한 굉장히 흥미로웠으며 아이들과 성인들 사이에서 흔치 않게 나타나는 수면 문제까지도 폭넓게 다루어서 더욱 놀라웠다. 이 책을 여러 번 읽은 뒤, 책에 나오는 조언에 주의를 기울이고 그것을 실천하면 자신은 물론 사랑하는 사람들에게도 도움을 줄 수 있다.

찰스 바빌론 Charles Babylone
청소년 아이들을 둔 아버지

일러두기

· 이 책에 나와 있는 전문 용어 및 의학 용어는 정확한 정보를 제공함으로써 독자들의 이해를 돕기 위한 것으로, 모두 암기하거나 혹은 정확히 이해해야 하는 내용은 아닙니다.
· 참고 문헌은 원서 『SLEEP WRECKED KIDS』에 나와 있는 순서대로 기재하였으며, 원서에 수록된 그대로 표기했습니다.

목차

- 머리말 004
- 추천의 말 - 1 014

1장 수면의 중요성: 수면은 아이의 미래를 결정한다

누구나 겪는 수면 문제의 심각성에 대하여 035

수면 문제의 원인은 다양하며, 이는 더욱 다양한 결과를 가져온다 041

아이의 건강한 성장 발달을 위해서는 올바른 수면이 반드시 필요하다 048

눈에 보이지 않더라도 수면으로 인한 문제는 점차 쌓이고 있다 053

수면 문제에 더 취약한 특수 아동들을 위한 솔루션 056

충분히 잘 것인지 수면 부족 상태로 살 것인지는 선택의 문제가 아니다 061

… 1장을 마치며 062

2장 수면에 대한 이해: 수면을 제대로 알고, 이해하는 것부터 시작해야 한다

'잠을 잘 잔다'는 것은 어떤 의미일까? 067
수면 중에도 뇌는 쉬지 않고 바쁘게 움직이고 있다 073
질 좋은 수면 그리고 적절한 수면량 모두 충족되어야 한다 081
'잠을 잘 못 잔다'는 사실을 알아채지 못하고 있다 085
잠을 못 자는 건, 한 가지 이유 때문만은 아니다 096
… 2장을 마치며 106

3장 수면 문제 파악: 아이는 낮과 밤, 언제나 위험 신호를 보내고 있다

악순환을 멈추기 위해서는 부모가 아이를 유심히 관찰해야 한다 111

위험 신호를 파악하는 구체적인 방법과 기준에 대하여 115

자가 진단표: 짐 파파도풀로스 박사의 수면 이력 검사표 119

수면은 행동에 영향을 주고, 행동은 수면에 영향을 준다 120

자가 진단표: 밤 시간 동안의 골칫거리 126   자가 진단표: 낮 시간 동안의 골칫거리 127

자가 진단표: 아이의 잠자리 환경 128   자가 진단표: 취침 시간 일과에 대한 점검 129

자가 진단표: 기도의 위험 신호 130   자가 진단표: 근육 기능 및 치과 질환과 관련 있는 위험 신호 131

자가 진단표: 의학적 위험 신호 133

… 3장을 마치며 136

4장 좋은 수면을 위한 조건:
아이의 수면은
적합한 환경과 일과에 좌우된다

부모는 아이의 변화를 이끌어내는 데 가장 적합한 사람이다 141

아이가 잠들기 좋은 물리적 환경 만들기 143

아이의 마음을 차분하게 만드는 정서적 환경 만들기 148

아이도 어른처럼 꿈을 꾸고, 악몽에 힘들어하기도 한다 155

일정한 일과와 좋은 습관은 부모가 만들어주는 것이다 158

아이는 부모의 도움 없이 혼자 잠들 수 있어야 한다 167

아이가 자다가 깼을 때 스스로 잠드는 법 가르쳐주기 170

아침 일상은 일관성이 있을수록 좋다 174

낮부터 수면을 위한 준비를 해야 한다 177

새로운 일과를 만드는 것보다 유지하는 것이 더 중요하다 181

… 4장을 마치며 190

5장 건강한 기도의 중요성: 아이의 수면은 기도 건강과 밀접하게 관련되어 있다

기도 문제 때문에 잠을 못 자고 있을지도 모른다 195

상기도를 위한 근육 훈련의 중요성 201

태어날 때부터 시작하는 기도 건강 관리 207

모유 수유를 할 때 단순히 '잘 먹는 것'만 생각해서는 안 된다 212

구강 호흡보다는 코로 숨을 쉬는 것이 좋다 220

근육 훈련을 통한 기도 발달의 핵심은 잘 씹는 것이다 224

말을 잘하도록 도와주는 방법에 대하여 234

… 5장을 마치며 242

6장 전문가가 필요한 경우: 전문가에게 도움을 청하는 것도 부모의 역할이다

때로는 전문가와 함께 아이의 수면 문제를 극복해야 한다 247

아이에게 딱 맞는 전문가를 선택하는 방법을 알아보자 252

적합한 전문가와 적절한 치료 방법 257

··· 6장을 마치며 260

- 맺음말 262
- 부록 1: 어린 아기들의 수면 습관 만들기 269
- 부록 2: 아이의 수면을 도와주는 잠자리 동화책 282
- 부록 3: 적절한 전문가 찾기 284
- 추천의 말 - 2 309
- 참고 문헌 313

1장

수면의 중요성

수면은
아이의 미래를
결정한다

지속적으로 질 나쁜 수면, 수면 부족, 수면 분절에
노출되면 아이의 행동, 신체, 감정 안에
그 결과물들이 계속해서 쌓이고,
시간이 지날수록 증상은 점점 악화된다.

누구나 겪는
수면 문제의
심각성에 대하여

지난 십 년간 수면 관련 문제는 세 배나 증가했다.
수면 장애는 사회적으로도 큰 문제지만
가족 모두를 힘들게 만들기도 한다.
- 오. 브루니 O. Bruni[9]

아이의 수면 문제를 다루기에 앞서 성인의 수면 문제를 먼저 알아보고자 한다. 수면을 방해하는 요소는 굉장히 많은데, 아이까지 잠을 잘 못 자는 상황이라면 부모는 당연히 제대로 잠을 잘 수 없다.

미국 질병통제예방센터 Center for Disease Control and Prevention에서 조사한 바에 따르면, 전체 미국인 중 35% 이상은 수면 시간이 하루 평균 7시간 미만이다.[10] 또 미국 성인들 중 30%는 수면 시간이 하루 평균 6시간 미만이다.[11]

단순히 피곤함을 불러일으키는 문제가 아니다

'잠은 겁쟁이들을 위한 것이다' 혹은 '잠은 죽어서도 잘 수 있다'와 같은 말들을 흔히 듣는다. 이를 통해 현대 사회는 휴식의 중요성보다 생산성을 더 강조한다는 것을 알 수 있다. 하지만 깨어 있는 시간이 길어질수록 생산성은 점점 떨어지게 된다. 수면 부족이 미치는 영향은 단순히 생활이 불편해지는 것으로 끝나지 않는다. 몸이 허락하는 시간 이상 깨어 있으면 신경 생물학적으로 손실이 발생하고, 그 손실은 시간이 지날수록 점점 더 증가한다.[12] 잠이 부족하면 몸에서는 혈당 수치가 올라가는 한편, 뇌 역시 제대로 된 생각을 할 수 없게 된다. 따라서 합리적인 사고가 어려워지고 의지력, 자제력, 생산성이 떨어질 뿐 아니라 소통 능력도 약해진다. 실제로 하루 수면 시간이 6시간 미만 혹은 8시간 이상 되면, 뇌가 노화되면서 논리적 사고력과 어휘력이 약해진다는 연구 결과도 있다.[13] 수면이 조금만 부족해도 신체의 모든 능력이 떨어지는 것이다.

때로는 깜빡깜빡 졸면서도 자신이 졸고 있다는 것을 모르기도 한다. 수면 부족으로 인한 교통사고, 산업 재해, 의료 사고 등은 수없이 많이 발생한다.[14,15] 심지어 체르노빌 원전 사고와 우주 왕복선 챌린저호 폭발 사고조차도 수면 부족과 관련이 있었다.[16,17] 더 심각한 것은 수면 문제가 있는 사람들의 대부분이 자신의 작업 수행 능력이 평소와 다름없다고 생각한다는 점이다. 하지만 실제 테스트 결과는 그렇지 않았다. 한 실험에 의하면 밤 수면 시간이 6시간 이하인 실험 대상자들이 낮 동안에 보여준 인지 수행 능력은 이틀 밤을 새운 사람들과 같은 수준이었다. 하지만 그들은 자신의 신체가 제 기능을 하지 못한다는 사실을 인지하지 못했고, 자신은 괜찮다고 생각했다. 이 실험을 진행한 연구자는 "실험 대상자들이 스스로 졸리다고 느끼는 정도를 조사해보면 그들은 대체로 자신의 인지 능력 저하를 알아채지 못한 채, 만성 수면 부족이 인지 기능에 미치는 악영향을 대수롭지 않게 여긴다는 것을 알 수 있습니다."[18]라고 지적했다. 수면이 부족해 수행 능력에 문제가 있는 상태이더라도 자신이 평소와 같은 수행 능력을 발휘한다고 인식하는 것이다. 심지어 평소 능력에 비해 턱없이 부족한 능력을 발휘한 경우에도 마찬가지다.

신체적·정신적 건강에 영향을 미친다

영국 서리대학교 University of Surrey 과학자들은 일주일 이상 규칙적으로 하룻밤에 6시간씩만 수면을 취했을 때, 700개 이상의 인체 유전자 혹은 그 유전자의 발현이 변형되었음을 발견했다.[19] 수면 분절(잠을 깊이 자지 못하고 자주 깨는 현상)과 수면 방해가 암과 관련이 있다는 연구도 있다.[20,21] 그뿐만 아니라 폐쇄성 수면 무호흡증(수면 중 기도가 막혀 호흡 방해가 발생하는 증상)이 있는 환자들은 췌장암, 폐암, 신장암, 피부암에 걸릴 위험이 일반 사람들에 비해 훨씬 높다.[22] 당뇨병, 조현병, 심장 마비, 뇌졸중, 알츠하이머병과 수면 부족, 수면 분절 사이의 연관성을 보여주는 연구 결과도 나와 있다. 성인 권장 수면 시간인 7~9시간에 미치지 못하는 5시간 이하의 수면을 취할 경우에는 사망 위험

이 15% 증가한다고 알려져 있다.[23]

1950년대에는 수면 부족의 영향을 알아보기 위한 극단적인 실험이 진행되기도 했다. 8일 동안 잠을 자지 않은 한 젊은 남성을 관찰한 결과, 점차 이상 행동을 보였다. 억지로 깨어 있는 상태에서 그는 자신의 신발 속에 거미가 가득 차 있다는 망상에 시달리거나 의사를 장의사로 착각하는 등 편집증 증세를 보였다.[24] 오늘날에는 절대로 허용될 수 없는 이 잔혹한 실험이 진행되는 동안 남자는 정신병 증세, 급격한 감정 변화, 우울감, 무기력감을 보였고, 발음이 불분명해졌으며 공격성도 드러냈다. 장기적 불면증과 유사한 극도의 수면 부족이 편집증, 정신 착란, 망상증, 환각 증세, 급격한 감정 변화, 기억력 문제 등 불안정한 심리 상태를 유발할 수 있음을 보여준 실험이었다.[25] 따라서 짜증이 늘고 의심이 많아지고 안절부절못하는 상태라면, 그것은 수면 부족과 관련이 있을지도 모른다.

넘치든 모자라든 매일 밤 적정 시간 동안 수면을 취하지 않는 것은 스스로를 고문하는 것과 같다. '적게 자는 사람'은 평균 밤 수면 시간이 7시간 미만인 사람들이고, '많이 자는 사람'은 평균 밤 수면 시간이 9시간 이상인 사람들이다.[26] 한 연구에 따르면 양쪽 모두 사망 위험을 증가시킨다고 한다.[27]

과도한 낮잠은 수면 호흡 장애 가능성을 판단하는 유용한 표시가 될 수 있다.[28] 또 일반적으로 야뇨증이라고 알려진 야간 배뇨 현상은 야간 기도 폐쇄와 함께 일어날 수 있는 증상으로, 조기 사망 위험 요소 중 하나로 추정되고 있다. 기도 폐쇄가 일어나면 심장이 호흡을 위해 더 격렬하게 움직이면서 신장 기능에 영향을 주어, 야간 배뇨를 유발하는 심방 나트륨이뇨 호르몬atrial natriuretic hormone을 분비한다. 실제로 하룻밤에 두 번 이상 깨어 소변을 보는 20~49세 사이의 남성은 같은 나이의 다른 남성에 비해 사망 위험이 두 배나 높다.[29] 따라서 야간 배뇨 현상은 건강, 특히 기도에 문제가 있음을 보여주는 위험 신호일 수 있으며, 심장 동맥 질환 위험이 증가하고 있다는 표시이기도 하다.[30] 다행히 수면과 호흡 문제가 해결되면 이런 위험은 감소되거나 사라질 수 있다.[31] 보통의 평온한 호흡으로 수면을 취할 때에는 항이뇨 호르몬antidiuretic hormone이 분비되어 배뇨가 억제된다. 물론 물을 많이 마셨거나 방광이 작은 경우처럼 다른 요인이 있을 수 있지만, 야간 배뇨 현상은 기도 문제나 호흡 장애 문제가 원인일 가능성이 크다.

수면은 삶의 질을 좌우한다

아주 심각한 건강 문제를 일으키지 않더라도 제대로 잠을 자지 못하면 기본적인 삶의 질이 떨어지기도 한다.

얼굴은 그 사람의 수면 상태를 보여준다. 일단 수면이 부족하면 스트레스 호르몬인 코르티솔cortisol이 분비되고, 며칠간 제대로 잠을 자지 못하면 체내에서 콜라겐이 생성되지 않아 눈 주위에 미세한 주름과 다크서클이 증가한다. 더 나아가 만성 수면 부족 상태가 되면 신체 노화 징후들이 점점 늘어난다.[32,33] 즉, 외적인 아름다움을 위한 수면 법칙은 실제로 존재한다는 사실이 밝혀진 것이다.

수면 부족은 식습관에도 영향을 준다. 충분한 수면을 취한 사람들보다 수면이 부족한 사람들이 정크 푸드를 더 많이 소비하는 경향이 있다. 렙틴leptin과 그렐린ghrelin은 뇌에 배고픔과 포만감에 관련된 신호를 보내는 호르몬이다. 렙틴은 배부를 때 신호를 보내는 식욕 억제 호르몬인 반면, 그렐린은 배고플 때 신호를 보내는 식욕 촉진 호르몬이다. 수면 부족은 렙틴과 그렐린 분비를 방해해 실제로 배고픈 것보다 더 배고프다고 느끼고, 배부르지만 배부르다고 느끼지 못하게 된다. 게다가 피곤할 때는 탄수화물 함량이 높은 음식을 찾는 결과를 낳으며,[34] 이는 결국 체중이 증가하는 악순환으로 이어지게 되는 셈이다.

사회 문제로 거론되기도 한다

만성 수면 부족이 심각한 문제가 되는 이유는 일상생활 중의 행동, 의사 결정 능력, 문제 해결 능력과 직접적으로 연관되기 때문이다. 개인에게 악영향을 미치기도 하지만 사회적으로도 문제가 된다. 미국은 중간 수준부터 심각한 수준까지 폐쇄성 수면 무호흡증이 있는 성인 2,300만 명에게 매년 650~1,650억 달러의 비용을 쓰고 있다.[35] 폐쇄성 수면 무호흡증을 방치하면 다양한 사회적 비용이 발생하는데, 치료에 드는 비용을 비롯해 업무 성과 저하, 우울증, 인간관계 단절, 자동차 사고, 업무상 과실 등으로 발생하는 비용도 포함된다.

개인의 삶부터 사회적인 측면까지 수면 부족이 미치는 영향은 굉장히 광범위하다. 수면 부족은 안타깝게도 아동에게 더 심각한 피해를 입힌다.

수면 문제의 원인은 다양하며, 이는 더욱 다양한 결과를 가져온다

아이들이 잠을 자지 않거나, 자려고 하지 않거나, 잘 수 없는 경우 혹은 밤에 자주 깨거나, 다시 잠들기 힘들어하는 경우 등의 결과는 낮 시간에 나타나게 된다. 행동적인 면에서나 신체적, 정신적인 면에서 성인과는 다른 결과가 나타난다. 이러한 수면 문제의 결과는 눈에 잘 띄지 않을 수도 있고 반대로 명확하게 드러날 수도 있는데 시간이 지날수록 점점 심각해지는 것은 동일하다. 피곤해하면서도 흥분 상태를 보이는 아이도 있고 행동이 둔해지면서 조화 운동을 제대로 하지 못하는 아이도 있다. 또 겉보기에는 아무 문제가 없어 보이지만, 사실은 자신이 가진 능력에 미치지 못하는 행동을 하고 있는 아이도 있다.

원인을 정확하게 파악하는 것이 최우선이다

만 4세인 다니엘Daniel은 작은 괴물이 되어버렸다. 다니엘은 태어날 때부터 잠을 잘 못 자는 아기였다. 밤이 되어도 좀처럼 잠들지 않았고, 계속해서 부모를 깨웠으며, 하룻밤 동안 보통 7시간 정도 잤다. 이는 다니엘 또래 아이의 적정 수면량인 10~13시간에 비해 매우 적은 수면량이다. 게다가 한번 잠들고 나서도 수면이 2시간 이상 지속되지 않았고, 낮잠도 자지 않았다. 수면 부족을 겪는 많은 아이들이 그렇듯 다니엘도 ==과도한 활동 양상을 보였는데, 이는 신체가 부족한 잠에 대한 보상으로 과도한 행동을 요구하기 때문에 발생하는 현상==이다. 그뿐만 아니라 다니엘은 평소 화를 잘 내고 굉장히 반항적인 성격이었다. 다니엘의 짜증이 통제 불능 상태에 빠진 지 2년이 지나자, 부모는 결국 한계에 다다르고 말았다. 결혼 생활도 어려움에 빠지게 됐다. 다니엘의 엄마는 "좋은 엄마가 되고 싶었는데 그럴 수 없을 것 같아요. 아이를 도와줄 수 있는 좋은 엄마가 되기엔 저는 너무 지쳤어요."라며 고민을 털어놓기도 했다.

다니엘의 엄마는 호주와 미국에서 23명이 넘는 전문의를 만나봤는데, 한 치과 의사가 다니엘의 기도 문제를 발견하고 난 뒤부터 다니엘의 상태가 조금씩 진전을 보이기 시작했다. 다니엘은 수면 호흡 장애의 전형적인 특징들을 가지고 있었다. 바로 호흡근(호흡할 때에 가슴을 확대하고 수축시키는 근육) 문제, 미성숙한 위아래턱, 다크서클, 구순 소대(입술에서 정중면을 따라 잇몸까지 뻗은 날카로운 점막 주름) 및 설소대(혀의 아랫바닥과 입의 점막을 잇는 띠 모양의 힘살) 단축증 등이었다.[36] 그리고 안면 구조가 길고 좁았는데, 이런 경우에는 기도가 좁은 형태로 되어 있을 가능성이 높다.

다니엘의 얼굴, 입, 목구멍 근육의 움직임을 통해 몇몇 문제를 발견할 수 있었다. 다니엘은 입으로 숨을 쉬면서 혀를 밖으로 내밀고 있었고 입술을 핥는 버릇이 있었으며, 음식을 제대로 씹지 못했다. 이것은 상기도(기도에서 기관지·후두·인두·코안이 있는 부위) 근육이 기도가 열려 있게끔 제대로 움직이지 않는다는 분명한 표시였다. 다니엘은 먹는 음식이 겨우 아홉 가지밖에 안 될 정도로 편식이 심했으며, 나이에 비해 체구가 작고 계절성 알레르기도 있었다. 또 기침이 잦고 잘 때 이를 갈았으며, 아주 심한 불안 증세를 보이기도 했고 언어 지체 증상도 있었다.

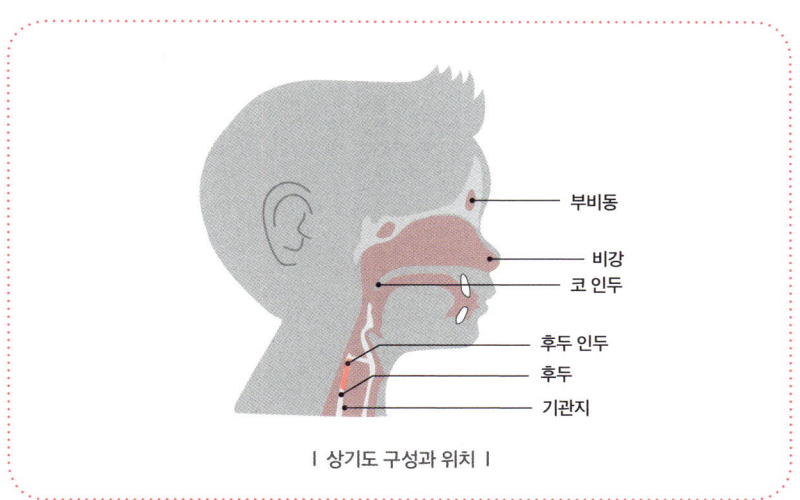

| 상기도 구성과 위치 |

기도 상태와 수면의 연관성

수많은 전문의를 만났지만, 그 누구도 편도선과 아데노이드^{adenoid}(코 뒤에 있는 편도 조직)가 다니엘이 겪고 있는 수면 문제의 원인이라고 생각하지 않았다. 알고 보니 지나치게 비대해진 편도선과 아데노이드가 다니엘의 기도를 막아 코골이 증세까지 일으키고 있었던 것이다. 이로써 다니엘이 자주 잠에서 깨고, 깊은 수면 단계에 진입하지 못한 정확한 이유에 대해 파악할 수 있게 되었다.[37] 이런 상황에서는 편도선과 아데노이드가 기도 폐쇄를 유발하여 기도 내에서 음압(대기보다 낮은 압력 상태)이 형성되고, 이에 따라 위에서 위산이 올라오는 역류 현상이 발생한다는 설명도 가능해진다. 다행히 다니엘은 더 심각한 폐쇄성 수면 무호흡증 증상인 헐떡임, 질식, 호흡 정지 등을 보이지는 않았다. 하지만 평소에 자주 코를 골고, 밤중에 여러 차례 잠에서 깼기 때문에 무럭무럭 잘 클 수 있을 정도로 깊고 편안한 잠을 잘 수 없는 상태임은 분명했다.

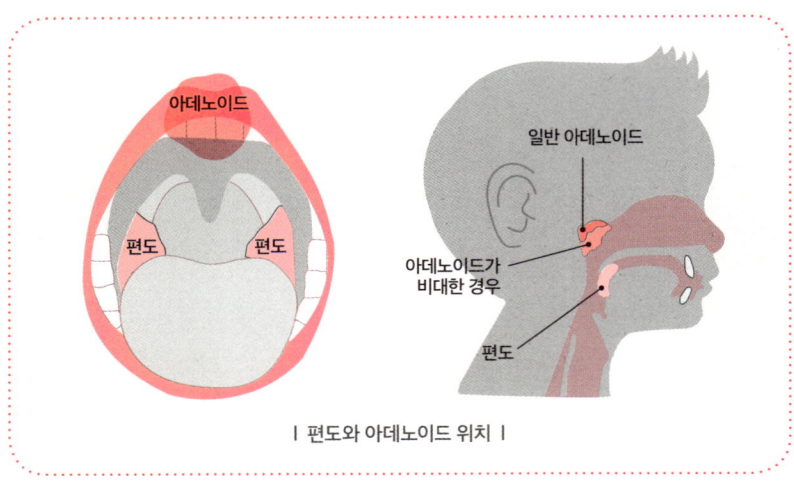

| 편도와 아데노이드 위치 |

다니엘은 편도선과 아데노이드 제거 수술을 받은 뒤에야 훨씬 깊은 잠을 잘 수 있게 되었다. 수술을 받고 여러 가지 치료를 병행하면

서 다니엘은 6개월 만에 완전히 새로운 아이가 되었다. 이제 편하게 호흡하고 음식도 잘 먹었다. 뿐만 아니라 잘 때 코를 골지 않고 평소에 짜증도 내지 않았으며, 빠르게 성장했다. 다니엘의 호전 정도를 아동 수면 장애 척도Sleep Disturbance Scale for Children를 통해 확인해보니 99점이었던 수치가 치료 후 6개월이 지나자 그 절반인 50점으로 줄면서 정상 범위에 들어갔다.

다니엘의 엄마는 이와 같은 정보를 다니엘이 좀 더 어렸을 때 얻을 수 있었으면 얼마나 좋았을까 하는 생각을 했다. 다니엘의 수면 습관은 훨씬 좋아졌지만 다니엘의 엄마는 악몽과 다름없는 과거가 떠오를 때마다 마음이 아팠다. 만약 다니엘이 태어나기 전에 이와 같은 치료법들을 미리 알고 있었다면, 다니엘의 가족은 어쩌면 지금과 전혀 다른 삶을 살았을지도 모른다.

수면 장애와 ADHD(주의력 결핍 및 과잉 행동 장애) 증상의 유사성

부모들이 잠이 부족한 아이에 대해 설명할 때 사용하는 말은 아주 다양하다. '짜증을 낸다, 심술이 나 있다, 졸려 한다, 아직 서투르다, 철이 없다, 흥분했다, 잠시도 가만히 있지 않는다.' 하지만 이런 행동들이 수면 문제 때문인지 아닌지 어떻게 알 수 있을까. 수면 장애가 있는 아이들이 낮에 보이는 행동은 ADHD 증상과 매우 유사하다. 그 증상은 다음과 같다.

- 가만히 앉아 있지 못한다.
- 집중하거나 주의를 기울이는 것을 어려워한다.
- 공격성과 충동성을 보인다.
- 다른 사람의 대화나 행동 중에 자주 끼어든다.
- 두서없이 이야기하고, 읽고 쓰는 데 문제가 있다.
- 과잉 행동과 불안한 모습을 보인다.[38]

ADHD가 있는 아이들은 잠에 드는 것은 물론 잠든 상태를 유지하는 데 어려움을 겪고, 자는 동안에도 계속 뒤척인다. 실제로 ADHD를 겪는 아이들에게 코골이는 흔하게 나타나는 증상이며, 그런 아이들의 25%가 폐쇄성 수면 무호흡증 증세를 보인다.[39] 안정된 상태를 유지하기 힘들어하는 ADHD의 특징도 수면 문제를 일으키는 이유 중 하나다.

약물 치료 부작용이나 우울감도 원인이 될 수 있다. 잠을 충분히 자지 못하면 행동 문제는 더욱 악화된다. 주디스 오언스 박사는 "ADHD가 있는 아이들은 모두 수면 장애 검사를 함께 받아야 한다. ADHD와 관련 있는 뇌 화학 물질 중 일부는 수면에도 영향을 미친다. 따라서 그런 뇌 화학 물질의 결함 및 변질은 수면 문제를 유발한다."[40]고 주장한다. 다시 말해, 행동 문제가 있거나 행동 장애 검사를 받으려는 아이들은 모두 수면 장애 검사도 받을 필요가 있다는 것이다.[41] 이 주장은 시카고 루리 어린이 병원Lurie Children's Hospital Chicago과 클리블랜드 클리닉 두경부 연구소Head and Neck Institute, Cleveland Clinic로부터 지지를 받기도 했다.[42]

사소한 문제도 쉽게 지나쳐서는 안 된다

가벼운 수면 호흡 장애나 코골이도 아이들에게는 수면 무호흡증만큼 심각한 문제를 유발할 수 있다는 것이 최근 연구를 통해 드러났다.[43] 증상의 정도가 가볍든, 중간 정도이든, 심각하든 코를 고는 아이들은 결국 주의력 문제와 행동 조절 문제가 생길 위험성이 크다.

또 콧물을 자주 흘리거나 입을 벌린 채 숨을 쉬는 아이들도 주의 깊게 살펴봐야 한다. 코 막힘이나 기도 폐쇄로 인해 발생하는 산소 부족 현상은 ADHD를 유발할 수 있는 중요한 요소이기 때문이다.[44] 그러므로 기도에 문제가 있는 경우에는 최대한 빨리 치료를 받아야 한다. 그래야 가만히 있지 못하고 쉴 새 없이 꼼지락거리는 아이의 행동 문제를 미연에 방지할 수 있다.

아이의
건강한 성장 발달을 위해서는
올바른 수면이 반드시 필요하다

신체가 충분한 수면을 취하면 호르몬이 정상적으로 분비되지만, 수면이 부족한 경우에는 호르몬 불균형이 일어난다. 이는 수면이 아이의 성장에 상당히 큰 영향을 끼치는 이유다.

성장 호르몬은 잘 때 분비된다

아이가 신체적으로 잘 자라지 못하거나 식욕이 없는 것 같거나, 자주 아프다고 생각되는가. 그렇다면 이는 호르몬 문제일 수 있다. 아이가 충분히 잠을 자지 않으면 성장 호르몬인 소마토트로핀somatotropin이 제대로 분비되지 않는다. 멜라토닌melatonin은 잠이 들도록 유도하는 역할을 하는 호르몬으로, 잠이 든 후에는 성장 호르몬 분비를 촉진시키는 역할을 한다. 성장 호르몬은 잠이 들고 난 뒤 3~4시간이 지나야 분비되기 때문에 잠드는 시점이 지연되거나 잠에서 자주 깨어 수면 주기가 끊기게 되면 성장 호르몬 분비도 같이 지연된다.[45] 따라서 편도선과 아데노이드가 비대해져 발생하는 수면 호흡 장애 때문에 아이들의 성장과 발육에 문제가 생길 수 있다.[46]

앞서 언급했듯 식욕 조절 호르몬도 수면에 영향을 받는다. 좋은 잠을 자지 못할 경우, 먹을 음식의 양을 조절하는 식욕 억제 호르몬과 식욕 촉진 호르몬이 불균형해지면서 아이들은 사탕, 초콜릿, 비스킷, 감자튀김 같은 고열량 음식을 찾게 된다. 또 배가 부르다는 사실을 인지하지 못해 결국 체중이 증가하게 된다. 비만으로 인해 수면 이상 및 폐쇄성 수면 무호흡증까지 발생하게 되면 다시 호르몬 불균형이 생기고, 비만이 심화되는 악순환이 계속된다.[47] 이는 절대로 타고 싶지 않은 회전목마라고 할 수 있다.

스트레스 호르몬은 잠을 못 잘 때 증가한다

수면 호흡 장애가 있으면 숨을 쉬는 데 더 많은 노력이 필요하므로, 자는 동안에도 우리 몸이 완전히 깊은 잠에 빠지는 것을 막기 위해 스트레스 호르몬이 분비된다. 이런 이유로 계속해서 얕은 수면 단계에 머물게 되면 잠든 상태를 유지하는 것이 어려워지고, 스트레스 호르몬 분비는 다시 증가한다. 게다가 이런 상태를 경험한 아이들은 밤에 긴장을 풀고 쉬는 것이 어렵다는 인식을 갖게 되면서, 잠드는 시간을 싫어하게 되어 점점 늦게 잔다. 잠을 제대로 못 자고 스트레스 호르몬까지 증가하면 기억력이 손상되고 불안감과 공격성이 커진다. 또 화를 잘 내며 자주 흥분하고 지나친 피로감을 느끼기도 한다.⁴⁸ 스트레스 호르몬 증가로 자주 흥분하는 아이들은 면역력도 약한 편이다.

이전의 면역 반응을 세포가 기억하는 면역 기억은 깊은 잠을 자는 동안 형성된다. 즉, 얕은 수면이나 수면 분절을 포함한 수면 호흡 장애가 있는 아이들은 면역 체계가 약해져서 더 자주 아프다는 의미이기도 하다.⁴⁹

적절한 양과 좋은 질의 수면은 아이 발달에 필수 요건이다

아이들이 적절한 양과 좋은 질의 수면을 취하지 못하면 종종 기분이 안 좋아지고 집중력이나 문제 해결 능력, 자기 조절 능력에 문제가 생길 수 있다. 존스 홉킨스 의과 대학Johns Hopkins Medicine의 보도 자료에 의하면, 유년기의 수면 무호흡증은 뇌 손상을 일으킬 수 있으며,⁵⁰ 이는 다른 연구를 통해서도 입증되었다. 하루 동안 수면의 양이 30분 정도만 줄어도, 지능 검사 결과가 나빠진다. 또 학습 능력에도 심각한 영향을 준다.

만약 아이의 수면 문제가 호흡 장애와 관련이 있다면 혈중 산소 수치가 떨어지는 현상이 나타난다. 뇌에서 요구하는 산소 공급량에 비해, 조금이라도 부족하면 신체가 부정적인 영향을 받게 된다. 자세히 말하자면, 산소 공급이 줄어들면 아이의 건강과 성장, 발달의 모든 면에 문제가 생길 수 있다. 실제로 건강, 정서, 신체의 발달이 정상적으로 이루어지지 않고, 아이의 성장이 지연되거나 면역력과 지능 지수가 떨어질 수 있으며, 다른 질병으로 치료 중인 경우 회복과 관리가 더욱 힘들어진다.[51] 폐쇄성 수면 무호흡증은 다수의 신경 인지 장애를 일으킬 수 있다.[52] 신경 인지 장애란 집중력, 판단력, 문제 해결 능력이 또래의 보통 아이들보다 떨어지는 경우를 말한다. 그런 아이들은 집중력이 약하고 시각과 소근육의 운동 협응(신체의 신경 기관, 운동 기관, 근육 따위가 서로 호응하며 조화롭게 움직임) 기능이 부족하며, 특정 부분에서 지능이 떨어지는 모습을 보이기도 한다.[53] 이것은 뇌세포가 줄어들고 있다는 의미이다. 수면 무호흡증이 있는 아이들에게 대뇌 피질 박막화 현상(대뇌 피질이 아주 얇아지는 현상)이 나타난다는 사실을 보여주는 연구 논문들이 나오면서 수면 무호흡증을 가진 아이들을 모두 찾아내어 빨리 대책을 강구해야 한다는 목소리가 커지고 있다.[54] 실제로 폐쇄성 수면 무호흡증 때문에 충분한 수면을 취하지 못한 아이의 지능 지수는 잠을 잘 자는 아이보다 10점 정도 낮을 수 있다.[55,56] 폐쇄성 수면 무호흡증은 뇌세포 감소를 일으킬 수 있는데, 이는 결코 가볍게 볼 문제가 아니다. 2006년의 한 연구에서는 '아동의 발달과 관련하여 아이의 폐쇄성 수면 무호흡증을 치료하지 않으면 아이의 잠재적 인지 능력이 달라질 수 있다'고 경고하고 있다.[57]

한편, 2015년 미국 듀크대학교Duke University의 연구 결과에 따르면 유아기에 집중력 문제가 있었던 아이들이 고등학교까지 졸업할 확률은 그렇지 않은 아이들보다 약 40% 더 낮았다고 한다.[58] 대략 10%의 아이들이 발달 지체가 있는 상태로 취학을 한다고 했을 때, 과연 그 발달 지체 증상 중 수면 장애가 차지하는 부분은 얼마나 될까. 아마 우리가 생각하는 것보다 많은 아이들이 수면 장애로 인한 발달 지체 증상을 겪고 있을 것이다. 다시 이야기하면, 만약 아이들이 잠을 충분히 잔다면 발달 지체 문제 중 많은 부분을 회복할 수 있다는 말이기도 하다. 미국 미시간대학교University of Michigan의 신경학, 정신 의학, 심리학, 간호학 교수인 브루노 조르다니Bruno Giordani는 이렇게 말했다. "지능 수준과 관계없이 잠을 잘 자면 문제 행동들이 개선되는 것을 볼 수 있습니다. 일단 행동이 개선되면 학업 집중력도 향상되고, 감정 능력과 행동 조절 및 충동 조절 능력도 향상됩니다."[59]

눈에 보이지 않더라도
수면으로 인한
문제는 점차 쌓이고 있다

　수면 장애로 인해 즉각적으로 나타나는 문제들에 대해서는 누구나 당연히 조치를 취해야 한다고 생각할 것이다. 하지만 수면 장애의 피해는 서서히 드러나기도 한다. 수면 장애가 몸에 미치는 영향은 마치 흡연처럼 시간이 지날수록 점점 커지고 심각해진다. 담배 한 개비로 사람이 죽지는 않지만, 지속적인 흡연으로 인해 폐 기능이 점점 약해지고 뇌에서는 산소가 부족해지며 온몸에 독성 물질이 쌓이면서, 결국에는 조기 사망에 이르게 되는 것처럼 말이다. 처음 강한 자외선에 노출되었을 때 바로 피부에 흑색종이 생기는 것은 아니지만, 반복해서 노출되다 보면 피부암에 걸릴 확률이 높아지는 일부 피부암의 경우도 비슷한 맥락이다.

　수면 장애도 이와 비슷하다. 지속적으로 질 나쁜 수면, 수면 부족, 수면 분절에 노출되면 아이의 행동, 신체, 감정 안에 그 결과물들이 계속해서 쌓이고, 시간이 지날수록 증상은 점점 악화된다. 그뿐만 아니라 혈압이 높아지거나 심장병 같은 건강 문제가 생길 위험도 있다. 캐런 보너크Karen Bonuck 교수는 행동 장애를 앓고 있는 만 7세 아이들과 특수 교육을 받고 있는 만 8세 아이들을 분석한 결과, 그 원인이 만 5세 이전에 가졌던 수면 문제와 관련 있다는 사실을 입증하였다.[60] 또한 수면 호흡 장애와 짧은 수면 지속 시간이 아동의 비만 가능성을 크게 높이는 요인이라는 사실도 밝혔다.[61]

만 5세 이전까지 아이의 습관을 길러주어야 한다

퀸즐랜드공과대학교Queensland University of Technology의 케이트 윌리엄스Kate Williams 교수는 「호주에서 성장하기: 호주 아동에 대한 종단적 연구Growing up in Australia: The Longitudinal Study of Australian Children」라는 기념비적 연구에서 2004년에 태어난 2,800명의 아이들이 만 6~7세가 될 때까지의 수면 행동을 분석했다. 케이트 윌리엄스 교수는 아이들이 만 5세쯤 되자 70%가 스스로 잠들고 수면을 지속할 수 있었지만, 나머지 30%는 스스로 잠을 통제하지 못해서 시간이 지날수록 발육에 부정적인 영향을 받을 수도 있는 상태임을 알았다.[62] 결론적으로, 만 5세가 될 때까지 아이의 수면 습관을 바르게 잡아주는 것이 매우 중요하다는 뜻이다. 케이트 윌리엄스 교수는 "수면 문제가 만 5세까지 해결되지 않는다면 학교생활에 잘 적응하지 못할 수 있다."라고 경고했으며, 다른 연구들도 이를 뒷받침한다.[63]

단순히 밤 9시 30분 이전에 아이들이 잠자리에 드는 습관을 가지는 것만으로도 행동이 개선될 수 있으며,[64] 아주 어릴 때부터 잠에서 깼을 때 스스로 다시 잠들 수 있었던 아이들이 그러지 못했던 아이들보다 더 쉽게 학교생활에 적응했다.[65,66] 아이가 바른 수면 법칙을 세울 수 있도록 부모가 어릴 때부터 도와준다면 가족 모두에게 큰 변화가 생길 것이다. 그렇게 되기 위해서는 부모들을 도와줄 수 있는 잘 짜인 사회적 지원망도 필요하다.

수면 문제에 더 취약한 특수 아동들을 위한 솔루션

"가끔은 너무 지쳐서 그냥 울고만 싶어져요. 어떤 때는 너무 힘든 나머지 정말 울어버리기도 해요. 제가 지치는 것보다 더 힘든 일은, 어린 아들이 지쳐 몽롱한 상태로 힘겹게 살아가는 모습을 지켜보는 거예요. 그것이 가장 힘들었어요."[67]

자폐증이 있는 만 4세 아들을 키우는 엄마 제시카 실페스트Jessica Sylfest가 허핑턴포스트 인터뷰에서 한 말이다. 이 인터뷰는 장애가 있는 아이를 가진 부모들이 겪는 가장 큰 고통이 무엇인지를 여실히 보여주었다. 그것은 바로 끝없이 이어지는 극도의 피로 상태다.

발달 지체를 가진 아이가 겪는 어려움

주디스 오언스 박사는 "자폐 범주성 장애가 있는 사람들이 불면증을 가진 경우는 매우 흔합니다. 34%에서 89%에 이르는 자폐 범주성 장애 아이들은 수면 장애도 함께 가지고 있습니다. 보호자가 시기에 따라 아이에게 필요한 도움을 주는 것이 매우 중요합니다. 그리고 무엇보다 중요한 것은 바로 부모의 수면 장애 역시 치료하는 것입니다."라고 지적했다. 장애의 본질적 특성상, 장애가 있는 대다수의 아이들이 치료나 수술을 받기 위해 병원에서 많은 시간을 보낸다. 병원은 시끄럽고 부모와 아이에게 스트레스를 유발하는 공간으로, 이런 상황은 수면에 큰 지장을 준다. 잠을 정말 잘 자는 사람도 병원에서는 깊은 잠이 들거나 중간에 깨지 않고 쭉 자기가 어렵다. 병원에서는 밤에도 호흡, 체온, 심장 박동 등을 측정하기 때문에 여러 차례 잠에서 깨어 수면 패턴이 무너지게 되고, 결국 집으로 돌아온 후에도 계속해서 수면 문제에 시달리게 된다. 또 수면 문제는 약물 치료의 일반적인 부작용 가운데 하나이기도 하다.[68]

자폐증이 있는 아이들 또는 정도가 다양한 발달 지체를 가진 아이들은 집에서도 잠들기 힘들어하거나, 중간에 깼을 때 쉽게 다시 잠들지 못하는 경우가 많다. 이런 아이들은 감각 과부하(감각 세포가 견딜 수 있는 자극의 양과 강도 이상으로 자극을 받은 상태)가 되기 쉬워서 흥분하거나 불안한 상태일 때가 많기 때문에, 잠자리에 들기 전에도 하루의 긴장을 풀고 진정 상태가 되는 데 어려움을 겪는다. 이와 같은 문제로 인해 늦게 자고 일찍 일어나는 일이 반복되면, 아이들은 지속적으로 잠이 부족해진다. 게다가 밤에도 자주 깨기 때문에 자는 시간 동안에도 수면의 질은 떨어진다. 이는 수면 주기가 끝나고 시작되는 지점에서 자꾸 깨거나 잠을 자는 내내 얕은 수면을 취하는 수면 습관이 굳어졌기 때문일 수도 있다. 이것은 악순환이 된다. 밤에 잠을 잘 못 자면 다음 날은 더욱 피로해지고 흥분 상태의 행동과 불안감을 보인다. 수면 부족과 피곤함, 흥분 상태의 악순환에 빠진 아이가 있는 가정이 즐거울 리 없다.

다운 증후군이 있는 아이를 위한 치료 방법

웬디Wendy는 다운 증후군이 있는 만 8세 여자아이로 설사, 독감, 폐렴 등을 앓고 있었다. 계속 어딘가 아팠고 성장 속도가 매우 느렸다. 또 기운이 하나도 없었고 침대에만 있으려고 했다. 웬디의 부모는 웬디가 밤에 침대에 앉아 힘겹게 숨을 고르고 있는 모습을 보기도 했다. 그들은 아이가 폐렴으로 입원했을 때 아이에게 폐쇄성 수면 무호흡증이 있다는 사실을 알았다. 폐쇄성 수면 무호흡증은 다운 증후군 아이들의 50%가 가지고 있는 질환이다. 검사를 해보니 안 그래도 좁은 웬디의 기도를 편도선과 아데노이드가 막고 있었다. 웬디가 잠자리에 들어 근육이 이완되는 수면 단계에 진입하면, 기도 폐쇄가 일어나 호흡이 한 시간에도 여러 차례 멈췄다.

다운 증후군이 있는 아이들은 폐쇄성 수면 무호흡증에 취약한 해부학적 구조를 가지고 있다. 보통 위턱이 좁기 때문에 입안에 혀가 위치할 공간이 부족한 데다가 혀 또한 지나치게 비대하다. 따라서 입속 공간이 부족해 기도 부분도 좁아지고 기도 폐쇄가 발생하기 쉬워진다. 이 상태에서 편도선과 아데노이드가 비대해지면 기도를 가로막게 되는 것이다.

웬디는 아데노이드 절제술을 받고 나서야 수면 문제가 개선되었다. 그 결과 낮 동안에 덜 졸려 하고 짜증도 줄었다. 그러자 웬디의 부모는 아이와 생활하는 것이 훨씬 수월해졌다. 웬디는 매우 빠른 성장을 보였고, 훨씬 씩씩하고 행복한 아이가 되었다. 감기에 걸리거나 배탈이 나는 일도 줄었다. 하지만 몇몇 증세는 여전히 남아 있었다. 수면 문제가 전보다 훨씬 좋아지긴 했지만, 여전히 자는 동안 많이 뒤척이고 숨소리가 거칠었으며 아침에 잠에서 깨는 것을 힘들어했다. 폐쇄성 수면 무호흡증이 해결되었어도 웬디는 여전히 답답한 호흡을 하고 있었다. 다운 증후군이 있는 아이들은 근육 긴장도가 약하기 때문에 기도 문제가 지속될 가능성이 높다. 또 웬디의 중이에는 계속 체액이 차 있었고 식사 후에 가슴이 울리는 기침을 자주 했다. 이는 상기도가 완벽하게 제 기능을 하고 있지 않다는 신호로, 지속적으로 관찰이 필요한 상황이었다.

장애나 다운 증후군 같은 만성 질환, 엘러스-단로스Ehlers-Danlos 증후군 같은 관절이완증, 피에르 로빈Pierre Robin 증후군, 크루존Crouzon 증후군, 에이퍼트Apert 증후군, 프래더-윌리Prader-Willi 증후군, 파이퍼Pfeiffer 증후군 같은 머리 얼굴 뼈 발생 이상 증후군을 가진 아이들은 머리와 얼굴뼈의 형태, 크기, 위치 등의 문제 때문에 기도에 저항이 생기기 쉽다.[69] 이런 질환이 있는 경우 비강이 좁거나 울퉁불퉁하기 때문에 상기도 역시 좁거나 수축되어 있다. 따라서 습관적으로 구강호흡을 하게 된다. 이런 상태가 되면 뇌로 가는 산소가 차단되므로 수면 호흡 장애의 범주에 속하게 된다.[70] 상기도의 근육이 약하고 긴장도가 낮으면 자는 동안 호흡 장애의 일종인 상기도 허탈(기관이 비정상적으로 붕괴하기 쉬운 상태인 것)이 발생할 위험도 커지게 된다.

웬디에게 꼭 필요한 것은 근육 기능 훈련이었다. 이와 관련한 자세한 내용은 5장에 나와 있다. 웬디에게 근육 기능 훈련 프로그램을 진행했다. 이를 통해 입, 얼굴, 목구멍 근육 기능을 향상시키고 호흡 습관을 훈련시켜 기도 기능을 향상시켰다. 목구멍 상부가 제대로 기능하면 중이에서 생성된 체액을 제거할 수 있도록 도와주기 때문에, 웬디에게 꼭 필요한 치료였다. 근육 기능 훈련을 하면서 시간이 어느 정도 지나자, 웬디는 중이 환기관을 끼울 필요가 없게 되었다. 또 깨지 않고 조용히 잠을 잘 수 있게 되었고, 지금은 말타기 놀이, 화분에 채소 키우기, 춤 추기처럼 좋아하는 놀이를 하면서 아주 행복하게 지내고 있다. 편안하게 호흡하고, 잘 먹고 잘 자는 것은 물론이다.

충분히 잘 것인지
수면 부족 상태로 살 것인지는
선택의 문제가 아니다

많은 연구가 수면의 중요성을 보여주고 있다. 잘 자는 것이 정말 중요하다는 사실을 반드시 기억해야 한다. 뇌세포 조직을 유지하고 회복하고, 호르몬을 정상적으로 분비하기 위해서는 반드시 충분한 수면을 취해야 한다.

잠을 잘 자야 성장 발달이 잘 이루어지고, 신체 기능이 정상적으로 조절되며, 질병으로부터 안전할 수 있다. 아이의 수면을 잘 관리해주어야 하는 이유다.

수면이 삶에 다양한 영향을 끼치는 만큼 좋은 삶을 위해서라도 좋은 수면을 취해야 한다. 어렸을 때부터 좋은 수면을 위한 습관을 들이는 것이 좋다.

1장을 마치며…
부모가 아이의 수면에 대해
고민해야 하는 이유

    수많은 성인들과 아이들이 수면 문제를 겪고 있으며, 이는 신체적·정신적 건강을 비롯한 삶의 질에 영향을 끼친다. 하지만 더 심각한 점은 대부분이 수면 문제를 겪고 있다고 인지하지 못한다는 것이다. 특히 아이의 경우, 겉보기에는 이상이 없더라도 사실은 자신이 가지고 있는 능력에 미치지 못하는 상태일 수도 있다. 또, 수면 문제를 겪고 있음에도 불구하고 이를 눈치채지 못하고 지나치는 일도 흔하다. 이는 문제를 방치하게 되어, 더 큰 문제가 일어나는 것으로 연결되기 쉽다.

    성장 호르몬 분비 방해, 스트레스 호르몬 증가, 집중력이나 문제 해결 능력 저하, 자기 조절 능력 부족 등 수면 부족이 일으키는 결과에 대해 자세히 알아보았다. 아이는 스스로 '잠을 잘 못 잔다'고 말을 하거나 컨디션을 조절할 수 있는 능력이 없기 때문에 부모가 함께 고민하고 해결해주어야 한다는 점을 기억하자. 수면 문제가 드러나든 혹은 드러나지 않든 지속적으로 질 나쁜 수면, 수면 부족, 수면 분절에 노출되면 아이들의 행동, 신체, 감정 안에 그 결과물들이 계속해서 쌓이고, 시간이 지날수록 증상은 점점 악화된다. 그렇기 때문에 반드시 아이가 만 5세가 되기 전에 수면 습관을 바로잡아야 하며, 이 역할은 부모의 몫이다. 수면의 역할을 상기시키는 내용을 통해서 수면이 왜 중요한지 깨닫게 되었을 것이다.

또 그동안 수면 문제의 원인을 주로 행동 문제에서 찾았던 점을 지적하며 편도선과 아데노이드 제거 수술을 받고 난 뒤 훨씬 깊은 잠을 잘 수 있었던 다니엘의 사례를 언급했다. 호흡이나 기도 문제 등도 수면에 영향을 끼칠 수 있다는 새로운 접근법과 해결법을 생각해봐야 한다. 이와 관련된 자세한 사항은 5장에 나와 있다. 더불어 다른 곳에서 잘 다루지 않은, 장애를 가지고 있거나 자폐증 혹은 다운 증후군을 가진 아이들이 수면 문제에 더 취약하다는 점을 짚고 솔루션을 제안했다.

잠을 잘 자야 성장 발달이 잘 이루어지고, 신체 기능이 정상적으로 조절되며, 질병으로부터 안전할 수 있다. 아이에게 올바른 수면이 얼마나 중요한지 알았다면, 이제 아이의 수면 문제를 해결할 준비를 마친 것과 다름없다.

2장

수면에 대한 이해

수면을 제대로 알고, 이해하는 것부터 시작해야 한다

잠을 잘 잔다는 것은 어떤 것일까? 정의하자면,
다음 세 가지 요소가 모두 충족되어야 할 것이다.
우선 중간에 깨지 않는 것이고
다음으로 나이에 맞는 적정 수면 시간 동안 자며,
마지막으로 자고 난 뒤 개운하게 일어나야 한다는 것이다.

'잠을 잘 잔다'는 것은
어떤 의미일까?

잘 자는 것은 무엇이고, 잘 자지 못한다는 것은 무엇일까. 또 내 아이가 수면 이상이나 수면 장애가 있는지 어떻게 알 수 있을까.

아이의 수면 안전 요원이 되려면, 부모는 좋은 수면의 정의와 수면 문제에 대해 잘 알고 있어야 한다. 그래야 아이를 바른 방향으로 유도할 수 있기 때문이다. 이는 안전 요원들이 깃발을 세워 물놀이가 가능한 장소를 정해놓고 깃발 안쪽에서만 물놀이를 하도록 유도하는 것과 비슷하다. 잠을 자는 동안 일어나는 중요한 과정들과 함께 아이들에게 가장 흔하게 나타나는 수면 장애에 대해 살펴보자.

늦게 자는 것, 밤중에 깨는 것 두 가지 모두 문제다

여러 연구에 따르면 20~30% 정도의 아이들에게 취침 시간 문제 즉, 밤늦도록 자지 않고 깨어 있는 문제가 심각하며 대부분의 경우에는 행동 측면에서 그 원인과 해결책을 찾을 수 있다고 한다. 모든 연령의 사람들에게 발견할 수 있는 행동 관련 수면 문제로는 취침 거부, 안 자고 버티기 등이 있다.

밤에 깨는 것은 영유아들에게 가장 흔한 수면 문제이다. 생후 6개월이 갓 넘은 아이들 중 25~50%가 밤중에 계속 깬다. 수면 퇴행 현상, 분리 불안, 이가 나는 시기 등 발달 단계나 발육 변화에 따라 아이들은 종종 밤에 깨기도 하는데, 이로 인해 아이들의 수면 패턴과 습관이 망가질 수 있다. 이 시기를 겪는 아이들에게는 더 많은 안도감과 위안을 주어야 한다. 유아기 아이들 중 10~15%의 유아가 취침을 거부하는 행동을 하며, 15~30% 정도가 잠에 드는 것을 힘들어하거나 밤에 잘 깬다. 한편, 예전에는 학령기 아동의 수면 문제는 드물다고 여겼지만, 최근 조사 결과 만 4~10세 아이들 중 25~40%가 수면 문제를 가지고 있는 것으로 밝혀졌다. 수면 문제가 있는 학령기 아동 중 15%는 취침 거부 행동을 보였고, 11%는 수면 관련 불안 증세를 보였다.[71]

아이가 적절한 시간에 잠자리에 들지 않거나 충분한 수면을 취하지 못한다면 수면 장애를 겪고 있는 중일 수도 있다.

'수면 장애'일까 아니면 '수면 이상'일까

수면 장애는 의학적 진단으로 결정되는 일종의 질환이다. 약 5~10%의 아이들은 코를 자주 골고,[72] 약 2~4%의 아이들은 폐쇄성 수면 무호흡증 증세가 있으며,[73] 상기도 저항 증후군(기도 막힘이나 기도의 저항이 증가하는 상태)처럼 다양한 상기도 폐쇄성 질환이 있거나 하지 불안 증후군(다리가 가만히 있을 경우 불편함을 느껴 지속적으로 움직이려 하는 병)처럼 진단이 가능한 수면 장애가 있는 아이들도 있다.[74] 또한 구강 호흡 등으로 인해 생기는 경미한 수면 장애를 가진 아이들도 있다. 반면, 수면 이상은 아이들이 일상생활 문제나 수면 환경 문제 혹은 정서 장애 등 여러 가지 이유로 잠을 제대로 잘 수 없는 상태를 말한다.

부모의 안일함이 아이를 더 힘들게 만든다

부모는 아이의 잠과 관련해 온갖 근거 없는 믿음, 고정 관념, 속설들을 접하게 된다. 그렇기 때문에 부모들은 잘못된 생각과 오해를 하는 경우가 많다. 아마 다들 한번쯤 들어봤을 이야기들이다. 그중 일부를 소개하자면 다음과 같다.

- "좀 더 크면 괜찮아질 거예요."
- "우리 아이는 원래 그래요. 그런 모습도 귀여워요."
- "자주 코를 골지만 아주 작게 골아서 괜찮아요."
- "하하! 우리 딸은 코 고는 게 아빠랑 똑같아요."
- "중이염으로 자주 아파해요. 아이들이 보통 그렇죠."
- "달팽이처럼 몸을 웅크리고 자는데 얼마나 귀여운지 몰라요."
- "아침에 가서 보면, 침대 머리 쪽에 발을 두고 거꾸로 자고 있어요."

- "침대 위는 항상 폭풍이 휩쓴 것처럼 엉망이에요."
- "아이의 숨소리가 잘 들리면 아이가 잘 자고 있다는 걸 알 수 있어요."
- "아이가 코를 크게 골면 그만큼 깊게 잠든 거라고 생각해요."
- "아이들은 자다가 이불에 오줌을 싸잖아요. 우리 아이는 남들보다 조금 늦을 뿐이에요."
- "아이가 이를 갈면 화물 기차 같은 소리가 나요."
- "우리 아들은 아빠랑 똑같아요. 잠을 거의 안 자요."
- "우리 할머니도 코를 고시는데 아주 건강하세요."
- "저는 잠이 늘 부족하지만 이것도 부모가 되는 과정이죠."

이런 고정 관념들 때문에 부모는 아이의 이상 징후에 대해 크게 걱정하지 않게 되고, 아이의 증상은 방치된다. 따라서 적절한 조치를 취하지 못하게 되어 아이는 필요한 만큼의 수면을 취하지 못하게 된다. 이제는 이런 생각들이 잘못되었음을 정확하게 밝혀야 한다. 주디스 오언스 박사는 "잠을 많이 안 자도 되는 아이들도 있다는 인식은 잘못된 것이다. 대부분의 아이들은 피곤할 때 피곤하다고 말하지 못할 뿐이다. 심지어 아이들은 자기가 졸린 것을 알면서도 그것을 인정하지 않으려고 한다."고 지적한다.

모든 아이들은 충분한 양의 잠이 필요하다

아이들에게는 잠을 제대로 못 잤거나 잠이 부족할 때, 그 상황에 적응하거나 몸을 회복할 능력이 없다. 그저 성장 발육과 학습 능력 발

달이 멈춰질 뿐이다.[75]

안타깝게도 수면에 대한 잘못된 인식이 부모에게만 국한된 것은 아니다. 간혹 아이의 이상 징후를 발견하고 전문의를 찾아갔지만 그 또한 발달 과정일 뿐 곧 좋아질 것이라는 말만 듣게 되는 경우가 많다. 하지만 수면 장애의 징후에 대해 알고 나면 대부분은 "좀 더 빨리 알았으면 좋았을 텐데.", "그냥 그러다 말 거라고 생각했어요.", "아이에게 해줄 수 있는 것이 없다고 생각했어요.", "그게 문제가 되는지 몰랐어요." 등의 이야기를 한다.

아이의 수면 문제에 대해서는 다른 사람이 아닌 부모가 긴급 구조 요원이 되어야 한다. 이를 위해 수면에 대해 부모가 가지고 있는 생각을 재검토하고, 제대로 된 정보를 공부할 필요가 있다. 부모는 아이의 행복을 위해 모든 노력을 할 수 있는 사람이며, 실제 수면 습관을 가장 잘 들여다볼 수 있는 사람이기도 하다. 부모가 안전 요원으로서의 역할을 다하려면 아이가 충분히 잘 자는 것과 잘 못 자는 것의 차이를 이해하고 있어야 한다. 그래야 아이에게 문제가 있는지 빨리 파악할 수 있기 때문이다. 문제를 빨리 인식한다는 것은 그만큼 빨리 치료를 시작할 수 있다는 말이고, 치료를 빨리 시작하면 더 잘 치료가 되는 결과를 가져온다.

최고의 수면을 위한 세 가지 요소

우리는 잠을 잘 못 잤을 때나 일어나기 힘들 때 어떤 기분인지 알고 있다. 또 그것이 주는 영향력이 하루 종일 사라지지 않는다는 것도 알고 있다. 하지만 잘 잔다는 것이 어떤 것인지를 아는 사람은 많지 않다. 잠을 제대로 못 자는 상태가 너무 오래되어 그 상태가 표준이 되어버린 사람도 더러 있다.

최근 치료를 받은 만 8세 여자아이 질리언Jillian은 일상생활에서 차분하고 조용히 주의를 기울이는 모습을 보였다. 그리고 난생처음으로 3일간 밤에 깨지 않고 조용히, 그 나이에 필요한 수면 시간인 10~11시간 동안 자게 되었다. 아이의 엄마가 감정이 북받치는 듯 말했다. "질리언은 너무 오랫동안 부산스럽고 잠을 못 자는 아이였어요. 그래서 원래 그런 아이라고 생각했는데, 그게 아니었어요." 이처럼 잘 못 자는 것과 잘 자는 것은 일상생활에서 큰 차이를 가져온다.

그렇다면 잠을 잘 잔다는 것은 어떤 것일까? 정의하자면, 다음 세 가지 요소가 모두 충족되어야 할 것이다. 우선 중간에 깨지 않는 것이고 다음으로 나이에 맞는 적정 수면 시간 동안 자며, 마지막으로 자고 난 뒤 개운하게 일어나야 한다는 것이다.

수면 중에도
뇌는 쉬지 않고
바쁘게 움직이고 있다

수면이 진행되는 방식과 잘 잤을 때 나타나는 현상에 대해 이야기해보자. 수면의 유형에는 두 가지가 있다.

- 렘수면: 급속 안구 운동REM, rapid eye movement이 일어나는 수면 상태
- 비렘수면: 급속 안구 운동이 일어나지 않는 수면 상태

일반적인 수면은 렘수면과 비렘수면을 여러 차례 반복하며 진행된다.

비렘수면의 단계별 특징과 변화

비렘수면은 4단계로 구분된다. 1단계와 2단계는 얕은 수면 단계이고, 3단계와 4단계는(보통 이 두 단계를 하나로 묶어서 이야기한다.) 깊은 수면 단계이다. 단계별로 뇌와 신체 활동에 차이가 있으며, 이것은 뇌파와 호

흡, 심박동 수가 모두 변화한다는 뜻이다. 각 단계별 특징을 비롯해 몸과 뇌에서 일어나는 일과 발생할 수 있는 문제를 알아보자.

● 1단계

- **특징** | 깨어 있는 상태와 수면 상태 사이에 있는 단계로, 총 수면 시간의 5% 정도를 차지한다.
- **몸의 변화** | 안구가 천천히 움직이고 심박동 수가 줄어들며 근육 활동이 느려지는 동시에 몸이나 다리를 움찔하기도 한다. 얕은 수면 상태이므로 빛, 소리, 접촉에 쉽게 깬다.
- **뇌의 변화** | 깨어 있는 상태와 깊은 수면 단계 사이의 과도기적 단계이기 때문에 뇌는 2단계를 준비한다.
- **발생할 수 있는 문제** | 과잉 자극이나 불안감이 있으면 다음 단계로 넘어가기가 힘들어져서 수면 시작 시간을 지연시킨다.

●● 2단계

- **특징** | 가장 긴 수면 단계로, 총 수면 시간의 45~50%를 차지한다. 외부 자극에 대한 반응이 제한된다.
- **몸의 변화** | 안구의 움직임이 멈추고 체온이 떨어지기 시작하며 심박동 수가 줄어든다. 신체의 모든 근육이 이완되기 시작하면서 목구멍 근육도 이완되어 코골이를 할 수 있다. 빛, 소리, 접촉 등으로 깰 가능성이 낮다.
- **뇌의 변화** | 하루 동안 받은 정보를 통합해 학습 기능을 강화한다. 뿐만 아니라 신체적 기능과 운동 협응 기능도 강화한다.

- **발생할 수 있는 문제 |** 수면 호흡 장애가 발생할 수 있으며, 이는 2단계에서 일어나야 하는 몸과 뇌의 변화를 방해하여 더 깊은 수면 단계로 넘어가는 것을 어렵게 만든다.

●●● 3단계

- **특징 |** 3단계와 4단계를 묶어서 보면 총 수면 시간의 25%를 차지한다. 가장 깊은 수면 단계이며, 뇌와 신체가 더욱 이완되고 외부에 대한 반응도 훨씬 더 줄어든다.
- **몸의 변화 |** 체온, 심박동 수, 호흡수가 매우 떨어져 모두 최저치에 도달한다. 성장 및 조직 회복 호르몬이 분비되어 성장과 조직 회복이 이루어진다.
- **뇌의 변화 |** 깊고 느린 파형의 수면 상태이며 뇌 활동도 느려진다. 서술 기억(사실, 과거의 경험, 세상에 대한 지식, 새로운 개념 등에 대한 장기 기억)이 강화된다. 다음 날의 새로운 학습을 준비하고 회복하는 단계이다.
- **발생할 수 있는 문제 |** 수면 주기가 무너지면 야뇨 또는 사건수면(수면 중 이상 행동이라고 부르기도 하며, 잠에서 깨어나 주변을 적절히 인식하거나 기억하지 못하는 혼돈 각성, 몽유병, 야경증 등이 있다.)이 발생할 수 있다.

●●●● 4단계

- **특징 |** 3단계와 같이 가장 깊은 수면 단계로, 뇌 활동이 가장 약해진다. 개운하게 잠에서 깨는 데 있어 매우 중요한 단계이다.
- **몸의 변화 |** 잘 깨지 않으며 가장 깊고 느린 파형의 수면 상태이다. 안

구 운동과 근육 활동이 없으며 성장과 조직 회복이 이루어진다.
- **뇌의 변화** | 뇌 활동이 가장 느려진다. 서술 기억이 강화되고 다음 날의 새로운 학습을 준비하는 단계이다.
- **발생할 수 있는 문제** | 사건수면이나 야경증이 발생할 수 있다.

렘수면의 특징과 변화

- **특징** | 렘수면은 기억력을 향상시키고 정신적 충격을 처리하는 데 꼭 필요한 과정이다. 이 단계에서 꿈을 꾸게 되는데, 호흡에 필요한 근육을 제외하고는 몸을 움직일 수 없다. 이 때문에 꿈속에서 하는 다양한 행동들을 실제로는 하지 않는 것이다. 꿈은 정서 기억(경험하였거나 배운 것을 머릿속에 새겨두었다가 감정에 기초하여 되살려내는 심리 과정)을 강화할 뿐 아니라, 문제를 처리하고 해결할 수 있도록 돕는 기능도 한다. 뇌에서는 독소 제거, 호르몬 분비, 화학 교환 반응 등 수많은 전기적·화학적 작용이 여전히 활발하게 기능한다.
- **몸의 변화** | 혈압, 호흡량, 심박동 수가 잠에서 거의 깨는 수준으로까지 증가하지만 모든 근육은 움직이지 못하는 상태가 되어 심부 체온(신체 내부 기관의 온도) 조절이 잘 이루어지지 않는다. 에너지와 산소 소비량이 많아지고 뇌 속 독소 및 노폐물이 제거된다. 또 호르몬이 분비된다.
- **뇌의 변화** | 절차 기억(양치질하기, 옷 입기처럼 일상적인 행동과 과업, 기술 등에 대한 기억)과 공간 기억(집에서 특정 가게로 가는 방법, 자신의 집 뒷문

으로 가는 방법 등 공간 속 사물의 위치에 대한 기억) 등을 강화한다. 정신적 외상을 처리하며 연설하기, 자전거 타기, 걷기 등 복잡한 과업의 학습을 강화한다.

▪ **발생할 수 있는 문제** | 잠에서 일찍 깨거나 중간에 깨면 필수적인 렘수면 단계를 놓칠 수 있다. 수면 장애나 드물게 수면 마비로 인해 수면 주기가 끊길 수 있다.

밤새 렘수면과 비렘수면 단계를 여러 차례 거치게 된다

성인이 비렘수면과 렘수면의 모든 단계를 거치는 데는 약 90분 정도가 걸린다. 일반적으로 수면 주기는 비렘수면의 1단계, 2단계, 3단계, 4단계를 거친 뒤 렘수면을 거치고 다시 2단계로 돌아간다. 매 주기 사이에 잠시 잠이 깨는 순간이 있지만, 단 몇 초간만 지속될 뿐 곧바로 새로운 수면 주기로 진입하기 때문에 대부분의 사람들은 인식하지 못한다.

렘수면은 단계적으로 발생하는데, 첫 번째 렘수면은 10분 정도 지속되었다가 자는 동안 점점 증가하여 마지막 렘수면은 1시간까지 지속된다. 매일 밤 비렘수면과 렘수면의 주기가 4~5회 정도 반복된다. 첫 주기는 90분 정도이고, 그다음 주기는 100~120분 정도로 이어진다. 영유아들의 경우, 수면 시간에 따라 다르긴 하지만 보통 비렘수면 단계를 거쳐 렘수면 단계까지 반복되는 횟수가 더 잦다.

뇌와 몸을 최적의 상태로 회복하고 새로운 하루를 위해 개운하게 잠에서 깨려면 매일 밤 적정 수면 시간 동안 렘수면과 비렘수면 단계를 여러 차례 거쳐야 한다. 렘수면 단계를 거치지 않으면 복잡한 과업을 학습하는 능력이 떨어지기 때문에 렘수면 단계는 유아기 때 특히 중요하다. 나이에 따라 4~5회 이상 모든 수면 주기를 거친 후 자연스럽게 잠에서 깼을 때 비로소 적정량의 수면을 취했다고 말할 수 있다.

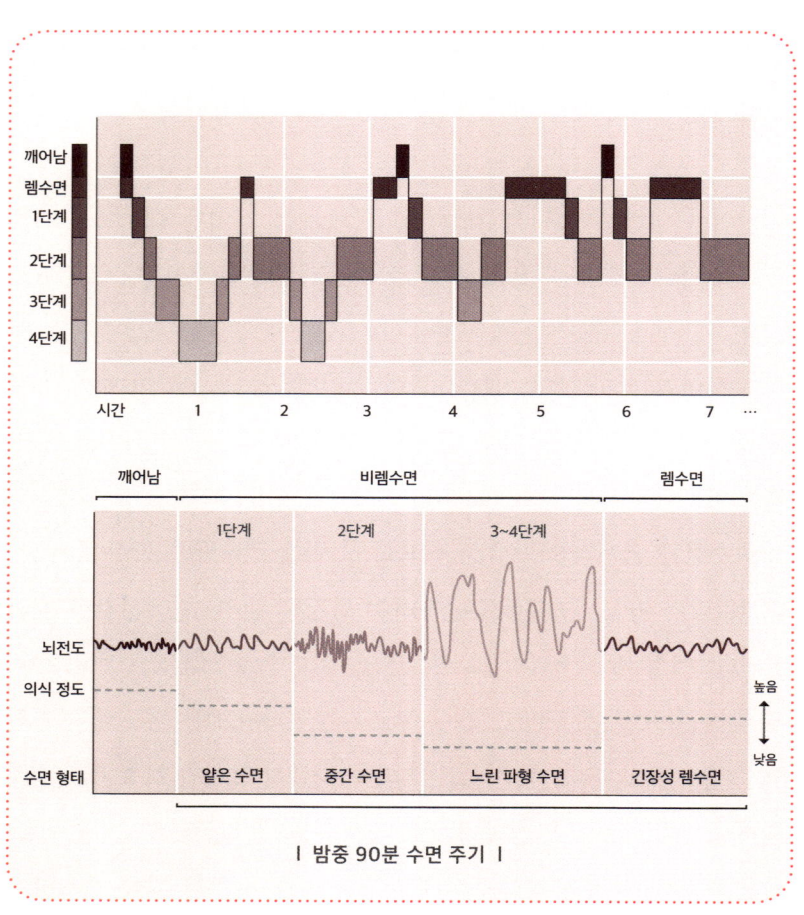

잠, 그리고 뇌가 부리는 마법 같은 일[76]

과거에는 잠을 잘 때 뇌도 함께 잠이 든다고 생각했다. 하지만 사실은 그 반대다. 최근 한 연구에서 자는 동안 뇌가 하는 일을 밝혔는데, 거의 마법에 가까웠다. 그것은 바로 글림프 시스템glymphatics이다.[77] 이 시스템은 최근 연구자들이 뇌 안에서 광범위한 혈관계(몸 전체에 피를 순환시켜 골고루 영양을 공급하면서 노폐물을 수용하는 계통의 조직)와 유사한 대규모 야간 분배 네트워크를 발견하면서 알려지게 됐다. 이 시스템은 말 그대로 밤에 잠들면 열리는 '체액 배관망'이다. 교세포라고 불리는 뇌세포가 수축하면서 생기는 공간으로 배관이 열리고, 그 안으로 뇌척수액이 들어온다. 그러면 뇌세포와 뇌척수액 사이에서 많은 화학 물질과 호르몬의 교환이 이루어진다. 이런 물질 교환은 수면 단계에서만 발생하며 뇌 건강에 매우 중요한 현상이다.

신경 과학자 제프 일리프Jeff Iliff는 테드 토크에서 '밤에 충분히 자야 하는 또 한 가지 이유'라는 주제로 강연을 하면서 글림프 시스템을 다음과 같이 설명했다. "글림프 시스템은 뇌의 가장 기본적인 문제를 해결하기 위해 명쾌하고 영리하게 설계된 시스템입니다. 지속적으로 영양분을 공급하고 뇌 안에서 지질과 포도당을 분배하며 노폐물을 제거하는 것은 물론, 성장, 면역력, 식욕, 당분 섭취 등을 통제하는 필수 호르몬과 신경 펩티드peptide(몇 개의 아미노산으로 구성된 단백과 유사한 물질로, 신경 전달 기능이나 호르몬의 기능을 발휘한다.)를 조절합니다. 다시 말해, 글림프 시스템은 이런 절차들을 쉽게 처리하는 데 특화된 배관망이라고 볼 수 있습니다. 이 배관망은 뇌의 구석구석까지 뻗어 있지만 모든 과정은 수면 중에만 발생합니다. 이 시스템을 발견하기 힘들었던 것도 바로 이런 이유 때문입니다."[78]

수면 중 노폐물 제거 절차를 통해서 알츠하이머병과 관련 있는 독성 노폐물인 베타-아밀로이드amyloid-beta도 빠르게 제거된다. 즉, 수면의 질과 수면 시간에 문제가 생기면 뇌 안에 축적된 베타-아밀로이드의 양이 증가한다. 글림프 시스템이 제대로 작동하지 못하면 알츠하이머병이나 파킨슨병 같은 신경 변성 질환이나 외상성 뇌손상, 뇌졸중이 발생할 수 있다고 보는 것도 이 때문이다.

제프 일리프는 글림프 시스템을 집 청소에 비유한다. 집 청소를 규칙적으로 잘하지 않으면 집이 지저분해지고 이것은 시간이 지날수록 점점 악화된다. 뇌도 마찬가지다. 만약 뇌의 처리 절차와 기억 강화가 이루어지지 않으면 사람은 최상의 상태를 유지할 수 없다. 하룻밤 동안 성인은 3~5회, 아이들은 더 여러 번의 수면 단계를 거쳐야 뇌의 처리 절차가 온전히 이루어진다. 우리는 매일 밤 수면 주기 안에 포함된 렘수면과 비렘수면의 모든 단계를 거쳐야 한다는 의미이다. 그래야 뇌의 글림프 시스템이 중요한 청소 작업을 마치고 다음 날을 준비할 수 있다. 여러 이유로 잘 자는 것은 매우 중요하다.

질 좋은 수면 그리고 적절한 수면량 모두 충족되어야 한다

앞서 말했듯이 좋은 수면이란 중간에 깨지 않은 채 나이에 맞는 적정 수면 시간 동안 자고 난 뒤 개운하게 일어나는 것이다. 질 좋은 수면을 취했지만 수면 시간이 충분하지 못했다면 뇌는 완전히 회복되지 않는다. 또 충분히 오래 잤지만 수면의 질이 떨어질 때 즉, 실제로 모든 수면 단계를 거치지 않았거나 충분히 반복하지 않았다면 뇌가 완전히 회복하기란 불가능하다.

좋은 수면은 더 행복하고 차분한 삶을 살게 만든다. 덜 배고프고 활기가 넘치며 건강에 해로운 음식이나, 단 음식을 덜 찾게 될 것이다. 또 사고력도 향상되고 더 창조적인 사람이 될 수 있으며, 체력과 면역력도 좋아질 것이다. 수면의 양과 질은 밀접한 관계다. 수면 장애와 수면 이상은 수면의 양과 질 모두에 지장을 준다. 좋은 수면의 구체적인 조건을 정리하면 다음과 같다.

- **질 좋은 수면**: 중간에 깨지 않고 조용히 그리고 움직임 없이 자고 개운하게 일어난다.

- **적절한 수면량**: 24시간 단위 내에서 적정 시간 동안 수면을 취한다.

수면의 양과 질에 조금만 문제가 생겨도 뇌에서 일어나는 중대한 절차에 지장이 있다. 하룻밤 잘 자는 것만으로는 충분하지 않다. 매일 밤 잘 자야 한다. 일관성 있게 좋은 수면 법칙을 지키면 우리는 신체적·정신적·사회적·정서적으로 최상의 컨디션을 유지할 수 있다. 여기서 중요한 점은 일관성을 가져야 한다는 것이다.

오늘날 우리는 과도한 일정과 약속을 소화하고 지나치게 많은 일을 하느라 너무 피곤한 상태이다. 이런 상황에서 잠을 덜 자면 더 많은 것을 할 수 있다고 믿는다. 그래서 사람들이 밀린 잠을 잔다고 말할 때가 많은데, 매일 일관성 있는 수면의 양을 지키는 것이 중요하다. 평일에는 제대로 수면 시간을 채우지 못하고 주말에 잠을 몰아서 자는 것은 좋지 않다. 그렇게 하면 일상이 망가져, 일상과 환경을 바탕으로 상태를 판단하는 뇌는 수면을 유발하는 기능을 제대로 수행하지 못하게 되기 때문이다. 잠을 덜 자거나 제대로 자지 못할 때마다 우리는 갚을 수 없는, 아니면 적어도 아직은 갚을 방법이 밝혀지지 않은 빚을 지는 것이다.

수면 문제의 영향력은 서서히 드러난다. 하루라도 잠을 제대로 못 자면 무척 피곤하고 컨디션이 좋지 않을 것이다. 수면 호흡 장애 같은 수면 문제가 생겨서 잠을 제대로 못 자는 날이 많아지면, 몸 안에서는 고혈압, 심장 질환, 대사 이상, 비만, 우울증, 암과 같은 질병을 일으킬 수 있는 염증이나 질환이 생길지도 모른다.[79]

나이에 따라 적절한 수면 시간은 다르다

여러 수면 단계들을 고려할 때 수면의 이점을 최대한 누리려면 얼마나 자야 하는 것일까. 연령별로 차이가 있다. 아이들은 어른들보다 더 긴 수면 시간이 필요하고, 어른들은 적정 수면 시간이 조금 더 짧다. 또한 개인별 차이도 있다. 아래 표는 미국수면의학회American Academy of Sleep Medicine의 지침을 바탕으로 한 것이다.

| 연령별 적절한 수면 시간 |

	수면 시간(시간)	하루 중 수면 시간이 차지하는 비율(%)
신생아(0~3개월)	14~17	58~71
영아(4~12개월)	12~16	50~67
유아(만 1~2세)	11~14	45~58
취학 전 아동(만 3~5세)	10~13	42~54
아동(만 6~12세)	9~12	37.5~50
청소년(만 13~18세)	8~10	33~42
성인(만 18세 이상)	7~9	29~37.5

같은 연령대일지라도 필요한 수면 시간은 차이가 날 수 있다. 그 차이를 일으키는 요인은 아주 많다. 수면 욕구와 하루 주기 리듬(약 24시간의 주기를 가지는 생물학적 리듬) 등이 일반적인 요인이며, 하루 내내 축적되는 수면 욕구는 낮잠이나 활동량 등에 따라 변할 수 있다. 하루 주기 리듬은 보통 생후 6개월 이내에 발달하며 낮의 각성 정도와 밤

의 졸린 정도를 결정한다. 이는 사람마다 다르며, 아침형 인간인지 올빼미형 인간인지는 이 리듬에 따라 정해진다. 빛, 소리, 분위기, 활동 정도 같은 환경적 요인에 크게 좌우되는데, 그중에서도 빛은 하루 주기 리듬을 결정하는 가장 주된 요소로 꼽힌다. 빛은 잠에 들도록 돕는 일을 하는 멜라토닌 호르몬 분비에 영향을 미치기 때문이다.

드물긴 하지만 실제 필요한 수면의 양이 선천적으로 적은 사람도 있다.[80] 하지만 그런 사람은 전체 인구의 1% 내지 3% 정도일 뿐이며, 매일 밤 6시간의 수면으로도 별 문제 없이 살아갈 수 있는 정도다. 이는 유전자 발현을 통해 설명할 수 있는 것으로[81] 우리가 훈련을 통해 얻을 수 있는 상태가 아니다.

리처드 와이즈먼 Richard Wiseman 은 적당한 수면 시간을 골디락스 원리로 설명한다. 다시 말해, 너무 많아도 혹은 너무 적어도 좋지 않고, 연령별 적정 수면 시간에 꼭 알맞게 자는 것이 말 그대로 꼭 알맞다는 것이다.[82] 부상에서 회복 중이라거나 성장기를 겪고 있는 사람이라면 자연스럽게 그들의 몸은 더 많은 잠을 필요로 할 것이다. 하지만 그런 경우 외에는 꼭 알맞은 정도를 지키는 것이 가장 좋다. 잠을 너무 많이 자는 것이 해로울 수 있다는 사실이 믿기 어렵겠지만, 과도한 수면은 드러나지 않은 질병의 징후일 수 있으며 당뇨병, 우울증, 호흡기 질환, 심장 질환과도 관련이 있다.

'잠을 잘 못 잔다'는 사실을 알아채지 못하고 있다

수면 문제는 그 정도에 따라 매우 다양하다. 하지만 수면의 양과 질 그리고 일관성에 지장을 주는 문제라면 그 정도가 아무리 가볍다고 하더라도 해롭다. 우리가 견딜 수 있다고 느끼는 가벼운 수면 장애도 보이지 않는 손실을 주기 마련이므로 시간이 지나면 결코 채울 수 없는 '잠의 빚'을 떠안게 된다.

흔히 발생하는 수면 장애의 종류와 특징

수면 장애의 종류는 무려 90가지가 넘는다. 그중에서도 흔히 발생하는 수면 장애 몇 가지를 알아보자. 누구나 겪을 수 있는 문제지만, 이를 가볍게 넘겨서는 안 된다. 잠을 잘 못 자고 있다는 증거이기 때문이다. 수면 장애는 전문의에게 제대로 된 진단과 치료를 받아야 한다. 그러므로 수면에서 나타나는 위험 신호를 알아둔다면 어떤 경우에 진료가 필요한지 판단하는 데 도움이 된다.

1. 불면증

　불면증은 가장 흔한 수면 장애로, 수면 중단, 수면 분절을 유발한다. 잠들기가 어렵고 밤중에 자주 깰 뿐 아니라 다시 잠들기도 힘들며, 아침에는 계획보다 일찍 눈을 뜨게 되기 때문에 수면의 질이 떨어진다. 불면증이 있으면 자고 나서도 개운하지 않고 낮 동안 과도하게 졸리다. 기운이 없고 피곤한 상태에서도 부산스러운 모습을 보이며 집중력이 떨어지는 등 수면 부족 시 나타나는 증상이 모두 나타난다. 감정 변화가 심하고 기억력이 떨어질 뿐 아니라, 인간관계에서도 어려움을 겪고 우울증이 생기기도 한다. 또 부주의로 인한 사고를 일으키기도 쉽다.

　이러한 증상은 어른의 경우 업무 중 과실이나 자동차 사고 등으로 나타나지만, 아이의 경우에는 행동이 서투르거나 잘 넘어지고 무언가에 부딪히는 모습으로 나타난다.

2. 수면 호흡 장애

　자는 동안 발생하는 호흡 장애를 총칭하는 말로, 두 번째로 흔한 수면 장애로 꼽힌다. 수면 호흡 장애는 수면 주기가 진행될 때 다음 수면 단계로 넘어가는 것을 방해하여, 회복이 이루어지는 깊은 수면 단계에 진입하거나 머무르는 것을 가로막는다. 자는 동안 호흡하는 데 방해를 받게 되면 아이의 몸은 그것을 질식 현상으로 받아들인다. 기도 근육의 이완이나 잘못된 수면 자세로 인해 기도가 좁아져 호흡이 제한되면, 호흡량이 부족해진 아이의 몸은 단지 숨을 쉬기 위해 더 많은 노력을 해야 한다. 그렇게 되면 심박동 수가 증가하고 혈압이 높아져 뇌가 깨어나기 때문에 수면 단계가 제대로 진행되지 못하고, 결국 수면 중에 발생하는 중대한 뇌 활동에 지장을 주게 된다. 뿐만 아니라 혈중 산소 수치도 감소하여 뇌와 신체에 영향을 미친다.

이처럼 숨쉬기 위한 노력을 하는 상태에서 상황이 더 악화되면 호흡이 멈추는 현상이 발생하게 되는데, 10초 이상 호흡이 중단되는 수면 무호흡증이 나타나기도 한다. 호흡 중단이 반복되면 신체 시스템은 에베레스트산을 오르면서 숨을 쉬는 것만큼이나 강한 스트레스를 받는다.

수면 호흡 장애의 종류와 특징

• **폐쇄성 수면 무호흡증** | 자는 동안 기도의 부분적 혹은 완전한 폐쇄 현상이 반복적으로 나타나는 것이다. 이처럼 수면 중에 간헐적으로 산소의 양이 감소할 경우, 수면 분절이 일어나고 수면의 질도 떨어진다. 10초 이상 호흡이 멈추는 증상이 시간당 1~5회 발생하는 경우는 경미한 수준, 시간당 5~10회 발생하는 경우는 중간 수준, 10회 이상 발생하는 경우는 심각한 수준의 수면 무호흡증에 속한다.

수면 무호흡증은 생명을 위협하는 장애로, 우리 몸에 고립감, 우울증, 기억력 감퇴, 과잉 행동, 집중력 저하, 과도한 주간 졸림증, 학업 수행 능력 저하와 같은 치명적인 영향을 미치는 것은 물론 고혈압과 같은 건강 이상으로 이어질 수도 있다. 또한 수면 무호흡증을 가진 아이는 ADHD와 유사한 행동을 보이며 공감 능력이 떨어진다. 수면 무호흡증은 이처럼 실제로 삶의 질에 악영향을 준다.[83,84]

다행히 수면 무호흡증이 치료되면 이와 같은 문제 행동들은 빠르게 개선된다. 가장 보편적인 수면 무호흡증 치료법으로 아데노이드와 편도선을 제거하는 아데노이드 편도 절제술이 있다. 하지만 치료를 통해 심각한 임상 증상들이 완화되더라도, 잘못된 수면 생활로 발생하는 문제들은 그대로 남아 있을 수 있다. 따라서 전반적인 수면 관련 문제들에 대해 확인하고 관리하는 것이 중요하다. 아이들의 수면 무호흡증은 잘못 진단되거나 진단을 놓치는 경우가 많으니 주의 깊게 살펴야 한다.

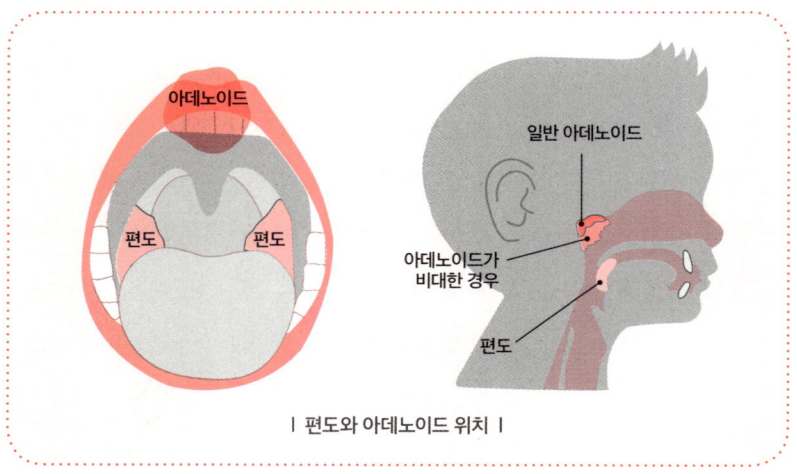

| 편도와 아데노이드 위치 |

• **코골이** | 코골이는 폐쇄되거나 좁아진 기도를 통해 공기가 간신히 빠져나가면서 발생한다. 기도 폐쇄는 상기도의 어느 지점에서 일어나는데, 보통은 코나 혀의 뒷부분이다. 목구멍 근육이 이완되면 기도가 과도하게 좁아지고, 그 좁아진 길로 공기가 통과하면서 목구멍 근육과 연구개(입천장 뒤쪽의 연한 부분) 또는 혀 뒷부분이 진동한다. 이로 인해 그르렁거리는 숨소리 또는 코골이가 나타난다.

대략 10%의 아이들이 평소에 자주 코를 고는데, 부모들은 아이가 깊게 잠들어서 코를 곤다고 생각하는 경우가 많다. 폐, 혈액, 뇌로 가야 할 산소의 양을 감소시키는 코골이가 얼마나 심각한 문제인지를 알고 있는 부모는 극히 드물다. 코골이는 수면 중 각성이나 수면 분절을 일으키며 똑바로 누워서 자는 경우에 더 흔하게 나타난다.

• 상기도 저항 증후군 | 수면 중 호흡에 저항이 발생하여 생기는 수면 장애로, 보통 기도가 좁아지는 것이 원인이다. 과도한 주간 졸림증, 피로 등 수면 무호흡증과 유사한 증상을 보인다.

상기도 저항 증후군 환자는 상기도에서 발생하는 호흡 저항으로 인해 자주 잠에서 깬다. 보통은 1~3회 호흡을 할 정도의 짧은 시간 동안만 잠에서 깨기 때문에 일반적인 수면 검사로는 발견하기 어렵다. 상기도 저항 증후군을 발견하려면 기도의 압력을 모니터링하는 검사를 해야 하는데,[85] 이런 이유로 대부분의 상기도 저항 증후군 환자가 제대로 된 확진과 치료를 받지 못하는 상황이다.[86]

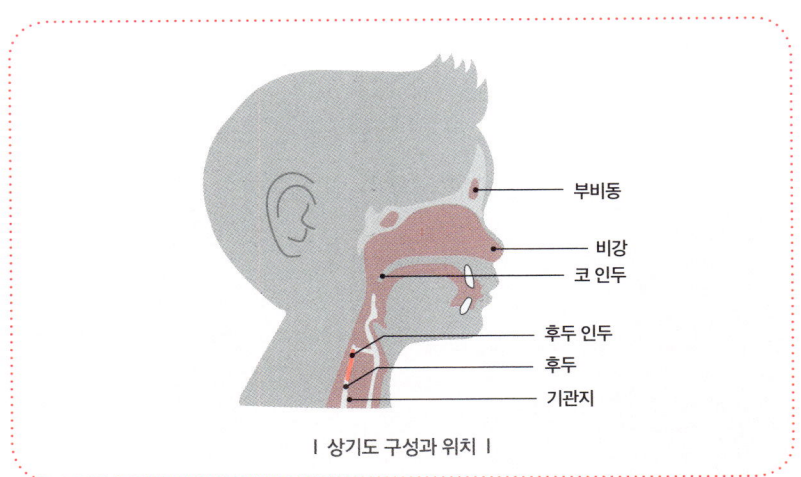

| 상기도 구성과 위치 |

• **호흡 노력 관련 각성**Respiratory Effort Related to Arousal, RERA | 호흡을 위해 노력하느라 깊은 수면에서 갑자기 얕은 수면으로 옮겨가는 것이다. 호흡 노력 관련 각성은 공식적으로 알려진 수면 연구에서는 아직 측정되거나 기록된 바가 없지만, 의학계에서 실시한 수면 추적 기록에서는 발견할 수 있다. 호흡 노력 관련 각성은 수면 분절을 일으키므로, 자는 도중 여러 차례 발생한다면 수면을 통한 휴식이 효과적으로 이루어지지 않는다는 뜻이다.

만약 기도가 폐쇄되어 기도 내에 음압이 발생하면 역류가 일어날 수도 있다. 또 질식, 헐떡임 같은 호흡 중단 증상이 생기게 되고 우리 몸은 호흡을 하기 위해 스스로를 깨운다. 밤중에 이런 일이 반복되면 결국 우리 몸에 폐쇄성 수면 무호흡증과 유사한 피해를 주게 된다.[87]

• **구강 호흡** | 구강 호흡 증상은 보통 코가 막히거나 비강이 좁아져 생기기도 하지만, 단순히 주위 사람들이 하는 구강 호흡을 무의식중에 따라 하다가 생기기도 한다. 구강 호흡은 부모들이 알아채기 어렵고, 또 너무 흔해서 쉽게 지나치거나 해롭지 않다고 여겨진다. 부모들과 구강 호흡에 대해 이야기하면, 대다수의 부모들은 아이가 구강 호흡을 전혀 하지 않는다고 말한다. 하지만 제대로 된 구강 호흡 확인 방법을 알고 나면 아이들은 물론 본인도 구강 호흡을 하고 있다는 것을 알고 깜짝 놀라는 일도 많다.

별로 중요하지 않은 문제처럼 보이지만 습관성 구강 호흡은 코의 기능을 제대로 사용하지 않음으로써 정상적인 코 기능에 지장을 주고 충혈을 유발한다. 한 연구에 따르면 구강 호흡은 혈중 산소 수치를 낮출 수도 있다.[88]

3. 사건수면

수면 장애 중에서 가장 많이 알려진 것으로, 수면보행증, 잠꼬대, 야경증 등이 여기에 속한다. 어린아이는 어른에 비해 깊은 수면 단계에 더 오랜 시간 머물기 때문에 사건수면은 성인보다는 아이에게 더 흔하다.

사건수면은 잠든 후 첫 수면 주기의 진행 중에 비렘수면의 3단계와 4단계의 깊은 수면에서 빠져나오면서 거치는 아주 짧은 각성 순간에 발생하는 것으로 알려져 있다. 신체는 깊은 잠에 빠져 있지만 뇌는 다른 일을 할 수 있을 정도로 깨어 있는 뇌 이원화 현상이 일어나는 것이다. 사건수면은 보통 만 4~6세 사이에 발생하고 만 8세 이전에 최고조에 달한다.[89]

사건수면은 어딘가에 부딪혀 다치는 등 신체적 위험에 처할 일만 없다면 크게 해롭지 않지만 부모가 많이 놀랄 수 있다. 자다 깨 정신이 말똥말똥하게 보이는 아이가 집 안을 돌아다니거나 소리를 지르고, 이상한 말이나 기이한 행동을 하는 것을 보면 굉장히 당황스러울 것이다. 하지만 아이가 일단 침대로 돌아가면 보통은 금방 다시 잠이 든다. 아이가 이미 사건수면 증상을 보이기 시작했다면 수면 부족, 불규칙한 수면 습관, 늦은 취침 시간, 발열, 치료 약물 복용, 가득 찬 방광, 수면 환경 변화, 시끄러운 주변 환경, 스트레스, 수면 장애 등이 증상을 더욱 악화시킬 수 있다. 이때는 수면 호흡 장애를 포함한 다양한 수면 장애에 대해 의사의 진료를 받는 것이 바람직하다.

아이가 사건수면으로 인해 위험에 노출될 수 있거나 가족의 삶에 심각하게 지장을 준다면 수면 전문가와 상담을 해보는 편이 좋다.

사건수면의 종류와 특징

• **수면보행증과 잠꼬대** | 수면보행증이 있는 사람들 중 30%는 같은 증상을 보이는 가족 구성원이 있는 것으로 보아, 수면보행증은 유전적 영향이 있는 것으로 보인다. 전체 아이들 가운데 40%는 적어도 한 번은 수면보행증을 경험했으며, 3~4% 가량은 일주일 혹은 한 달에 한 번꼴로 겪는다. 무의식 상태로 뭔가를 하는 것도 수면보행증의 한 예로 볼 수 있다.

아이는 겉으로 보기에 깨어 있는 것처럼 보여도 실제로는 그 상황을 전혀 인식하지 못하고 있으므로 정작 괴로운 사람은 부모일 것이다. 이럴 때는 주위에 위험한 것은 없는지 살피고 아이가 다시 잠자리에 들 수 있도록 부드럽게 유도하는 것 말고는 아무 것도 하지 않는 것이 좋다. 상황을 빠르게 종료시키고 아이가 금방 다시 잠들기 위해서는 부모가 최대한 개입하지 않아야 한다. 잠꼬대도 같은 종류의 행동 문제지만, 말로 하는 것이므로 수면보행증보다 위험한 상황이 생길 가능성은 당연히 훨씬 적다.

• **야경증** | 6%의 아이들이 야경증을 경험하는데, 야경증은 악몽과는 다르다. 이 증세가 시작되면 심각한 스트레스로 심박동 수가 빨라지면서, 팔다리를 마구 휘젓거나 비명을 지르고 옆 사람을 밀치는 등 특이한 행동을 보인다. 악몽과는 다르게 비렘수면 단계 중 3단계와 4단계에서 발생하며 잠에서 깨면 자신의 행동을 인지하거나 기억하지 못한다.

수면 호흡 장애가 있는 아이들에게서 자주 발생하기 때문에 상기도 저항이 주요 원인일 것으로 추정된다. 야경증은 아이가 성장하면서 깊은 수면 시간이 감소할수록 완화되는데, 보통 10대가 되면 사라진다.

· 악몽 | 악몽은 사건수면에 포함되지 않으며 야경증과도 다른 것이지만, 야경증과 악몽이 함께 발생하는 경우가 많다. 악몽은 만 3~6세 사이에 가장 심하게 나타나며, 악몽을 꾸면 심박동 수가 증가하고 땀이 나거나 잠에서 깨기도 하는 등 다양한 형태로 수면을 방해한다.

악몽은 주로 한밤중이나 이른 아침에 많이 발생한다. 전체 아이들 가운데 3% 정도는 반복적으로 악몽에 시달리며, 악몽이 반복되면 아이는 무서워서 잠자리에 들지 않으려고 하는 동시에 잠드는 것을 무섭게 생각하기도 한다. 악몽과 꿈은 모두 렘수면 단계에서 일어난다. 여기서 가장 중요한 것은 악몽이 발생하는 진짜 이유를 알아내, 아이가 무서운 꿈을 극복할 수 있도록 도와줄 방법을 찾는 것이다. 악몽은 실제로 겪은 충격적인 사건이나 겉으로는 드러나지 않는 정신적 고통으로 인해 발생할 수 있다. 아이와의 대화를 통해 안정감을 주는 것도 좋은 방법이다. 자주 그리고 지속적으로 극심한 악몽을 꾼다면 정신과 의사나 심리학자와 상담해보는 것이 좋다.

4. 하지 불안 증후군

가만히 누워 있을 때 다리를 움직이고 싶은 강한 충동을 느끼는 질환이다. 밤중에 찌릿하거나 가려운 증상이 발생하여 고통스러울 수 있다. 하지 불안 증후군이 있으면 잠들기가 어렵고, 자는 도중에 자주 깨기 때문에 당연히 수면의 질이 떨어진다. 성인의 10% 그리고 아이들의 2% 정도가 하지 불안 증후군을 경험한다. 수면 호흡 장애와 상관관계가 있다고 밝혀진 하지 불안 증후군은 전문의의 지시에 따른 약물 치료와 더불어 식이 조절 및 스트레칭을 하면 완화될 수 있다.

5. 기면증

기면증이란 예상치 못한 순간에 자신의 의지와 상관없이 갑작스럽게 잠이 들어 일반적인 수면 단계를 거치지 않고 바로 렘수면에 빠지는 것을 말한다.

기면증이 있으면 뇌는 수면-각성 주기를 통제하지 못하게 되므로, 언제 어디서나 수면 발작이 일어날 수 있다. 아주 드문 질환인 기면증은 과도한 주간 졸림증, 탈력 발작(감정에 의해 유발되는 갑작스러운 근육 긴장 상실), 입면 환각(생생한 꿈), 수면 마비 등 기능 상실 증상을 보인다. 기면증은 아이의 행동과 학습에 상당한 영향을 준다. 현재까지 기면증에 대한 완치법은 없다. 하지만 약물 치료 그리고 환경과 생활 방식의 변화를 통해 발작 발생 빈도를 감소시킬 수 있다.

6. 만성 질환 관련 수면 장애

만성 질환과 관련된 심각한 수면 장애들이 있다. 만성 통증, 전염병, 세균성 감염증, 바이러스 감염, 암, 질병 치료를 위한 약물 복용은 모두 수면-각성 주기를 방해하거나 수면 지속 시간을 단축시킨다. 그러나 회복 단계에 접어들면 수면 상태가 평소보다 더 오래 지속된다.

한편, 기도 허탈을 유발할 수 있는 질환, 성장에 따른 기도 공간 축소, 기도 폐쇄, 근육 긴장 약화, 경추 이상, 그리고 천식이나 비만 같은 일반적인 건강 문제들도 모두 수면 문제를 일으킬 수 있다.[90] 이미 특정 질환이 있는 아이라면 수면 호흡 장애 같은 수면 장애에 더 취약할 수 있다. 따라서 이런 경우에는 아이의 질환 치료와 더불어 수면 장애를 적절히 진단하고 치료해야 한다. 수면 장애 역시 다른 모든 질환을 더 악화시킬 수 있기 때문이다.

잠을 못 자는 건,
한 가지 이유 때문만은 아니다

수면 호흡 장애에 영향을 줄 수 있는 건강 문제[91]

기도 문제가 수면 호흡 장애를 일으키기도 한다. 기도에 문제를 유발하는 원인은 다양하다. 질병은 물론 치아 상태로 인해 안면과 턱이 비정상적으로 발달하면 기도에 문제가 생기기도 한다. 잘못된 치아 상태 역시 위험 신호가 될 수 있다. 안면과 턱의 비정상적 형태는 기도 성장 발달에 영향을 주는데, 이런 영향은 자궁 안에 있을 때부터 시작되기도 한다.

이외에도 수면 호흡 장애를 발생시키는 건강 문제들은 많다. 다음에 나와 있는 어려운 의학, 치의학 용어들을 이해하지 못한다고 걱정할 필요는 없다. 대부분 전문의만 증세를 알아보고 진단할 수 있는 것들이기 때문이다.

- **상기도 구조 이상**: 후두 연화증, 구개 파열, 후비공 폐쇄증, 성대 마비, 하악 후퇴증, 중앙 안면 저형성증, 큰혀증, 비중격 만곡증, 흉벽 기

형, 척추 측만증, 얼굴 외상

- **기도와 골격 발달에 영향을 주어 수면 호흡 장애 위험을 높이는 질병**: 염증 조직 또는 코 막힘, 편도선 및 아데노이드 비대증, 알레르기, 코선반 비대증, 비중격 만곡증
- **비정형적 또는 비정상적 성장 발달**: 부정 교합, 기도 협착이나 기도 폐쇄에 의한 아래턱 뒷당김 또는 상악 협소증. 특정 증후군에 기인하지 않는 이런 특징 혹은 불균형을 두개 안면 호흡 복합체 형질 결핍이라고 부르기도 하며 케빈 보이드 Kevin Boyd 박사를 통해 알려졌다.[92]
- **신경근 질환**: 근육 위축병 또는 뒤시엔느 근위축증, 근긴장성 디스트로피, 척수 근육 위축증, 뇌성마비는 구강 안면 근육의 긴장도 저하로 인한 수면 호흡 장애를 유발할 수 있다.
- **상기도에 영향을 주는 두개 안면 증후군**: 파이퍼 증후군, 트리처콜린스 증후군, 크루존 증후군, 에이퍼트 증후군, 피에르 로빈 증후군
- **호흡 조절에 영향을 주는 유전 질환**: 선천성 중추 저환기 증후군, 레트 증후군, 주버트 증후군
- **결합 조직병**: 마르판 증후군, 엘러스-단로스 증후군[93,94,95] 등 유전적 돌연변이가 있는 아이들은 위아래턱의 비정상적 연골이나 연골 부재로 인한 수면 호흡 장애가 생길 수 있다.
- **대사 축적 장애**: 인슐린 저항, 헐러 증후군

기타 의학 및 치의학적 위험 신호도 있다.

- **치아부족증 혹은 치아 결핍증(치아 결손)**

- 다운 증후군
- 프래더-윌리 증후군
- 연골 무형성증
- 라이병
- 키아리 기형
- 만성 폐 질환
- 간질
- 얼굴과 목의 화상

일반적인 의학적 문제는 다음과 같다.

- 비만
- 조산아
- 약한 면역 체계
- 고혈압
- 습진

소아청소년과에서 진단 가능한 질환도 있다.

- 발달 단계 지연
- 학습 문제
- 지속적 야뇨증
- 발달 지연
- 성장 부진
- 자폐 범주성 장애

- ADHD
- 식사 문제

인종이나 가족력도 위험 신호가 될 수 있다.[96] 가족 구성원 중 누군가에게 폐쇄성 수면 무호흡증 또는 기타 수면 장애가 있다면 아이에게 같은 장애가 생길 가능성이 크다.

살펴본 대로 수면 장애를 유발할 수 있는 신체적 특징과 의학적 문제들은 아주 많다. 아이들의 폐쇄성 수면 무호흡증은 만 2~4세 사이에 가장 많이 발생하며, 그 원인은 주로 편도선과 아데노이드 비대였다. 하지만 미숙아의 경우에는 태어날 때부터 폐쇄성 수면 무호흡증이 나타나기도 하고, 선천성 기형이 있는 경우에도 흔하게 나타난다. 특정 증후군을 겪지 않아도 얼굴뼈가 불완전하게 발달하여 수면 장애로 이어질 수도 있다.[97]

부정 교합이 발생하게 된 과정

의학적, 신체적 요인과 더불어 기도에 영향을 주는 요소들이 있다. 바로 진화, 유전학, 후성 유전학이다. 아이가 잠을 자기 위해 고생하는 이유 중 하나는 진화, 즉 오랜 시간 동안 진행된 인간의 입, 턱, 기도의 형태 및 크기 변화 때문이다. 아이가 성장하여 성인이 되어도 왜 턱은 32개의 치아가 들어갈 만큼 자라지 않는 것일까? 어째서 그렇게 많은 사람이 사랑니를 뽑을까? 옛날에는 그러지 않았을 텐데 말이다.

인간 사회와 문화를 연구하는 인류학을 통해 아주 오래전에 사람들은 32개의 치아가 있었고, 흡착음 언어(압력을 이용해 혀 전체를 입천장에 흡착하여 내는 소리)를 사용했음을 알 수 있다. 흡착음은 생존을 위해 사용했던 것으로 보이는데, 소리가 덤불숲 소리와 유사하여 포식자에게 들키지 않고 소통할 수 있었기 때문이다.

흡착음 언어는 오늘날에도 칼라하리 사막의 부시먼족이 사용하고 있다. 이 부족은 오랜 기간 동안 고립되어 살아왔기 때문에 부족의 언어를 보존할 수 있었다. 직접 흡착음 언어를 배워 부시먼족을 연구한 인류학자들은 입천장이 넓고 평평해야만 흡착음 언어를 제대로 구사할 수 있다는 놀라운 사실을 알게 되었다. 실제로 부시먼족이 오랜 세월 사용해온 흡착음은 그들이 넓고 평평한 위턱 구조를 유지할 수 있었던 요인 중 하나로 꼽힌다. 부시먼족의 아기들은 생후 6개월까지는 오직 모유만을 먹고, 이후 만 3세까지 젖을 점차 떼면서 이유식을 먹는다. 이 사이에 아기들은 씹는 법을 배워, 씹고 또 씹으면서 차차 더 단단한 음식을 씹을 수 있게 된다. 이처럼 자유롭게 움직이는 혀와 씹기 운동은 어린아이의 안면 발달에 특히 중요한 요인으로 여겨진다. 아이의 경우에는 위턱뼈 4개의 접합점이 매우 유연하므로, 뼈를 둘러싸고 움직이는 혀와 얼굴 근육이 위턱뼈 모양에 영향을 준다. 부시먼족을 관찰한 결과 과거에는 부정 교합이 없었다는 사실을 추정할 수 있었다. '바르게 다물리지 않는다'라는 의미인 부정 교합은 입을 다물거나 음식을 씹을 때 윗니와 아랫니가 잘 맞물리지 않는 현상이다. 인류는 치아가 고르고 충치가 없었으며, 치아나 턱을 치료하려고 치과 교정 전문의나 치과 의사가 필요해진 것도 역사상 얼마 되지 않았다.

아주 오래전에는 치과 교정 전문의나 치과 의사가 없었지만, 필요하지도 않았던 것이 분명하다.[98]

상황이 바뀐 것은 1800년대 중반 이후였다. 산업화가 일어나고 농업에도 변화가 생기면서 사람들은 가공된 밀과 설탕을 이용한 부드러운 음식을 먹게 되었다. 음식이 바뀌자 먹고 마실 때 사용되는 근육의 움직임도 달라졌고, 아기들은 젖병으로 우유를 먹게 되었다. 이로 인해 젖먹이 아기가 있는 엄마도 일터로 나갈 수 있게 되었고, 사람들은 이 상황을 일종의 발전이라고 여겼다. 인류학자들은 이 시기에 인간의 턱 발달에 큰 변화가 생겼다는 사실을 발견했다.[99] 턱이 좁아져 입안 공간이 줄어들면서 들쑥날쑥한 치아 형태가 나타나기 시작했고, 부정 교합이 발생했다. 산업화가 일어나고 한 세대가 다 지나기 전에 들쑥날쑥한 치아 형태와 충치가 나타난 것이다.[100]

그리고 기도와 관련된 수면 장애도 함께 나타났다. 수면 장애의 등장에는 음식 변화, 알레르기, 몸을 덜 움직이는 생활, 구강 호흡 등 다양한 요소들이 함께 영향을 미쳤을 것이다. 하지만 흥미로운 점은 인류의 진화도 일정 부분 기여했다는 사실이다. 턱 발달에서 나타난 변화의 속도가 너무 빨라서 오랜 시간이 걸리는 유전자 변형으로는 설명할 수가 없다. 얼굴뼈 크기와 구강, 얼굴, 목구멍의 근육 긴장도는 기도의 용량을 결정하는 주된 요소이다. 이제 음식을 먹을 때 이를 세게 다물어 씹어야 할 필요는 없지만, 기도와 골격이 잘 발달하고 근육이 적절한 긴장도를 유지하려면 여전히 잘 정렬된 턱과 치아가 중요하다. 구강과 안면 근육의 움직임은 안면 구조 발달에 영향을 미친다. 근육이 느슨하고 약하면 근육의 허탈이 발생할 수 있다. 근육 허탈은 특히 깊은 휴식이 이루어지는 비렘수면 3~4단계에서 발생한다.

턱이 작아서 기도가 좁은 데다가 혀가 있을 공간까지 부족하다면 혀가 구강을 과도하게 꽉 채우면서 수면 중에 호흡 변화가 일어날 수 있다. 턱이 작으면 부정 교합도 생길 수 있는데, 부정 교합은 호흡 통로인 기도의 크기에 영향을 주기 때문에 수면 장애를 예고하는 가장 확실한 지표이다. 폭이 좁고 크기가 작은 위턱은 폐쇄성 수면 무호흡증을 유발하는 흔한 기형 중 하나이다.[101,102] 가뜩이나 공간이 부족한데 우리의 턱은 과거보다 더 작아졌기 때문에 기도 역시 더 좁아졌다. 여기에 콧속이 붓고 코가 막히는 알레르기 증상까지 더해지면 호흡 작용의 중요한 구성 요소인 콧구멍마저도 좁아지게 된다.

올바른 생활 방식은 긍정적인 영향을 끼친다

진화는 일반적으로 현대인이 과거보다 수면 장애에 더 취약하다는 사실을 말해주지만, 유전학은 수면 장애의 개인차를 이해하는 데 도움을 준다. 예를 들어 부모에게 수면 장애가 있다면, 자녀도 같은 수면 장애가 있거나 앞으로 생길 가능성이 크다.[103,104] 하지만 수면 장애가 집안 내력이더라도 아이가 반드시 수면 장애를 겪는 것은 아니다. 과거에는 유전학이 불변의 진리이고, 우리의 삶은 태어날 때 물려받은 유전자에 좌우된다고 믿었다. 수천 년, 수백 년 동안 환경 변화에 적응하면서 발달했기에 큰 영향을 끼친다고 믿은 것이다. 그런데 최근 후성 유전학 분야에서 흥미로운 증거를 발견했다. 인간의 유전자 구조 중 일부는 독립적으로 발현되며 환경과 음식, 활동, 스트레스, 수면 등과 같은 생활 방식에 따라 바뀐다는 것이다. 질병, 오염, 굶주림 같은 삶의 어려움도 유전자 발현에 영향을 미칠 수 있지만 이런 것들은 우리가 거의 통제할 수 없는 부분이다.[105] 하지만 생활 방식은 대부분의 사람들이 바꿀 수 있다. 평생의 경험과 선택이 유전자 발현에 변이를 일으킬 수 있고, 이렇게 해서 달라진 유전 형질은 다음 세대로 전달될 수 있다. 후성 유전학에서 가장 흥미롭지만 논란도 많은 측면 중 하나는 상속 개념이다. 우리가 살면서 겪은 사건들이 우리 자녀들의 발달과 건강은 물론, 손주들의 발달과 건강에도 영향을 준다는 의미이기 때문이다. 마찬가지로 부모와 조부모가 우리가 태어나기 전에 했던 경험도 우리의 삶에 영향을 주었을 것이다. 마치 그들 삶의 일부를 물려받는 것과 같다. 임신 기간 중 겪은 기아와 기근의 영향이 손주 세대에서 명확히 나타나는 일에 대해서는 이미 잘 알려져 있고, 관련 증거도 많다.[106] 우리가 태어나기 전에 일어난 일은 변화시킬 수 없지만, 우리 자녀와 손주들이 물려받을 유전자의 긍정적 발현만큼은 우리 손에 달려 있다.

영양 공급, 수면, 스트레스 관리, 신체 활동은 모두 유전자 암호 중 변경 가능한 부분에 영향을 주는 요인들이다. 현재 발생하고 있는 수많은 수면 장애는 시간이 오래 걸리는 일반 유전 과정과 변이로는 설명할 수 없다. 변화가 너무 빠르기 때문이다. 따라서 전부는 아니더라도 많은 수면 문제가 유전자의 후성적 발현 때문이라고 추정할 수 있다. 물론 유전 암호, 즉 유전 형질 중 변경 불가능한 부분은 현재 의술로는 바꿀 수 없다. 하지만 아마도 너무 멀지 않은 미래에는 가능해질 것으로 보인다. 만약 유전자 구조 중 변경 불가능한 부분으로 인해 이미 어떤 질환에 걸리거나 특정 성장 문제에 취약한 상태라면 그것은 또 다른 문제다. 그런 경우에는 당연히 치료를 받아야 한다.

영양 공급, 운동, 수면, 신체 활동을 최적의 상태로 유지하고 오염 물질에 최대한 적게 노출되는 생활 방식을 선택하면 자신의 건강과 자손들의 건강에 긍정적 영향을 줄 수 있다. 이 모든 것을 얼마나 잘 지키는가에 따라 나와 나의 아이들, 그리고 그다음 세대에게도 영향을 줄 것이다.

수면 이상은 잘못된 생활 방식이 주원인이다

수면 이상은 그 원인이 다양하며 수면 환경, 행동, 습관, 일상과 관련이 있다. 생활 방식이 주원인인 경우가 많으므로 수면 이상은 행동, 환경, 일상의 변화와 함께 다뤄지는 경우가 많다. 불규칙한 근무 시간, 기술 발달로 인한 과부하 상태, 과도한 낮잠, 불충분한 낮잠, 약물 및 영양제 복용, 영양 결핍, 식습관, 번잡한 주변 환경, 더위, 배고픔, 스트레스까지. 이 모든 것이 잠을 잘 못 자는 원인일 수 있다.

리처드 와이즈먼은 그의 책 『나이트 스쿨Night School』에서 우리가 사는 세상이 불면증에 어느 정도 책임이 있다고 지적했다.[107] 도시의 불빛은 24시간, 일주일 내내 켜져 있다. 사람들은, 심지어 아이들까지 컴퓨터, 휴대 전화, 태블릿, 텔레비전에 항상 노출되어 있고, 그런 기기들은 대부분 멜라토닌을 억제하는 블루라이트를 방출한다. 멜라토닌 분비가 잘되지 않으면 잠들기 어려워질 뿐만 아니라 전반적인 건강 상태에도 악영향을 끼칠 수 있다. 멜라토닌은 혈압을 낮추고 심장마비와 심장 발작을 방지할 뿐 아니라, 암과 당뇨병 위험을 높이는 호르몬의 생성을 억제한다. 그러므로 멜라토닌 분비가 원활하지 못하면 건강에 지대한 영향을 미친다.

수면 이상은 환경도 기여하는 바가 크다. 코를 고는 사람이나 숨소리가 거친 사람이 누군가의 수면을 방해하는 상황도 흔히 발생한다. 혹은 잠잘 때 자주 뒤척이는 사람 때문에 수면에 방해를 받기도 한다. 부모, 조부모 또는 집에 머무는 친척의 코 고는 소리가 아이를 깨울 수 있다. 아기가 자는 동안의 모습을 확인할 수 있도록 하여 부모의 걱정을 덜어주는 베이비 모니터 등도 부모의 수면 분절을 일으킨다. 아기가 킁킁대거나 까르륵거리는 작은 소리 하나도 신경이 쓰이기 때문이다. 아이가 반복되는 악몽에 시달리거나 밤중에 잠에서 자주 깬다면 아이의 일상생활에 문제가 있거나 미디어 노출이 과도한 것은 아닌지 생각해볼 필요가 있다.

2장을 마치며…
좋은 잠과
그렇지 못한 잠의 차이

　많은 영유아들이 통잠을 자지 못하고 밤중에 자주 깬다. 이는 아이가 잠을 잘 자고 있지 않다는 명백한 증거이기도 하다. 이 장에서는 수면에 대한 이해를 돕기 위해 잘 자는 것과 잘 못 자는 것이 어떤 것인지에 대한 개념과 그 내용 및 결과 등을 상세하게 설명했다.

　먼저 좋은 수면의 개념을 알아야 한다. 중간에 깨지 않고, 나이에 맞는 적정 수면 시간 동안 자고, 자고 난 뒤에는 개운하게 일어나는 것, 이 세 가지 조건을 충족시켜야 한다. 앞서 설명한 질 좋은 수면과 더불어 꼭 지켜야 하는 것이 바로 적절한 수면량이다. 연령별 혹은 개인별 차이는 약간 있을 수 있으나 각자에 맞는 수면량을 지켜야 한다. 일관성 있게 좋은 수면 법칙을 지키면 신체적·정신적·사회적·정서적으로 최상의 컨디션을 유지할 수 있다. 그렇지 않으면, 수면 장애 혹은 수면 이상을 겪고 있는 것은 아닌지 의심해볼 필요가 있다. 수면 장애는 의학적 진단으로 결정되는 일종의 질환이며, 수면 이상은 일상생활 문제나 수면 환경 문제 혹은 정서 장애 등 여러 가지 이유로 잠을 제대로 잘 수 없는 상태를 뜻한다. 부모가 잠에 대해 명확하게 알고 있다면, 아이가 문제 행동을 보였을 때 성장 발달 중에 일어날 수 있는 자연스러운 일이라고 간주하게 되는 경우가 발생하지 않는다. 이것이 수면에 대한 이해가 우선시되어야 하는 이유다.

뇌는 수면 중에도 쉬지 않고 바쁘게 움직인다. 잠은 단순히 휴식을 취하기 위한 행위일 뿐만 아니라, 정상적인 성장과 발달에 꼭 필요한 과정이라는 점을 비렘수면(1~4단계)과 렘수면의 특징과 변화를 통해 알게 되었을 것이다. 아이가 자는 사이 렘수면과 비렘수면을 여러 차례 반복해 거치는데, 이러한 활동이 원활하게 되어야 아이의 뇌와 몸이 최적의 상태가 된다.

수면 장애의 종류는 90가지가 넘는데, 그중에서 불면증, 수면 호흡 장애(폐쇄성 수면 무호흡증, 코골이, 상기도 저항 증후군, 호흡 노력 관련 각성, 구강 호흡), 사건수면(수면보행증과 잠꼬대, 야경증, 악몽), 하지 불안 증후군, 기면증, 만성 질환과 관련된 수면 장애 등의 특징과 이와 같은 증상이 발생했을 때 어떻게 해야 하는지 알아보았다. 또 수면 호흡 장애에 영향을 끼치는 건강 문제에 대해서도 다뤘는데, 이는 전문가가 진단할 수 있는 것으로 모두 이해하지 못해도 괜찮다.

3장

수면 문제 파악

아이는 낮과 밤,
언제나 위험 신호를
보내고 있다

잠을 충분히 못 자고도 밝은 모습을 보이는 아이들은 다른 아이들과 비교했을 때는 제대로 성장 발달을 하는 것처럼 보여도 실제로는 아이가 가진 능력보다 낮은 수준을 따라가고 있는지도 모른다.

악순환을 멈추기 위해서는
부모가 아이를
유심히 관찰해야 한다

대부분의 폐쇄성 수면 무호흡증이 있는 아이들이
진단을 받지 못하고 있다.
우리는 빙산의 일각을 보고 있을 뿐이다.
- 데이비드 고잘David Gozal[108]

수면 이상을 일으키는 원인이 무엇이든, 가장 힘든 부분은 잠을 못 자는 문제가 계속해서 반복된다는 점이다. 아픈 아이는 잠에서 잘 깬다. 잠을 못 자서 피곤해진 아픈 아이는 치료와 스트레스에 대처하기 힘들어진다. 옆에서 돌보는 부모도 수면 부족 때문에 힘들어진다. 결국 수면 부족 때문에 늘 해오던 일을 처리하는 것조차 점점 더 힘들어지게 된다. 이런 소모적인 악순환에서 벗어나려면 우선 문제의 심각성과 상관없이 아이가 겪고 있는 수면 이상 혹은 수면 장애의 문제를 모두 알아내야 한다. 이제부터 수면 문제의 위험 신호를 발견하는 구체적인 방법에 대해 알아볼 것이다. 안전 요원들인 부모가 직접 아이를 관찰할 때다.

원래 그런 아이는 어디에도 없다

부모들로부터 항상 듣던 말을 또 들었다. 조니Johnny의 부모가 "조니는 정말 잘 자요."라고 말한 것이다. 하지만 눈앞에 앉아 있는 아이는 무기력한 모습으로 입을 벌린 채 얼굴은 땀으로 젖어 있었으며 눈 밑에는 다크서클이 있었다. 이 모든 정황은 조니가 잘 자는 아이가 아니라는 사실을 말하고 있었다. 하루 11시간씩 잠을 자는데도 말이다. 많이 자는 것만이 중요한 건 아니다.

항상 흥분 상태인 루시Lucy라는 아이도 있었다. 루시의 부모는 "루시는 항상 에너지가 넘치거든요. 타고난 거예요."라고 말했다. 하지만 루시의 수면 이력을 보니 아기 때부터 통잠을 잔 적이 없었다. 그래서 유아기에 수면에 대한 두려움, 악몽, 야경증이 생겼고, 만 7세가 되었을 때는 가만히 앉아 있지도, 집중하지도, 다른 사람의 말을 잘 듣지도 않았다. 또 자기가 가장 무서워하는 것들을 줄줄 이야기하면서, 텔레비전에서 보았거나 다른 사람한테 들은 괴물 같은 것들 때문에 무섭고 심장이 두근거려서 자는 도중에 깬다는 이야기를 했다. 그럴 때마다 아이는 다시 잠들지 못하고 부모, 아니면 할머니의 침대로 파고들었다. 그러다 보니 결국 아무도 제대로 잠을 자지 못했다.

이런 경우에 가족들은 아이의 패턴에 너무 익숙해진 나머지 표준에서 많이 벗어나는 현재의 상태를 정상적인 것으로 받아들인다. 정상적인 것이 어떤 것인지를 확인할 수 있는 정보가 부족한 탓에 사람들은 계속 그 상태로 살아가게 된다.

객관적인 자세로 살펴봐야 한다

이제 아이의 상태와 수면 습관을 객관적인 눈으로 살펴보고 아이가 나이에 맞는 수면 법칙을 바르게 잘 지키고 있는지 혹은 전문가의 도움이 필요한 상태는 아닌지 판단해야 한다.

중요한 것은 관찰이다. 부모가 적극적으로 아이를 관찰하면서 수면 문제를 나타내는 신호를 발견해야 한다. 아이가 보내는 위험 신호는 아이의 수면 상태와 기도의 건강 상태를 보여주는 중요한 단서다. 아이를 다양한 관점에서 살펴볼 텐데, 먼저 다음과 같은 질문들이 관찰하는 데 도움이 될 것이다.

- 우리 아이는 어떤 식으로 행동하는가?
- 우리 아이는 어떤 모습을 하고 있는가?
- 우리 아이는 어떤 소리를 내는가?
- 우리 아이의 상기도 근육은 정상적으로 움직이는가?
- 우리 아이의 의학적·치의학적 건강 상태와 신체 발달 상태는 어떠한가?

아이의 수면 문제를 객관적으로 볼 수 있는 수면 자가 진단표(126~133쪽 참고)를 통하여 밤과 낮 시간 동안의 행동의 특징, 잠자리 환경, 취침 시간 일과, 기도의 위험 신호, 근육 기능 및 치과 질환 문제, 의학적 문제 등과 관련된 위험 신호를 찾아볼 수 있다. 아이를 돌봐주는 사람이나 다른 가족들이 부모가 보지 못한 것을 이야기한다면 표를 작성할 때 그 내용도 포함하도록 한다. 수면 규칙, 환경, 생활 방식, 스트레스, 건강 상태 등 많은 것이 수면에 영향을 주기 때문에 취침 시간, 밤 시간, 낮 시간 동안 관찰한 행동을 비롯해 다양한 부분에서 위험 신호를 찾아야 한다.

아이가 어려서부터 보육 시설에 다녔다면 보육 교사에게 낮 시간의 활동과 수면(낮잠) 관련 행동은 물론 의사소통 능력, 감정 대처 능력, 신체적 능력, 사회성 발달 등에 대해 물어봐도 좋다. 부모가 가장 뛰어난 안전 요원이라면, 아이의 삶에서 아이와 오랜 시간을 함께하는 다른 사람들도 아이의 수면 문제를 함께 해결하는 좋은 안전 요원들이다. 아이의 행동에 문제가 있는 것 같고, 보육 교사 혹은 가족 구성원 및 기타 관련된 사람들 역시 ADHD를 염려하거나, 아이가 병원에 가서 상담을 받아야 하는 상태라고 여긴다면 그것은 위험 신호다. 비난이라고 느껴지는 말은 쉽게 수긍하지 않는 것이 부모들의 일반적인 반응이다. 하지만 아이의 행동에 대해 좋은 의도로 제시하는 의견은 사랑과 관심에서 나온다. 특히 보육 전문가들은 많은 아이를 관찰하고 아이와 상호 작용하기 좋은 위치에 있기 때문에 그들의 의견을 주의 깊게 듣는 것이 좋다. 아이의 행동을 지적하는 의견을 받아들이는 것이 쉬운 일은 아니지만, 그런 의견을 통해 부모가 놓쳤을지도 모를 문제들을 정확히 찾아낼 수 있다.

위험 신호를 파악하는
구체적인 방법과
기준에 대하여

진료실에서 아이의 부모에게 보통 이런 질문을 한다.

- 아이가 잠을 잘 자나요?
- 아이가 잘 때 소리를 많이 내거나 계속 뒤척이나요?
- 잠든 채로 돌아다니거나 자는 도중에 이야기를 하나요?
- 잠들기 힘들어하나요?

위의 질문을 읽고 대답할 수 있었는가? 하지 못한 경우가 많을 것이다. 많은 부모가 아이의 자는 모습이나 자면서 내는 소리에 대한 질문에 대답하기를 어려워한다. 부모는 아이가 잠이 들면 너무 행복해하므로 보통은 아이의 자는 모습에 주의를 기울이지 못한다. 하지만 부모가 아이의 어떤 점을 관찰해야 할지를 알게 되면 아이들이 보내는 위험 신호를 발견할 수 있다. 때로는 아주 놀라운 것을 발견하기도 하는데, 만 3세인 벤Ben의 경우가 그랬다. 벤의 누나인 라일라Layla는 만 5세인데도 아직 손가락을 빨고 있었다. 손가락을 빠는 버릇은 위턱의 정상적인 성장을 저해하기 때문에 병원을 찾았다. 라일라의 엄마는 라일라의 발달 과정과 의학적, 치의학적 정보 확인을 위한 질문지를 작성하였다. 질문지 중 라일라의 수면 문제에 대해 살펴보는 부분에서 라일라의 엄마는 퍼뜩 떠오르는 것이 있었다. 라일라의 남동생인 벤이 몇 가지 수면 문제 위험 신호를 드러내고 있다는 사실을 깨달은 것이다. 그 신호는 밤에 자주 깨기, 구강 호흡, 코골이였다. 벤은 언어 발달이 아주 늦어서 여전히 한 단어만으로 된 문장을 구사했으며, 무척 산만하게 행동했다. 벤의 엄마는 아이가 유독 산만하다는 사실은 인지하고 있었으나 수면 위험 신호는 알아채지 못했다. 담당의는 이런 문제들에 대해 벤 가족과 상담하였고, 벤에게 이비인후과 전문의를 소개했다. 알고 보니 벤은 소리를 잘 듣지 못했고 중이염과 아데노이드 비대증이 있었으며, 호흡도 잘 할 수 없는 상태였다. 이비인후과 전문의는 벤의 아데노이드 제거 수술이 시급하다는 진단을 내렸다. 그리하여 벤은 아데노이드 제거 수술을 받았고, 이후 3개월이 지나지 않아 모든 증상이 사라졌다. 그때부터 벤은 소리를 잘 듣게 되었고, 정상적으로 호흡하고 잠을 잤을 뿐만 아니라 언어 능력 또한 빠르게 성장했다. 이제 벤은 더 이상 부산스러운 아이가 아니라 건강하고 힘찬 아이가 되었다. 벤의 수면 위험 신호에 대해 돌아볼 기회가 없었다면 이 모든 변화는 불가능했을지도 모른다.

소아청소년 수면 전문의인 짐 파파도풀로스 박사는 한 학회에서 자신이 만든 수면 이력 검사표(119쪽 참고)를 공개했는데[109], 아동 수면 방해 척도[110] 등 현재 사용되고 있는 다양한 수면 진단표들이 이를 기반으로 발전된 것이다.

짐 파파도풀로스 박사의 수면 이력 검사표는 수면 클리닉에 처음 온 사람들을 위한 것으로 아이의 수면 패턴과 행동 방식에 대한 질문들로 구성되어 있으며 예 또는 아니오 형태로 대답하도록 되어 있다. '예'라는 대답은 세부적인 질문이 더 필요하다는 의미이다. 나는 진료할 때, 작성된 질문지와 함께 아이의 질병 이력이나 발달 사항, 보육시설이나 학교에서 받은 소견을 함께 살펴본다. 그다음 전문의 진료를 받도록 권유하거나 부모에게 아이가 잠든 후의 모습을 관찰하도록 요청하기도 한다. 그리고 진료와 관찰 결과를 바탕으로 추가적인 질문지를 제시한다. 그것은 바로 내가 개발한 아이 수면 자가 진단표(126~133쪽 참고)이다.

수면 이력 검사를 통해 문제 해결의 토대를 만들자

수면 이력 검사표는 부모용 질문지로, 아이의 수면 습관에 대한 각 질문에 예 또는 아니오로 답하면 된다. 아이의 수면을 면밀히 관찰하려면 우선 규칙적으로 매일 밤과 아침에 아이의 상태를 확인해야 한다. 이때는 눈으로 보는 동시에 소리도 들어야 한다. 주의할 점은 아이의 잠을 방해하지 않도록 해야 한다는 것이다. 아이가 자는 것을 방해하지 않는 선에서 사진이나 영상을 찍을 수 있다면 그렇게 해도 좋다. 이런 관찰을 통해 아이의 문제를 해결할 수 있는 토대가 마련된다. 일주일쯤 관찰한 뒤에 일관성 있는 패턴을 알게 되었다면 수면 이력 검사표를 작성한다.

아이에게 수면 치료가 필요한 경우에는 치료가 일단락된 후에 다시 이 수면 이력 검사표를 작성하여 치료 전과 비교해보면 된다. 치료가 잘 이루어졌다면 눈에 띄는 변화를 직접 확인할 수 있을 것이다. 답변 중 '예'라는 대답이 하나라도 있다면, 그리고 아이의 수면량이 적정 수면량보다 적거나 많다면 더 깊게 아이의 수면에 대해 알아보아야 한다.

	짐 파파도풀로스 박사의 수면 이력 검사표		
이름 :	나이(개월 수) :　　　　　　날짜 :	예	아니오
자는 동안의 행동 및 특징	자는 동안 숨소리가 들리는가?		
	코를 곤 적이 있는가?		
	숨을 멈춘 적이 있는가?		
	숨이 막히는 소리를 내거나 깜짝 놀라면서 깬 적이 있는가?		
	숨쉬기가 힘겨워 보인 적이 있는가?		
	이상한 자세로 잘 때가 있는가?		
	머리를 뒤쪽으로 젖히고 자는가?		
	이를 갈기도 하는가?		
	입을 벌리고 숨을 쉬는가?		
	베개에 침을 흘리는가?		
충분한 잠을 못 자는 원인	잠들기 힘들어하는가?		
	자다가 자주 깨는가?		
	밤중에 잠이 깨서는 다시 잠들기 힘들어하는가?		
	얕은 잠을 자고 자극에 쉽게 깨는가?		
아침과 낮 동안의 행동 및 특징	잠에서 깨는 데 오래 걸리는가?		
	흐느적거리면서 침울한 모습으로 깨는가?		
	깨면서 머리가 아프다고 하는가?		
	낮에 졸려 하는가?		
	낮에 무기력하거나 반대로 과잉 행동을 보이는가?		
수면을 망치는 요소	악몽을 꾸는가?		
	악몽을 꾸고 다음 날 기억하지 못하는가?		
	잠든 채로 걷거나 잠꼬대를 하는가?		
	오줌을 싸는가?		
	자면서 뒤척이는가?		
자면서 충분한 휴식을 취하지 못하는 원인	다리를 계속 움직이는가?		
	성장통이 있는가?		
	이부자리가 헝클어진 채로 깨는가? 반대 방향으로 누워서 깨는가?		
수면의 질	아이가 꾸준히 질 좋은 수면을 취한다고 생각하는가?		
수면의 양(24시간 동안 밤잠과 낮잠을 포함한 총 수면 시간)	15~17　│　13~14　│　11~12　│　10~11　│　9~10		
	8~9　│　7~8　│　6~7　│　6 이하		
	아이가 충분히 자고 있다고 생각하는가?		

아이는 낮과 밤, 언제나 위험 신호를 보내고 있다

수면은 행동에 영향을 주고, 행동은 수면에 영향을 준다

행동 때문에 수면에 문제가 생긴 경우라면 수면 장애가 아닌 수면 이상으로 본다. 자라면서 아이들에게는 고치기 힘든 버릇이 생기기도 하는데, 여기서 중요한 질문은 그로 인해 누가 영향을 받는지 그리고 그 행동이 수면 법칙에 어떤 영향을 주는지에 대한 것이다. 본격적으로 수면 이상의 위험 신호에 대해 이야기하고자 한다. 여기서 언급하는 행동 중 어떤 것은 수면 장애의 신호가 될 수도 있다. 아이 수면 자가 진단표(126~133쪽 참고)를 해보기 전에 알아두어야 하는 내용들부터 살펴보기로 하자.

1. 밤 시간 동안의 골칫거리

···▶ 수면 자가 진단표(126쪽) 참고

눈을 감고 아름다운 섬에서 아이들과 함께 휴가를 보내고 있는 모습을 상상해보자. 해변에서 멋진 하루를 보내고 저녁 8시가 되자 피곤한 아이들은 잘 준비를 마쳤다. 아이들은 눕자마자 잠이 들었고, 부모는 잠든 아이들의 사랑스러운 얼굴을 잠시 바라보면서 환상적인 하루를 되돌아본다. 아이들은 밤 내내 통잠을 자고 아침 7시에 부모가 일어나는 소리를 듣고는 방으로 들어와 안긴다. 정말 굉장하지 않은가. 현실과 동떨어진 이야기라고 생각하는 사람이 많을 것이다. 그 꿈같은 이야기를 실현할 준비를 해보자. 아이가 수면 법칙을 제대로 습득하면 이는 현실이 될 수 있다.

밤 시간 동안 수면 이상 신호를 보내는 행동은 수없이 많다. 안 자고 버티기, 잠들기 무서워하는 감정, 계속되는 흥분 상태, 수면 유지 불능, 수면 중 뒤척임 등이 그것이다. 때때로 이런 행동들은 그저 성장 과정의 일부일 수도 있다. 아이가 성장하면서 수면 패턴에 변화가 생기기도 하기 때문이다.

아이가 언어 능력이 발달하면 자신이 주위 사람들에게 영향력을 행사할 수 있는지 일종의 시험을 하기도 하는데, 이런 행동 현상이 취침 시간에 나타나기도 한다. 종종 아이는 잘 시간이 훨씬 지났는데도 자지 않고 어른들의 대화에 끼고 싶어 한다. 부모가 침대로 돌려보내려고 해도 "나도 가족이잖아요!"라고 말하기도 한다. 그 말은 어른들의 마음을 흔들기도 하고 그럴듯한 말로 여겨지기도 한다. 그럼에도 단호하지만 부드럽게 아이가 침대에, 침실에 머물도록 설득해야 한다. 아이가 성장하고 발달하는 데 있어서 안 자고 버티기, 자지 않기 위한 끝없는 변명과 지연작전, 잠자리에 들기까지 오랜 시간이 걸리는 것 등이 오랫동안 지속된다면 발달 문제가 아닌 행동 문제를 의심해야 한다.

2. 낮 시간 동안의 골칫거리

··· 수면 자가 진단표(127~128쪽) 참고

수면 장애나 수면 부족으로 생기는 낮 시간 동안의 행동은 ADHD의 증상과 매우 유사하다. 집중력이 부족하고 공격성과 충동성을 보이며, 다른 사람의 말에 끼어들거나 두서없이 이야기한다. 또 가만히 앉아 있지 못한다. 반대로 무기력하거나 서투른 행동을 하는 아이도 있다. 아이의 행동, 기분, 마음 상태를 살펴보면 아이들의 성격이 매우 다양하다는 것을 알 수 있다. 또 누구나 그렇듯이 아이들도 기분 좋은 날이 있고, 기분이 좋지 않은 날도 있다. 가끔 "아이들은 보통 심술을 부리지 않나요?" 혹은 "코를 훌쩍이거나, 칭얼대거나, 부산스럽거나, 제멋대로인 게 자연스러운 것 아닌가요?"라는 질문을 받을 때가 있다. 이것은 때때로 맞는 말일 수도 있지만 늘 그런 것은 아니다. 잘 자고 잘 일어나는 아이는 평소 즐겁게 지내고, 하루 내내 에너지를 가지고 활동하는 동시에 자기 나이에 맞는 행동 조절 능력도 갖고 있다. 그런 아이는 잘 성장하고 면역력도 좋다. 또 질병이나 기타 장애 진단을 받지 않는 한 그 나이의 발달 단계에 맞게 성장한다.

유난히 밝은 아이들에 대한 우리의 환상은 사실과 좀 다를 수 있다. 잠을 충분히 못 자고도 밝은 모습을 보이는 아이들은 다른 아이들과 비교했을 때는 제대로 성장 발달을 하는 것처럼 보여도 실제로는 아이가 가진 능력보다 낮은 수준을 따라가고 있는지도 모른다. 아이가 낮 시간 동안 하는 행동에 위험 신호가 있을 수 있다. 아이 수면 자가 진단표를 작성할 때, 부모는 아이를 객관적으로 바라보기 어렵다는 사실을 기억해야 한다. 부모는 보통 아이가 완벽한 상태이기를 바란다. 하지만 그런 바람 때문에 객관성을 잃게 되어 아이의 문제 행동을 알아채지 못할 수 있다. 혹은 문제 행동에 익숙해진 나머지 그것을 정상이라고 생각할 수도 있다. 아이가 하루 종일 보육 시설이나 학교에서 시간을 보낸다면 보육 교사나 교육 전문가들이 부모가 보지 못하는 것들을 볼 수 있다. 그러므로 부모 의견과 함께 다른 사람의 이야기도 주의 깊게 듣는 것이 좋다. 아니면 아이의 보육 교사에게 아이 수면 자가 진단표를 작성하는 것을 요청해도 좋다. 이는 부모가 또 다른 관점으로 아이를 보는 기회가 될 것이다.

밤과 낮의 아이 행동들은 어떤 결과를 말해주는가 '자주 그렇다/가끔 그렇다'와 '항상 그렇다'에 표시된 항목이 많다면, 근본적 문제를 찾아야 할 때이다. 아이가 평소보다 힘든 하루를 보냈다면 그것이 원인일 수 있다. 하지만 아이가 날마다 문제 행동을 보이고, 그것이 마치 아이의 특질인 것처럼 보인다면 원인에 대해 생각할 필요가 있다. 새집으로 이사하거나 동생이 태어나는 것 같은 환경 변화 등의 새로운 일이 생긴 것이 아니라면 문제 행동이 이미 행동 습관으로 몸에 밴 것이다.

우리 아이는 자라면서 괜찮아질 거라고 생각하고 싶겠지만, 조치를 취해 빨리 문제를 해결하는 편이 훨씬 현명하다. 잠을 잘 못 자는 아이는 지금 혹은 나중에 우울증이 생길 위험이 있다.[111] 그리고 감정 상태도 습관이 되어 아이의 성격으로 굳어질 수 있다. 즉, 심술궂은 행동과 공격성을 문제로 인식하지 않고 그대로 방치하면 그 사람의 일부가 된다.[112] 문제 행동을 빨리 멈추게 하고 초기에 없애야 자녀의 인간관계와 미래의 삶을 망가뜨릴 수 있는 나쁜 특질이 굳어지는 것을 방지할 수 있다.

일상생활 속 위험 신호도 존재한다

주위 환경, 일상생활, 생활 방식은 우리의 수면에 크게 영향을 미친다. 아이들도 마찬가지다. 문제로 인식되기 어려운 위험 신호를 자세히 찾아보고자 한다.

3. 아이의 잠자리 환경

⋯▶ 수면 자가 진단표(128~129쪽) 참고

아이의 방을 최적의 잠자리 환경으로 만들 수 있는 방법이 있다. 다시 말하면, 수면을 방해하는 위험 신호가 있다는 말이기도 하다. 아이 수면 자가 진단표에 적힌 내용을 통해 잠자리 환경 문제를 알게 될 것이다.

4. 취침 시간 일과에 대한 점검

⋯▶ 수면 자가 진단표(129쪽) 참고

취침 시간 일과를 정하는 것도 아이의 수면 습관을 만드는 데 도움된다.

5. 기도의 위험 신호

⋯▶ 수면 자가 진단표(130쪽) 참고

많은 아이가 상기도 관련 수면 장애로 수면 문제를 겪고 있다. 상기도에 문제가 있으면, 수면 패턴이 망가진 아이에게 일반적으로 나타나

는 모습을 관찰할 수 있다. 위험 신호 중에는 특별히 더 위험한 신호도 있다.[113,114]

사진으로 관찰하는 방법도 있다 언제 어느 때든 관찰해야 할 주요 위험 신호도 있다. 이 같은 신호를 발견하려면 며칠 동안 주의 깊게 아이를 관찰해야 한다. 매일 보기 때문에 잘 몰랐던 사실을 발견하기 위해서는 아이의 사진을 보는 것도 좋은 방법이다. 수면 부족으로 아이를 관찰하기조차 힘들어했던 한 엄마는 아이의 사진을 보고 나서야 아이가 얼마나 심하게 지친 상태인지 깨달았다. 때로는 직접 관찰하는 것보다 사진이 더 많은 것을 이야기한다.

6. 근육 기능 및 치과 질환과 관련 있는 위험 신호

⋯▶ 수면 자가 진단표(131~132쪽) 참고

근육 기능 및 치과 질환과 관련 있는 위험 신호도 있다. 아이의 안면 발달을 조사해보면 기도가 정상적으로 발달하지 않았다는 사실을 드러내는 단서를 발견할 수 있다. 수면 호흡 장애로 치료가 필요한 상태라는 표시일 수도 있다. 그중 가장 많이 나타나는 단서 중 하나는 턱 크기가 작은 것이다.[115]

7. 의학적 위험 신호

⋯▶ 수면 자가 진단표(133쪽) 참고

의학적 문제는 수면 장애의 원인이 될 수도 있고, 수면 장애 위험을 높이는 요소가 될 수도 있다.[116,117,118]

✱ 부모가 직접 할 수 있는
샤론 무어의 아이 수면 자가 진단표

: 본 수면 자가 진단표는 점수를 매기고 측정하는 용도가 아닙니다.
아이의 전반적인 상태를 부모가 점검해보고,
전문가와 상담 시에도 활용하길 권합니다.

1. 밤 시간 동안의 골칫거리
(전혀 그렇지 않다 1 / 거의 그렇지 않다 2 / 가끔 그렇다 3 / 자주 그렇다 4 / 항상 그렇다 5)

밤 시간 동안의 특징		우리 아이는				
		1	2	3	4	5
잠자리 준비 시간에	활기차진다: 흥분해 있거나 부산스럽다					
	간단한 지시도 따르지 않는다					
	울거나 짜증을 낸다					
	잠잘 준비를 하기 싫어한다					
	침대가 아닌 다른 곳에서 잠이 든다					
잠자리에 누워 잠이 들 때까지	침대에 누우려고 하지 않는다					
	불안한 모습이다					
	시간을 끌거나 안 자려고 핑계를 댄다					
	안아주지 않거나 다른 사람과 함께 있지 않으면 잠들지 못한다					
	진정하지 못한다					
	잠드는 것을 겁낸다					
	잠드는 데 10~15분 이상이 걸린다					
	잠들기 힘들어한다					
잠이 들면	밤에 깨서 엄마나 아빠를 부른다					
	밤에 깨서 다른 사람의 침대로 간다					
	중간에 깨서 무섭다고 한다					
	이상한 자세로 잔다					
	자주 깬다					
	얕은 잠을 자거나 혹은 쉽게 깬다					
	중간에 깨서는 다시 잠들지 못한다					
	중간에 깨거나 잠꼬대를 한다					
	악몽을 꾼다					

*120쪽 참고

2. 낮 시간 동안의 골칫거리
(전혀 그렇지 않다 1 / 다른 사람이 그렇다고 한다 2 / 거의 그렇지 않다 3 / 가끔 그렇다 4 / 자주 그렇다 5 / 항상 그렇다 6)

낮 시간 동안의 특징		우리 아이는					
		1	2	3	4	5	6
정서적으로	심술을 잘 부린다						
	걱정이 많다						
	짜증을 잘 낸다						
	겁 혹은 두려움이 많다						
	슬퍼 보인다						
	참을성이 없다						
	예민하다						
	분별력이 부족하다						
	감정 기복이 크다						
	감정이 폭발하는 모습을 보인다						
사회적으로	비협조적이다						
	다툼이 잦다						
	남의 말을 잘 듣지 않는다						
	타인에게 의존한다						
	말다툼을 일으킨다						
	대화 중간에 끼어든다						
	'안 돼'라는 말을 싫어한다						
	친구를 사귀고 관계를 유지하는 것을 힘들어한다						
	타인과 대립하거나 반항한다						
학습면으로	주의가 산만하다						
	집중력과 주의력이 약하다						
	멍한 상태로 딴생각을 한다						
	또래들만큼 의사소통을 잘하지 못한다						
	또래들보다 뒤처진다						
	학습 결과가 기대에 미치지 못한다						
	문제 해결을 어려워한다						
	지시에 따르지 못한다						
행동면으로	징징대고 칭얼거린다						
	의욕이 없다						
	불안한 모습이다						
	하려던 일이 잘 안되면 쉽게 좌절한다						
	부산스럽다						

*122쪽 참고

2. 낮 시간 동안의 골칫거리
(전혀 그렇지 않다 1 / 다른 사람이 그렇다고 한다 2 / 거의 그렇지 않다 3 / 가끔 그렇다 4 / 자주 그렇다 5 / 항상 그렇다 6)

낮 시간 동안의 특징		우리 아이는					
		1	2	3	4	5	6
행동면으로	다른 사람의 일을 방해한다						
	공격적이거나 남을 괴롭힌다						
	건망증이 있다						
	ADHD가 있는 아이처럼 보인다						
	남의 말에 귀 기울이지 않는다						
	바람직하지 않은 행동에 대한 통제력이 없다						
신체적으로	수영이나 달리기 같은 운동을 하기 싫어한다						
	잘 시간이 아닌 때 잔다						
	가만히 앉아 있지 않는다						
	항상 분주하게 움직인다						
	쉴 새 없이 꼼지락거린다						
	무기력하다						
	졸려 한다						
	에너지가 넘친다						

*122쪽 참고

3. 아이의 잠자리 환경
(전혀 그렇지 않다 1 / 거의 그렇지 않다 2 / 가끔 그렇다 3 / 자주 그렇다 4 / 항상 그렇다 5)

환경 요소	우리 아이는				
	1	2	3	4	5
취침 시간에 방이 시끄럽다					
불을 켜고 잔다					
방이 춥거나 덥다(계절에 따라 다르다)					
기분이 안 좋은 채 잠자리에 든다					
반려동물과 함께 잔다					
밤에 자는 동안 추웠다고 말한다					
이부자리가 너무 덥다고 말한다					
이불을 찬다					
자는 동안 따뜻하지 않았다고 말한다					
감정을 과도하게 자극하는 분위기에서 잠자리에 든다					
방에 햇빛, 거리 불빛, 이른 아침 햇빛을 가릴 블라인드가 없다					
잠옷이 불편하다고 투정한다					
잠자리에 들기 무섭다고 말한다					

환경 요소	우리 아이는				
	1	2	3	4	5
취침 전 한 시간 이내에 영상을 시청한다					
침실에 텔레비전이나 화면 장치가 있다					
현재의 가정 문제에 영향을 받는 것 같다					
취침 시간에도 정신이 초롱초롱하고 집 안은 분주하다					
취침 시간에 집 안에서 벌어지는 일 때문에 기분이 좋지 않아 보인다					
손님이 자고 갈 때는 손님과 방을 같이 쓴다					
계속 뒤척이고 시끄러운 사람과 같은 방에서 잔다					

*124쪽 참고

4. 취침 시간 일과에 대한 점검
(전혀 그렇지 않다 1 / 거의 그렇지 않다 2 / 가끔 그렇다 3 / 자주 그렇다 4 / 항상 그렇다 5)

취침 시간 일과	우리 아이는				
	1	2	3	4	5
매일 밤 다른 시간에 잠자리에 든다					
잘 시간을 자기 마음대로 정한다					
잠자리에 들기 전 간식을 먹는다					
하루 종일 물을 거의 혹은 전혀 마시지 않는다					
취침 전 일과가 불규칙하다					
자기 전에 책 읽어주기, 목욕하기, 명상하기 같은 진정 활동이 없다					
스스로 취침 준비를 할 줄 모른다					
침대에 누우라고 해도 말을 듣지 않는다					
침대에 눕지 않고 버틴다					
취침 시간이 되면 오히려 활기가 넘친다					
취침 전 또는 밤중에 일어나 목이 마르다고 한다					
취침 시간이나 밤중에 불을 켜두라고 한다					
취침 시간에 안 자려고 핑계를 대거나 지연작전을 편다					
자기 잠자리가 아닌 다른 곳에서 잠이 든다					
잠자리에 들려면 아이의 일과를 도와주고 달래야만 한다					
잠자리에 들어서도 뭔가를 달라고 부모를 부른다					
매일 밤 잠드는 데 15분 이상이 걸린다					
매일 밤 잠드는 데 30분 이상이 걸린다					
밤중에 깨서 부모나 형제자매의 침대로 간다					
밤중에 자주 깨고 부모가 도와주지 않으면 다시 잠들지 못한다					
아침에는 깨워야 일어난다					
아침에 깨어날 때 짜증을 내고 잠에서 깨는 데 오래 걸린다					

*124쪽 참고

5. 기도의 위험 신호
(전혀 그렇지 않다 1 / 거의 그렇지 않다 2 / 가끔 그렇다 3 / 자주 그렇다 4 / 항상 그렇다 5)

특징		우리 아이는				
		1	2	3	4	5
잠들었을 때 어떤 소리가 들리는가?	호흡이 잠깐 중단되거나 멈추는 것 같다					
	숨을 거칠게 쉰다					
	코를 곤다					
	깜짝 놀라거나 헐떡이는 숨소리를 내며 깬다					
	숨 막히는 듯한 소리를 낸다					
	짧고 빠르게 호흡한다					
	똑바로 누워야만 잠을 잔다					
	들릴 만큼의 숨소리 또는 큰 숨소리를 낸다					
	이를 간다					
잠들었을 때 어떤 모습인가?	힘겹게 숨을 쉬는 모습이다 (가슴이나 배가 과도하게 올라가는가?)					
	이상한 자세로 잠을 잔다					
	머리가 뒤로 젖혀진다					
	호흡 중지가 발생하는 것 같다					
	땀을 흘린다					
	침대에 앉은 채로 잠이 깬다					
	계속 뒤척이거나 다리를 움직인다					
	입을 벌리고 숨을 쉰다					
	침을 흘린다					
잠들었을 때 무슨 일이 일어나는가?	악몽을 꾼다					
	얕은 잠을 잔다 혹은 작은 자극에도 깬다					
	수면 이상 증세가 있다(수면보행증 또는 잠꼬대)					
	이불에 오줌을 싼다					
	달팽이 같은 자세 등 이상한 자세로 잠을 잔다					
	어깨나 베개에 침 흘린 자국이 있다					
잠에서 깰 때 어떤 상태인가?	아침에 두통이 있다					
	깨는 데 오래 걸린다					
	기분이 안 좋다					
	피곤해 보인다					
	깨워야 일어난다					
	이부자리가 헝클어져 있다					
	비틀거린다					
	오래 자도 낮에 피곤해한다					
	신체 활동을 하기 싫어한다					
	아침에 입맛이 없다					

*124쪽 참고

6. 근육 기능 및 치과 질환과 관련 있는 위험 신호
(예 1 / 아니오 2 / 모르겠다 3)

		아이의 모습은 어떠한가? 아이는 어떤 소리를 내는가? 아이의 근육은 어떻게 움직이는가?	우리 아이는		
			1	2	3
얼굴, 입, 목구멍의 모습		눈이 부어 있다			
		다크서클이 있다			
		입술이 건조하다			
		윗입술이 짧고 거의 움직이지 않는다			
		아랫입술이 윗입술보다 훨씬 크고 윗입술과 떨어져 있다			
		혀의 위치가 낮고 앞쪽에 있거나 입 밖으로 혀가 나와 있다			
		혀가 항상 보인다			
		침을 잘 흘리거나 입 또는 입술이 축축하다 또는 입 주위에 발진이 생기거나 땀이 많다			
		다음 질문에 분명히 답할 수 없다면 전문적인 검사를 받고, 치과 의사, 치과 교정 전문의, 구강 안면 근육 전문 의사와 상담하도록 한다.			
	얼굴	길고 좁은 얼굴형이다			
		아래턱 후퇴 또는 작은 아래턱이다			
		안면 중앙 뼈 또는 광대뼈가 편평하거나 발달이 미숙하다			
		얼굴 근육이 약하거나 늘어져 있다			
		얼굴이 작고 입이 작다			
		아래턱뼈가 아래로 길고 다소 뒤쪽으로 자라 있다			
		'안면 3등분' 공식의 불균형(수평선으로 분할할 때 불균형한 상태)			
		'안면 5등분' 공식의 불균형(수직선으로 분할할 때 불균형한 상태)			
	입	입안에 공간이 없고 혀가 비대하다			
		설소대 단축증이나 구강 조직 결박(설소대 단축증을 포함하여 조직 덩어리가 입술이나 볼의 소대를 제한하는 상태)이 있다			
		부정 교합이 있다			
		열려물림이 있다			
		상치 돌출이 있다			
		피개교합이 있다			
		위턱이 좁고 높은 아치 모양이다			
		혀가 갈라지거나 혀에 무늬가 나타난다			
		치아 결손(무발생)이 있다			
		늦은 치아 발생이 있다			
		원인 불명의 충치가 있다			
	목구멍	목젖이 길다			
		편도선이 비대하다(편도선염이 아닌 경우도 있다)			
		아데노이드가 비대하다(엑스레이로 확인 가능)			
		목구멍 아치가 좁다			
		연인두가 낮다			
		혀뿌리와 연구개 사이의 거리가 좁다			

*125쪽 참고

6. 근육 기능 및 치과 질환과 관련 있는 위험 신호
(예 1 / 아니오 2 / 모르겠다 3)

		아이의 모습은 어떠한가? 아이는 어떤 소리를 내는가? 아이의 근육은 어떻게 움직이는가?	우리 아이는		
			1	2	3
얼굴, 입, 목구멍에서 나는 소리	언어 능력	[ㅌ],[ㄷ],[ㄴ],[ㄹ],[ㅅ],[ㅈ] 등을 발음할 때 혀를 너무 앞으로 내민다			
		[슈],[츄],[쥬],[르] 같은 발음을 할 때 혀의 위치 때문에 말을 더듬는다			
		언어 발달 지연이 있다			
	공명음	답답하게 막힌 비음을 낸다			
		말하는 도중에 코로 공기가 빠져나가는 소리가 난다			
	목소리	깊고 거친 목소리 또는 쉰 목소리가 난다			
		헛기침을 하거나 목청을 가다듬는 버릇이 있다			
		숨소리가 크다			
		움직이면 숨차한다			
얼굴, 입, 목구멍 근육의 움직임		입으로 숨을 쉰다			
		음식을 빠르게 씹는다			
		음식을 거의 씹지 않는다			
		입을 벌리고 음식을 씹는다			
		삼킨 후에도 입에 음식이 남아 있다			
		소리 내며 음식을 씹는다			
		질기거나 아삭아삭한 음식을 잘 먹지 않는다			
		부드러운 음식만 먹으려 한다			
		삼키는 소리가 크다			
		삼킬 때 얼굴을 찡그리거나 입 또는 턱 근육을 죈다			
		삼킬 때 혀 밀기를 한다			
		말하거나 음식을 먹을 때 혀가 보인다			
		놀거나 집중할 때 혀를 내민다			
		거북목 증후군이 있다			
		자세가 구부정하다			
		침을 흘린다			
		보통 빨아 먹는 컵이나 빨대 컵으로 마신다			
		보통 빨아 먹는 컵이나 젖병으로 마신다			
		손가락이나 노리개 젖꼭지 또는 다른 물건을 빤다			

*125쪽 참고

7. 의학적 위험 신호
(있다 1 / 없다 2 / 잘 모르겠다 3)

		우리 아이는		
여기 있는 내용은 주치의나 의학 전문가가 진단하거나 혹은 독자들이 아이에 대해 상담받았을 만한 것들이다. 우리 아이에게 아래의 증상이 있는가?		1	있다면, 어느 정도인가?	2	3

구분	항목	1	있다면, 어느 정도인가?	2	3
상기도 문제	상기도의 구조적 이상 가능성				
	상기도 조직 염증이 잘 생긴다				
	이례적 혹은 비정상적 기도 성장 및 발달 (증후군은 아님) *근육 기능 및 치과 질환과 관련 있는 위험 신호 참고.				
	두개 안면 증후군				
	신경근 병증				
	유전 질환				
	결합 조직병				
	대사 축적 장애				
	기타 의학 및 치의학적 위험 신호				
기타 상기도 문제	코 막힘, 자주 막히는 코				
	중이 삼출액				
	밤에 하는 기침				
	역류 증세 또는 역류 증세 이력				
	답답한 코맹맹이 소리				
	쉰 목소리 또는 굵은 목소리				
	부비강				
	습관성 기침 혹은 목청 가다듬기				
기타 의학적 문제	면역 체계가 약하다, 항상 아프다, 자주 병에 걸린다				
	고혈압				
	습진				
	비만				
소아청소년과 의사가 진단한 것	발달 단계 지연				
	읽고 쓰기 및 산술 전 단계의 문제				
	읽고 쓰기 및 산술 단계의 문제				
	낮에는 잘 가리는데도 밤에 오줌 싸는 일이 지속된다				
	전반적인 발달 지연				
	또래보다 키가 작고 몸무게가 덜 나간다				
	자폐 범주성 장애				
	ADHD 또는 기타 행동 문제				
	섭식 장애, 편식, 감각 문제, 음식 과민 반응				
	가족력				

*125쪽 참고

아이는 낮과 밤, 언제나 위험 신호를 보내고 있다

아이의 문제를 가볍게 생각해서는 안 된다

지금쯤이면 아이가 수면 이상이나 수면 장애로 인해 얼마나 고통을 받고 있는지를 어느 정도 알게 되었을 것이다. 하지만 그 문제가 얼마나 심각한지, 걱정할 상태인지에 대해서도 궁금할 것이다. 수면 이상은 가벼운 정도부터 심각한 상태까지 다양하다. 심각한 정도에 따라 다른 접근법을 취해야 한다. 만약 아주 심각한 상태라면 서둘러 전문가의 도움을 받아야 하지만 가벼운 증세라면 기다리고 살펴보면서 간단한 해결책을 마련하고, 그로 인해 문제가 해소되는지 확인하면 된다. 수면 장애는 아주 심각하고 급박한 문제이므로 즉각적으로 행동해야 한다. "아이에게 폐쇄성 수면 무호흡증이 있긴 한데 아주 가벼운 정도예요."라고 말하는 부모들을 많이 봐왔다. 아마도 '가볍다'는 말에 오해가 있는 듯하다. 폐쇄성 수면 무호흡증이 있는 아이들의 65%가 12개월 이내에 증상이 호전되지만,[119] 수면 장애는 심각한 질환이고 가벼운 정도의 폐쇄성 수면 무호흡증도 아이에게 분명히 좋지 않은 영향을 미친다.

정도가 가벼운 폐쇄성 수면 무호흡증조차도 기도 폐쇄로 인해 한 시간 동안 1~5회까지 잠에서 깬다.[120] 레일라 케이란디시 고잘Leila Kheirandish Gozal 박사는 이렇게 설명한다. "누가 여러분의 아이에게 한 시간에 다섯 번씩 '일어나! 일어나! 일어나!' 하고 말한다고 상상해보세요. 바로 이것이 무호흡이 일어날 때마다 아이가 겪는 일입니다. 아이가 치료를 받지 않고 매일 밤을 보내는 것은 정말 심각한 문제입니다."

부모들은 수면 이상과 수면 장애로 인한 피해를 줄이는 방법과, 이를 해결하기 위해 부모가 할 수 있는 일을 알고 싶어 한다. 좋은 소식은 이 책을 읽는 데 시간을 들인 부모라면, 이제 행동할 준비가 되어 있다는 사실이다. 더 좋은 소식은 이미 주의 깊은 관찰을 통해 아이의 수면 위험 신호를 잘 알게 되었으므로 행동의 목표가 확실해졌다는 것이다. 이제 아이의 수면을 개선하기 위해 해야 할 일을 알아볼 차례이다.

3장을 마치며…
아이가 보내는 일상 속 위험 신호를 알아채는 방법

혹시 반복되는 문제에 너무 익숙해진 나머지 아이의 심각한 상태를 당연한 것으로 받아들이고 있지 않았는지 생각해볼 수 있었을 것이다. 또 아이가 잠이 들었다는 사실 자체에 만족해 수면의 질을 미처 생각하지 못하고 있었다는 사실을 깨달았을지도 모른다. 이 장에는 수면 문제 해결에 앞서 아이의 상태를 세부적으로 살펴보기 위한 아이 수면 자가 진단표가 수록되어 있었다. 일곱 가지 측면에서 관찰할 수 있도록 안내했다. 첫 번째, '밤 시간 동안의 골칫거리'에서는 아이가 잠자리에 들기 전부터 잠이 들고 난 후까지의 기분과 행동의 특징을 알아보았으며, 두 번째, '낮 시간 동안의 골칫거리'에서는 정서, 사회, 학습, 행동, 신체 측면에서 아이의 특징을 살펴보았다. 세 번째, '아이의 잠자리 환경'을 통해서 침실 환경에 존재하는 세부적인 위험 요소를 점검했다. 네 번째, '취침 시간 일과에 대한 점검'에서 일정한 일과를 지키지 않는 것과 관련된 위험 신호를 확인했다. 다섯 번째, '기도의 위험 신호'는 잠에 들었을 때 소리와 모습, 행동을 비롯해 일어났을 때의 상태 등을 관찰해 집에서도 간단하게 기도 문제를 진단할 수 있는 방법을 제안했다. 여섯 번째와 일곱 번째는 각각 '근육 기능 및 치과 질환과 관련 있는 위험 신호'와 '의학적 위험 신호'였다. 이는 보다 전문적인 접근법이며, 혼자서 확인하는 것이 어렵다면 전문가와 상담을 해보는 것도 도움이 된다. 자가 진단표를 작성할 때는 일주일쯤 관찰한 뒤에 일관성 있는 패턴을 파악하고 기록해야 한다. 부모나 보육 전문가 등 아이의 일상을 가장 잘 알고 있는 사람이 하는 것이 좋다. 또 아이의 상태를 지속적으로 체크해야 한다.

수면은 결코 단순하게 접근해서는 안 된다. 여러 가지 요소들의 상호 관계가 잘 이루어져야 하는 것이다. 밤사이 수면과 낮의 행동은 서로 밀접한 관계를 맺고 있다. 다시 말해, 수면은 행동에 영향을 주고, 행동은 수면에 영향을 준다. 또 환경과 일과, 행동과 기도 건강, 근육 기능, 치과 질환 등 의학적 요소도 수면에 영향을 끼친다. 이 모든 것이 아이를 유심히 관찰해야 하는 이유이기도 하다. 부모가 적극적으로 아이들을 관찰하면서 수면 문제를 나타내는 신호를 발견해야 한다. 문제가 심각한 정도에 따라 다른 접근법을 취해야 할 필요는 있지만, 정도가 가볍든 그렇지 않든 하루 빨리 해결 방법을 찾아야 하는 것만은 동일하다는 사실을 기억하자.

4장

좋은 수면을 위한 조건

아이의 수면은
적합한 환경과
일과에 좌우된다

좋은 수면 환경과 좋은 수면 일과를 결합하여 잘 유지해나가면 아이를 위한 좋은 수면 법칙을 완전히 체득할 수 있다.

부모는 아이의 변화를 이끌어내는 데 가장 적합한 사람이다

수면 문제를 해결해야겠다고 마음먹으면 곧바로 전문가를 찾아가고 싶을 것이다. 하지만 전문가의 도움을 구하기 전에 할 수 있는 일이 많다. 부모는 아이가 태어나고, 처음 울고 웃을 때도 그 자리에 있었다. 또 아이가 잠들 때, 깰 때, 아플 때, 좌절했을 때는 물론 첫걸음마를 뗄 때, 첫 단어를 말할 때, 처음으로 고형식을 먹을 때, 처음 슈퍼마켓에서 짜증을 부릴 때도 함께 있는 사람이다. 그뿐만 아니라, 아이가 자다가 깼을 때 찾아가는 것도 부모의 침대다. 부모는 아이 인생의 중심인물이고 아이 역시 부모 인생의 중심이다. 부모는 아이가 최상의 조건으로 인생 출발점에 서기를 바라며, 살아가면서 모든 잠재력을 발휘할 수 있기를 바란다. 부모보다 더 아이를 생각하는 사람은 없다. 따라서 부모는 아이의 수면을 지켜줄 안전 요원이 되기에 완벽한 사람인 것이다.

그렇다면 구체적으로 어떻게 하면 될까? 첫 번째 단계는 수면에 대한 지식을 키우는 것이다. 이 책을 읽고 있다면 이미 첫 단계를 시작했다고 볼 수 있다. 이 책을 통해 수면의 중요성, 잘 못 자는 경우 생기는 문제, 아이에게 문제가 되는 위험 신호들에 대해 알게 되었을 것이다. 이제부터 아이의 수면을 개선하기 위해 부모가 할 수 있는 일들을 살펴볼 것이다. 안전 요원이 해변에서 사람들을 위해 물놀이 안전 구간을 정하듯이 부모가 집을 물리적·정서적으로 안전한 공간으로 만들어 아이들이 잘 잘 수 있도록 도와야 한다. 그리고 안전 요원이 물놀이객에게 안전 수칙을 알려주듯이 수면 안전 요원인 부모도 아이가 잘 잘 수 있도록 바람직한 일과를 마련해야 한다.

이 장에서는 아이들이 잘 자도록 돕는 가장 확실하고 효과적인 방법들을 자세히 살펴볼 것이다. 모든 방법은 부모가 할 수 있는 범위 안에 있으며, 이를 가정에서 꾸준히 지킨다면 아주 큰 효과를 얻을 수 있을 것이다.

아이가 잠들기 좋은
물리적 환경 만들기

아이의 충분한 수면을 위해 부모가 할 수 있는 일은 많다. 그중에서 침실 안팎으로 잠들기 좋은 조건을 만들어주는 것이 가장 중요하다. 소음, 빛, 실내 온도, 심지어 냄새까지도 잠드는 것과 수면 상태를 유지하는 데 영향을 줄 수 있다. 배고픔, 목마름, 통증도 마찬가지다. 늘 잠을 자기 좋은 환경을 유지하면, 그 환경이 수면을 유도하는 장치가 될 수 있다.

침실은 '수면 보호 구역'이 되어야 한다

일관성 있는 환경 신호를 만들어 몸과 마음이 그 환경과 만나면 잠들 시간이 되었음을 본능적으로 알도록 훈련하는 것이 필요하다. 좋은 수면 환경과 좋은 수면 일과를 결합하여 잘 유지해나가면 아이를 위한 좋은 수면 법칙을 완전히 체득할 수 있다. 침실을 일종의 수면 보호 구역으로 바꾸고 잠자리 일과를 꾸준히 지키면 2~4주 내에도 큰 변화가 생길 것이다.

1. 빛: 완전한 어둠이 가장 좋다

　빛은 수면 주기에 도움이 될 수도 있고, 동시에 방해가 될 수도 있다. 체내 시계가 빛 신호를 제대로 받지 못하면 하루 주기 리듬이 불규칙하거나 불안정해진다. 하루 주기 리듬이란 24시간 동안의 신체 피로도와 그에 따른 수면 리듬을 나타내는 체내 수면 시계이다. 이 시계에 문제가 생기면 잠드는 시간이 늦어지는 수면 위상 지연 장애 또는 잠드는 시간이 앞당겨지는 수면 위상 전진 장애가 생길 수 있다. 시차 증후군(비행기로 이동하는 경우에 발생하는 시차로 인해 생체 시계가 미처 적응하지 못하여 낮에 졸리고 밤에 잠이 오지 않는 수면 장애의 일종)도 같은 경우로, 시차 증후군이 생기면 현재의 시간과 자신의 하루 주기 리듬이 어긋나면서 수면 위상 지연 또는 수면 위상 전진이 발생하는 것이다. 전자 기기의 화면에서 나오는 나쁜 빛도 체내의 멜라토닌 분비 스위치를 꺼버려서 수면 시작을 지연시키고 방해한다. 어둠은 멜라토닌 분비 신호를 보내므로 적어도 잠들기 전 한 시간 동안은 밝은 조명과 전자 기기의 화면을 피해야 한다.

　집 전체 조명의 조도를 조절할 수 있다면 잠들기 한 시간 전부터 조도를 낮추는 것을 추천한다. 또 아이의 침실은 캄캄하거나 아주 약한 조명만 켜는 것이 좋다. 이런 상태가 되면 체내에 멜라토닌 분비가 시작되어 잘 시간이 되었다는 정보를 뇌에 전달한다. 만약 아이가 밤에 꼭 불을 켜놓기를 원한다면 어둑한 장밋빛 조명 하나 정도가 적당하다. 가능하다면 이 조명도 시간이 지남에 따라 단계적으로 끄도록 한다. 타이머가 있는 작은 등을 이용해 시간이 지나면서 점점 어두워지다가 10분 뒤에는 완전히 빛이 없어지도록 설정해도 좋다. 수면에 가장 좋은 것은 완전한 어둠이다. 필요하다면 거리의 불빛이나 저녁 시간에 생기는 빛 등을 가려줄 블라인드나 커튼을 사용해보자.

2. 소음: 좋은 소음과 나쁜 소음이 있다

거슬리는 소리 또는 자극적인 소리는 잠드는 데 방해가 되고 또 잠에서 쉽게 깨도록 만드는 요소다. 텔레비전 소리, 태블릿 PC 소리, 휴대 전화 소리, 가족이 크게 이야기하는 소리 혹은 다투는 소리, 설거지 등 집안일 소리, 개 짖는 소리, 자동차 소리, 바람이나 폭풍 소리, 음악 소리 등이 소음에 포함된다.

부드러운 소리는 아이를 편안하게 잠들게 한다. 조용하고 부드러운 클래식 음악, 백색 소음이나 파도 소리, 물 흐르는 소리 같은 자연의 소리를 틀어놓는 것도 가정에서 발생하는 나쁜 소음을 차단하는 데 효과적이다. 부드러운 소리는 가정 안이나 주변에서 생기는 소음을 차단해주고 편안한 수면 환경을 조성한다. 그러나 긴장 완화를 위해 불규칙한 소리는 피하는 것이 좋다.

3. 온도: 아이 수면에 가장 적합한 온도는 18~23℃이다

적정 온도보다 더 높거나 낮으면 수면 부족, 스트레스, 수면 이상 증상이 생길 수 있다. 아이가 너무 더워서 이불을 차거나, 반대로 추워서 깨지 않고 잘 수 있도록 밤 내내 균일한 체온을 유지할 수 있는 적절한 두께의 잠옷과 침구를 마련한다. 실내 온도를 밤 내내 균일하게 유지하고 가벼운 천연 섬유로 만든 잠옷과 이불, 담요를 사용하는 것도 체온을 유지할 때 도움이 된다. 냉난방이 필요 없는 따뜻한 날씨에는 얇은 침구를 사용하고 선풍기를 약하게 틀어놓는 것도 적절한 온도를 유지하는 방법이다. 쌀쌀하지만 밤에 난방을 하지 않는 정도의 날씨에는 따뜻한 천연 섬유 침구를 사용하면 따뜻하게 잘 수 있다.

4. 안정감: 아이가 편안함을 느껴야 한다

악몽을 자주 꾸는 아이라면 취침 시간에 스트레스를 많이 받을 수 있다. 이런 아이에게는 방 안이 안전하다고 느낄 수 있도록 자기 전에 창문과 문에 대한 안전 점검을 하는 모습을 보여주는 것이 도움이 된다. 아니면 상상 속 괴물을 쫓아버리기 위해 '보이지 않는 광선 검'을 꺼내 방 전체를 검사하는 모습을 보여주는 일종의 놀이도 아이를 안심시킬 수 있는 방법 중 하나이다. 안고 잘 수 있는 부드러운 인형이나, 사랑하는 사람들이 따뜻하게 웃고 있는 사진 혹은 즐거운 휴가 사진 등 행복한 분위기의 사진을 침대 옆에 두는 것도 좋다.

==아이가 잠자리에서 신체적·정서적으로 안전하게 보호를 받고 있다고 느낄 수 있어야 한다.== 취침 시간에 집의 분위기가 안정되어 있다면 잠자리에 들 때 아이는 스스로가 안전하다고 느낀다. 반면에 낮에 충격적이거나 무서운 사건 소식을 들었거나 영화에서 무서운 장면을 봤다면 아이는 스스로 안전하지 않다고 느낄 수 있다.

5. 냄새: 후각 역시 중요 요소다

기분을 좋게 만들고 안정감을 주는 향수 또는 라벤더나 장미 향처럼 진정과 긴장 완화 효과가 있는 방향제를 사용한다. 은은한 향기를 좋아하는 아이라면 잠옷이나 이불에서 향이 나도록 하는 것도 좋다. 잠을 잘 때, 날마다 같은 향기를 맡으면 그 향기를 통해 잠이 연상되어 아이가 잠들기 한결 쉬워진다.

6. 공간: 침실은 오로지 잠을 자는 곳이어야 한다

　많은 아이의 침실이 잠을 자는 공간인 동시에 놀이 공간이기도 해서 침실에 장난감, 게임 도구, 전자 기기 등 자극을 주는 물건들이 어수선하게 놓여 있는 경우가 흔하다.

　수면 문제가 있는 아이의 경우, 가능하다면 놀이 공간을 따로 만들어 침실에 있는 물건들을 전부 밖으로 치우는 것이 좋다. 만약 그럴 수 없다면 잠자기 전 놀잇감을 모두 정리하는 것을 잠자리 일과 중 하나로 정하면 된다. 특히 모든 전자 기기는 침실 밖에 두도록 한다.

7. 잠옷: 잠옷을 고를 때도 신중해야 한다

　저자극성 섬유로 만든 잠옷과 이불은 심신을 진정시키는 효과가 있다. 예민한 아이라면 봉제선이 없는 잠옷을 준비한다.

　또 잠옷에 좋아하는 캐릭터가 그려져 있다면 그것은 특별한 힘을 가진 잠옷이 될 수도 있다. 예를 들면 슈퍼 영웅 캐릭터가 그려져 있는 잠옷은 자다가 괴물이 나올까 봐 겁내는 아이에게 괴물 퇴치 기능이 탑재된 특수 보호 잠옷이 되는 것이다.

아이의 마음을
차분하게 만드는
정서적 환경 만들기

　가정의 정서적 환경은 가족 모두가 잘 자는 혹은 잘 못 자는 데 큰 영향을 끼친다. 조용하면서도 애정이 넘치는 환경은 아이가 안전하고 사랑받는다고 느끼게 해주기 때문에 좋은 수면을 하는 데 도움이 된다. 반대로 정서적으로 불안하고 혼란스러우며 잔뜩 들떠 있는 가정 환경에서는 아이도 편안하게 쉴 수 없다. 이런 환경에서는 흥분과 두려움에서 벗어나 긴장을 풀기 어렵기 때문이다.

　불면증은 보통 스트레스를 유발하는 사건이나 삶의 변화로 인해 생기기도 한다. 이사, 휴가 등 일상 속에서 일어나는 가벼운 일부터 출산, 조부모의 위독 상황처럼 좀 더 큰 문제들, 나아가 홍수나 지진 등 비극적 재난에 이르기까지 불면증을 유발하는 사건의 종류는 매우 다양하다. 가벼운 사건들은 상대적으로 수월하게 적응할 수 있지만, 더 크고 비극적인 사건들은 깊은 불안감과 정신적 외상까지 일으킬 뿐 아니라 수면에도 부정적인 영향을 준다. 불안감은 아이가 잠드는 것, 잠든 상태를 유지하는 것, 평화로운 꿈을 꾸는 것을 모두 방해한다. 불안감이 있는 아이는 혼자 있는 것을 힘들어할 수 있다. 그러므로 불안감을 없애고 수면을 유발하는 긍정적인 연결 고리를 만드는 것이 수면 문제를 줄이는 열쇠다.

비극적인 사건을 경험한 아이들은 전문가의 상담과 도움을 통해 회복되기도 하는데, 그중에는 수개월에 걸쳐 치료를 받아야 하는 아이들도 있다. 아이의 불안감이 삶에서 벌어지는 사건에 적응하느라 생긴 일시적 현상인지, 아니면 아이의 생활이나 일상적인 활동에서 늘 나타나는 전반적인 특징인지 알아내는 것도 중요하다. 아이의 불안감이 얼마나 심각한지에 따라 전문가가 해줄 수 있는 치료의 기간과 형태가 결정되기 때문이다. 때로는 소아청소년 심리학자(수면 전문가라면 더욱 좋다.)의 도움이 필요할 수도 있다.[121] 그 전에 아이가 불안해하지 않고 편안하게 잠들도록 돕기 위해 부모가 할 일들이 많다. 지금부터 자세히 알아보자.

1. 좋아하는 인형 또는 '안심 이불' 주기

유아기에 곰 인형이나 특별한 이불처럼 안정감을 주는 물건에 마음을 붙이는 아이가 많다. 이것은 걱정할 일이 아니며 오히려 권장할 일이다. 아이가 애착을 보이는 물건들은 아이가 부모에 대한 의존에서 벗어나 독립심을 기르는 데 도움이 된다. 애착 물건을 통해 아이는 밤에 발생할 수 있는 분리 불안 상황에서 위안과 안정을 얻는다. 내가 진료한 적이 있는 한 아이는 강아지 인형 '그러피'에게 무서운 것들을 아주 작게 만드는 힘이 있다고 믿음으로써 두려움을 극복할 수 있었다. 그러피가 이렇게 말하면 모두 해결되었다. "작아진다, 작아진다, 작아진다. 이제 안 보인다. 좋아, 이제 사라졌군. 다시는 오지 마." 스스로 상황을 통제한다는 느낌을 줄 수 있는 말을 아이가 직접 만들어 보도록 하는 것도 도움이 된다. 하지만 장난감이나 특정 물건에 대한 애착은 아이마다 다르기 때문에 강요할 수 있는 문제는 아니다. 가장 좋은 것은 아이의 결정에 따르는 것이다.

2. 잠들기 전 동화책으로 긴장 풀기

자기 전에 동화책을 읽어주는 것은 안정감을 주고, 부모와 아이 간에 유대감을 느끼게 한다.[122] 아이가 두려움이 많거나 견디기 힘든 상황을 겪고 있다면 엠마 야렛Emma Yarlett이 쓴 『내 친구 어둠Orion and the Dark』을 읽어주는 것도 도움이 된다. 아니면 부모가 직접 만든, 우리 아이만을 위한 이야기를 들려주는 것도 좋다. 이런 이야기들은 아이의 꿈에 좋은 영향을 미치고 회복력과 대처 능력도 키워준다.

동화책은 안정감을 주고 수면 분위기를 조성하며, 하루의 힘든 일과 나쁜 감정들을 침대에 내려놓을 수 있는 내용이면 좋다. 잠자리에 어울리는 동화 중에는 인생의 교훈을 담고 있는 것도 있는데, 『이솝 이야기Aesop's Fables』가 좋은 예이다.

꿈은 외부의 영향을 받기 쉽다. 그러므로 잠자리 동화책을 읽어주는 과정은 아이가 배웠으면 하는 이야기나 생각을 나누기에 좋은 방법이며, 꿈속에서 이루어지는 정서 함양과 회복력 향상에도 도움이 된다. 부록 2에서 최근 국내에서 사랑받고 있는 『잠이 오는 이야기』 등 권장 도서 목록을 볼 수 있다.

3. 신체가 이완될 수 있는 동작 함께 하기

신체를 부분별로 수축시켰다가 이완시키는 점진적 이완 기법은 아이의 신체 긴장을 푸는 데 좋다. 부모는 아이가 신체 여기저기를 수축하고 이완하는 동안 이야기를 해준다. "발가락을 세게 조이고 다섯을 세는 거야. 계속 더 세게, 더 세게, 더, 더, 더. 자, 이제 힘을 빼. 와, 기분 좋다. 이제 축 늘어지고 나른한 기분을 느껴보는 거야." 이 과정을 다리, 팔, 얼굴, 몸 전체로 신체 부위를 이동하면서 반복한다. 몸의 느낌을 말로 설명하는 것은 신체 이완에 도움이 된다.

4. 부모와 아이가 함께 명상하기

명상은 잠에 들기까지 한참 걸리는 아이가 취침 시간 일과로 하기 좋은 활동이다. 아이와 함께 신비한 여행을 떠날 수 있는 명상법을 만들어도 좋다. 그것은 구름 여행이 될 수도 있고 해저 보물 탐사가 될 수도 있으며, 잠의 마법 가루가 날리는 요정의 정원에 가거나, 동굴 속에서 거대 다이아몬드를 발견하는 여행이 될 수 있다. 또 밤하늘에 아이 이름을 수놓는 반딧불이를 상상할 수도 있다. 이처럼 아이의 상상력을 사로잡을 수 있는 것이라면 무엇이든 좋다. 잠자리 명상을 하면 부모와 자녀 사이에는 특별한 유대감이 생긴다.

'인사이트-타이머Insight-timer' 등 명상을 위해 만들어진 유용한 앱을 통해 사랑스러운 아이를 위한 잠자리 명상과 이야기를 찾을 수 있다. 명상을 하면서 아이의 마음을 진정시키는 호흡법을 가르칠 수도 있다.[123]

5. 괴물을 쫓아내는 놀이하기

아이가 괴물을 무서워하거나, 꼭 괴물이 아니더라도 무서워하는 대상이 있다면, 부모가 무서운 것들을 없애는 모습을 보여주어야 한다. 이번에도 다양한 상상력을 발휘해야 한다. 아이마다 효과가 있는 방법이 다르기 때문이다. 우선 아이가 괴물 때문에 잠자리에 들기 무서워한다면 괴물을 퇴치할 '마법 스프레이'를 사용해본다. 큰 괴물을 물리치기 위해서는 파란색 스프레이, 냄새가 나는 괴물에게는 노란색 스프레이, 나머지 괴물에게는 초록색 스프레이가 필요할 수 있다. 이런 스프레이는 작은 병에 물과 식용 색소를 섞어서 만들면 된다. 스프레이를 한 번 뿌리면 괴물들이 도망가고, 두 번 더 뿌리면 괴물들의 바지가 벗겨진다고 이야기해준다. 이런 행동을 통해 아이들은 즐겁게 웃으면서 두려움과 불안감을 몰아낸다. 또 보이지 않는 도구를 사용할 수 있다. 마법 가루, 마법 주문, 보이지 않는 거대 망치를 이용해서 괴물이 들어올 수 있는 침대 밑이나 창문까지 방 전체에 걸쳐 괴물 청소를 하는 것이다.

너무 과하지 않으면서도 ==아이에게 효과적인 방법을 찾으려면 부모의 창의성이 필요한 것이 사실이다.== 어떤 방법이든 아주 그럴듯해서 아이를 안심시킬 수 있어야 한다.

6. 정서적으로 안심시키기

아이들이 밤에 무서워하는 것 중에는 어둠, 괴물, 알 수 없는 소리, 침입자가 가장 흔하다. 아이가 안전하다고 느끼도록 안심시키는 것도 중요하지만, 너무 과도하게 노력하면 아이는 부모도 괴물의 존재를 믿고 두려워한다고 생각할지 모른다. 그러면 아이는 더 무서워하게 된다. 아이를 안심시키려다가 이 경계를 넘게 되면 더 부정적인 결과를 낳는다. 아이를 안심시키는 것은 아이의 정서적 성숙도와 발달 정도, 그리고 부모의 반응이나 부모가 사용하는 말에 따라 그 성공 여부가 달라질 수 있다. 두려움을 효과적으로 극복하려면 아이는 시간 감각이 잘 발달해 있어야 하고, 감정적 충동 조절과 논리적 판단을 할 수 있어야 하며, 상상보다는 합리적 결론을 신뢰할 줄 알아야 한다.[124] 부모는 아이의 감정을 확대 해석하거나 묵살하지 말고 그대로 인정해야 하며, 아이가 일부러 잠자리에 들지 않으려고 지연작전을 펼치는지 진짜 잠에 드는 것을 두려워하는지를 구분할 수 있어야 한다.

또 안전한 집에 살고 있다는 사실을 확인해주는 것도 필요하다. 아이에게 대처 능력을 키워주고 싶다면 낮에 두려움을 다루는 법을 가르치는 것도 좋다. 두려움에 대해 이야기하고, 무서워하는 것을 종이에 그리게 한 다음 그것을 쓰레기통에 버리는 행위를 하는 것도 그 방법 중 하나이다. 이렇게 하면 아이들은 두려움을 해소하고 스스로가 두려워하는 대상을 통제하고 있다고 느끼게 된다. 하지만 지속적인 두려움을 느낀다면, 전문가와의 상담이 필요하다.

7. 아이의 낮 활동을 유심히 관찰하기

아이를 잠들지 못하게 하는 일과가 있다면 그것을 그만두게 하고, 새로운 습관이나 일과를 만들어주어야 수면 문제가 근본적으로 해결된다. 아이의 수면 문제를 유발하는 요인을 찾아내고 제거하려면, 낮 시간 동안의 활동을 잘 생각해보고 문제 해결 방법을 계획해야 한다.

우선 매일 아이에게 스트레스를 주는 것이 무엇인지 생각해본다. 일정이 너무 많지는 않은가? 익숙하지 않은 일과가 있거나 전자 기기 화면을 너무 많이 보는 것은 아닌가? 무서운 텔레비전 프로그램이나 이야기 또는 이미지 등은 잠들기 전뿐만 아니라 낮에도 피해야 한다. 만일 비이성적 공포감에 시달린다면 아이에게 환상과 현실의 차이에 대해 이야기해주고 옷장 안 깊숙한 곳이나 침대 밑을 같이 보면서 그 안에 아무것도 없다는 사실을 부드럽고 끈기 있게 설명한다. 또는 역할놀이를 통해 공포감에 대처하는 방법을 가르친다.

아이도 어른처럼
꿈을 꾸고,
악몽에 힘들어하기도 한다

기억하든 못하든 우리는 모두 꿈을 꾼다. 꿈에는 보통 친숙한 사람들이 등장한다. 안타깝지만 꿈에서는 부정적인 감정들이 흔히 나타나며, 가족 간의 갈등이나 무섭고 충격적인 사건들 때문에 악몽을 꾸기도 한다. 만약 아이가 지속적으로 무서운 꿈을 꾸는 이유를 잘 모르겠다면, 보육 교사 등 아이와 많은 시간을 보내는 사람과 이야기를 나눠보는 것이 좋다. 악몽이 오래 지속되면 아이는 잠자리에 드는 것을 두려워하게 되므로 최대한 빨리 원인을 찾아 해결해야 한다. 악몽은 무섭지만 다행히 나쁘기만 한 것은 아니다. 사실 악몽이나 무서운 꿈은 뇌가 힘겨운 감정들을 처리하는 방법을 배우는 과정이다. 그렇다 해도 악몽이 아이를 매우 불안하게 하는 것은 사실이다.

대다수의 아이들이 악몽을 꾸고 만 2~5세 사이의 아이들 중 24%는 3개월 이상 이어지는 만성적 악몽에 시달린다.[125] 이때, 내재된 불안감을 반영하는 지속적인 악몽과 낮 시간 동안의 활동으로 인해 나타나는 일시적 악몽을 구별하는 것이 가장 중요하다. 아이는 실제로는 자기를 해칠 수 없는 상상 속 존재들을 두려워하는 경우가 많다.

예를 들면 혼자 있기, 어둠, 상상 속 존재, 괴물이나 천둥소리 같은 것들이다.[126] 또 부상이나 피, 바늘처럼 실제로 다치는 것에 대해서 걱정하기도 한다.

<u>아이들 대부분은 미디어에 민감하다.</u> 호주에 산불이 났을 때 이와 관련된 뉴스를 본 아이들이 악몽과 불안감으로 수면 전문가를 찾는 일이 급증한 것이 그 증거다. 만 5세인 빌리Billy는 자다가 온몸이 땀에 젖어 깨는 일이 잦고 낮에는 자주 짜증을 부렸다. 하지만 이런 증상들은 잠들기 한 시간 전부터 텔레비전을 보지 않고 대신 책을 읽거나 그 밖에 다른 정적인 활동을 하는 것만으로도 점차 사라지게 되었다.

악몽을 꾸는 아이를 위한 대처법

뇌가 악몽을 다른 방식으로 생각하고 반응하도록 훈련시킬 수 있다. 다시 말해, 아이가 나쁜 꿈에 대해 이야기하면 부모는 아이가 그것을 새로운 방식으로 생각하게끔 도와줄 수 있다. 다음의 전략들이 도움이 될 것이다.

1. 재미있는 상황으로 전환시키기

앞서 소개한 괴물의 바지를 벗겼던 괴물 퇴치 스프레이를 만들어 뿌린다. 이로 인해 괴물들이 재채기를 하거나 자꾸 키득키득 웃게 되고, 도망치다가 바지에 오줌을 싼다고 아이들에게 설명해준다. 이처럼 동화 같은 이야기를 들려주는 것은 아이의 불안한 마음을 안정시키는 데 효과적이다.

2. 나쁜 꿈을 다시 생각할 수 있도록 유도하기

아이들은 만들기, 그리기, 역할극의 활동을 통해 꿈에서 일어난 일을 이해하고 그 상황을 다른 상황으로 바꿀 수 있다. 이때 부모가 함께 활동을 해주면 좋다. 나쁜 꿈이 완전히 새로운 이야기가 될 때까지 활동을 반복한다.

3. 아이의 '꿈 지킴이'가 되는 조명 활용하기

반딧불이 조명 등 은은한 조명 기구는 나쁜 꿈을 꾸지 않도록 마음을 안정시킨다. 부모가 직접 만들어주어도 좋다.

4. 자기 전 안정감을 주는 활동하기

취침 전에 함께 명상을 하거나 부모가 책을 읽어주면 꿈에도 좋은 영향을 줄 수 있다.

5. 다른 사람의 도움을 받기

때로는 전문가를 찾는 것이 좋다. 이와 관련된 내용은 6장 및 부록 3에서 심도 있게 다룰 것이다.

일정한 일과와
좋은 습관은
부모가 만들어주는 것이다

꾸준히 취침 시간 일과를 지키면 아이는 평소에도 차분해지고 안심하게 되며 자신이 소중한 사람이라고 느끼게 된다. 따라서 불안감으로 인해 악몽을 꾸는 횟수도 점차 줄어든다. 아침부터 취침 시간까지의 모든 일과는 취침 시간이 되어 잠을 자기 위해 준비하는 신체 기능에 영향을 준다. 낮부터 취침 전까지 이어지는 일관되고 유익한 일과는 아이에게 안정감을 선사할 것이다. 아이의 평소 생활에서 다음과 같은 내용을 유심히 살펴볼 필요가 있다.

- 하루 종일 어떤 음식을 먹는가?
- 안 먹는 음식은 무엇인가?
- 운동은 얼마나 하는가?
- 햇빛은 얼마나 받고 있는가?
- 속상한 일이나 흥분할 일이 있었는가?
- 잠들지 못할 때 아이가 무서워하는가?
- 부모가 아이에게 화를 내거나 소리를 질렀는가?

- 집 밖에서 안 좋은 일이 있었는가?
- 괴롭힘을 당하거나 마음에 상처를 입었는가?

일관된 일과는 좋은 수면 습관을 들이는 데도 중요하지만, 아이가 손님의 방문 또는 부모의 출퇴근이나 여행 등으로 생기는 변화에 빠르게 적응하는 데도 도움이 된다. 일관된 일과를 통해서 부모와 아이 모두가 밤에 정말 잘 자는 사람이 될 수 있다.

일과를 만드는 것이 처음에는 힘들게 느껴질 수도 있지만 부모와 아이의 수면이 부족한 경우라면 아이가 어릴 때 시간과 노력을 들여 일과를 바로잡아야 한다. 비록 지금까지 아이가 정해진 일과가 없는 삶을 보냈다 해도 결코 새로 시작하기에 늦은 것은 아니다.

새로운 일과를 만들기 위한 네 가지 원칙

낮 시간 일과와 취침 시간 일과를 구체적으로 만들기에 앞서 모든 가족 구성원이 새로운 일과를 만들고 지켜나가기 위해 알아두어야 할 일반적인 원칙 네 가지가 있다.

1. 모든 것을 한 번에 바꾸려고 하지 않는다

한 번에 바꾸려고 하면 부모와 아이 모두 스트레스를 받게 된다. 우선 낮잠 시간과 취침 시간을 조정하는 것을 목표로 시작한다. 이것도 아이가 학령기에 가까워질수록 상황에 맞게 판단하여 조금씩 변경해야 할 것이다. 아이의 상황과 일과를 고려해 4~7일 정도 시간을 갖고 계획을 수정해나가면 가족 모두가 더 편안하게 적응할 수 있다. 이미 적합한 일과를 따르고 있을 때도 마찬가지다. 변화는 점진적으로 이루어져야 쉽게 적응할 수 있고, 몸과 마음이 지치는 것을 막을 수 있다.

2. 취침 시간은 협상할 수 없는 부분이다

취침 준비 전에 하는 활동은 아이가 선택할 수 있지만 취침 시간 자체와 취침 시간의 일과는 늘 한결같아야 한다. 이것은 부모가 함께 지켜야 하는 부분으로, 만약 그렇지 않으면 아이가 일과를 어기기 쉽다. 물론 하루 일과가 너무 엄격하여 아이가 변화에 대처할 수 없는 상태가 되어서는 안 된다. 따라서 주말에는 조금 변화를 줄 수도 있다. 하지만 취침 준비를 누가 해주든 밤에는 반드시 일관성 있는 일과를 진행해야 한다.

연령이 다른 형제자매가 있다면 큰아이에게 맞춰 규칙을 정하는 것이 좋다. 큰아이는 동생이 잠자리에 든 다음 부모와 함께 보내는 시간이 필요하다. 큰아이가 동생이 잠자리에 드는 것을 도와주도록 하는 것도 좋은 방법이다. 이런 과정을 통해서 아이들 사이에는 특별한 유대감이 생긴다.

3. 새로운 일과에 적응할 시간을 확보해야 한다

적어도 2주 동안은 일과를 방해할 일이 없다고 판단될 때 새로운 일과를 시작한다. 가족 중에 아픈 사람이 있거나 가정 내에 문제가 있는 경우, 혹은 친척이 방문할 예정이라면 새로운 일과의 시작을 조금 미루는 것이 좋다. 그리고 일단 시작하면 적어도 한 달 정도는 새로운 일과를 정확히 지키도록 한다. 어떤 이유에서든 중간에 끊기거나 변경되는 일이 없어야 한다. 대부분의 경우 2~4주 정도 내에 개선된 모습을 볼 수 있다.

4. 아이에게 변화가 일어나지 않으면 다른 방법을 생각한다

2주 이상 일관된 일과를 지켰음에도 아이가 여전히 방침을 잘 따르지 않으려 한다면 그 이유를 생각해야 한다. 예를 들면, 아이가 흥분을 가라앉힐 시간을 좀 더 필요로 하거나 행동 변화에 대한 실질적 보상을 원하고 있을지도 모른다. 안 자려고 시간을 끄는 행동 때문에 가족 간에 갈등과 긴장이 발생한다면 심리학자의 도움을 받아 갈등을 해소하고, 아이의 행동 문제에 대한 근본적인 원인을 찾는 것도 좋다. 반드시 주의해야 할 점은 아이가 잠자리에 들지 않으려고 하는 이유가 행동 문제 때문이 아니라, 수면 장애로 인해 자는 것 자체가 힘들기 때문일 수 있다는 사실이다. 그러므로 수면 장애에 대한 위험 신호가 나타나지 않는지 항상 살펴야 한다.

일단 일과가 정해지면 일과로 인한 연상 작용을 통해 효과가 발생한다. 다시 말해, 일과를 잘 지키면 그 일과가 저절로 수면을 유도하는 것이다. 수행 시간이 점점 짧아질 수도 있다. 일과가 습관이 되면 뇌가 일과에 포함된 여러 가지 활동이 무엇인지 파악한 후에 잠드는 과정을 간소화하여 더 빨리 잠들기 때문이다. 여행 중에 아이가 낯선 환경 때문에 잠들기 어려워할 경우, 집에서 지켰던 일과를 수행한다면 훨씬 쉽게 잠들 수 있을 것이다.

취침 준비는 잠들기 한 시간 전부터 해야 한다

피곤해서 짜증이 나 있는 아이를 침대에 눕히는 것은 부모의 기술을 필요로 하고, 참을성도 시험하는 일이다. 평온해져야 할 밤 시간을 잠을 자지 않으려는 아이를 재우는 것에만 쓰기도 한다. 아이는 "안 졸려요.", "목말라요.", "화장실 가고 싶어요.", "나도 가족이니까 같이 얘기하고 싶어요." 등의 말을 하기도 한다. 그래서 머리말에서 소개한 애덤 맨스바크의 책이 탄생한 것이다.[127]

아이의 취침 시간 일과는 매일 저녁 같은 시간에 시작되어야 한다. 아이를 위한 최적의 취침 시간을 알기 위해서는 일어나야 하는 시간을 기준으로 계산하면 된다. 아이가 일어나야 하는 시간(또는 늘 일어나는 시간)에서 아이의 나이에 맞는 적정 수면 시간을 뒤로 세어나가면 잠들어야 하는 시간이 나올 것이다. 거기서 취침 시간 일과를 위해 30분 정도, 그리고 완전히 잠에 빠지기까지의 시간인 15분 정도를 더 뒤로 거슬러가면 그때가 바로 매일 밤 취침 시간 일과를 시작해야 하는 시간이다.

예를 들어, 만 4세 아이의 경우 적정 수면 시간은 12시간이다. 그리고 낮에 1시간 동안 낮잠을 잔다면 아이가 밤에 취해야 할 취침 시간은 11시간이 된다. 아이가 아침 7시에 일어난다면 아이의 취침 시간 일과는 저녁 7시 15분에 시작되어야 한다. 정리하면 다음과 같다.

- 저녁 7시 15분: 취침 시간 일과 시작
- 저녁 7시 45분: 침대에 눕기

- 저녁 7시 45분~8시: 잠드는 시간
- 저녁 8시~아침 7시: 11시간 수면

취침 시간 일과에 포함하기 좋은 활동들

아이가 눕자마자 잠이 든다면 좋겠지만, 이는 결코 쉬운 일이 아니다. 취침 시간 일과에 하면 좋은 활동들이 있다. 이는 아이가 쉽게 잠에 드는 데 효과적이다.

1. 따뜻한 물로 목욕하기

잠들기 적어도 30분 전에 따뜻한 물로 목욕을 하면 잠드는 데 도움이 된다. 목욕 후에는 체온이 조금 떨어지는데 이로 인해 우리 몸은 잠들기 좋은 상태가 된다. 아울러 양치질을 하고 화장실에 다녀오는 것도 목욕 후 일과에 반드시 덧붙여야 한다.

2. 건강한 간식으로 포만감 주기

아이가 간식을 원한다면 잠자리에 들기 한 시간 전까지는 오트밀, 바나나, 우유 같은 간식을 먹여도 좋다. 초콜릿, 차, 콜라처럼 카페인이 포함된 음식은 적어도 취침 4시간 전부터 피한다.

3. 책 읽기와 이야기 듣기

책 읽기는 잠들기 전에 할 수 있는 가장 유익하고 차분한 활동이다. 하지만 침대에서 책을 읽다가 잠들지 않도록 침대 밖에서 읽어주는 것이 좋다. 책을 읽는 도중에 잠들기를 반복하면 책을 읽는 것과 잠을 자는 것을 연관 지어 생각하게 된다. 이는 아이가 깼을 때 다시 잠들기 위해 책을 읽어달라고 하는 결과로 이어질 수 있다.

만약 꼭 침대에서 책을 읽어주고 싶다면 아이가 잠들기 전에 책 읽기를 끝내도록 한다. 책을 읽다가 "벌써 잘 준비가 다 된 것 같네. 잘 자고 좋은 꿈 꾸렴."이라고 말하고 책 읽기를 멈추면 된다.

4. 몸의 긴장을 풀어주는 가벼운 신체 활동하기

아이를 위한 요가를 하면 근육을 쭉 펴고 이완시키는 데 효과가 있으며, 바쁜 뇌를 쉬게 해준다.

5. 다음 날 일정 작성하기

다음 날 할 일을 생각해보는 것도 아이가 불안감을 없애는 데 도움이 된다. 이 방법은 자기 전에 말이 많아지는 수다쟁이 아이에게도 유용하다. 침대에 눕기 전에 메모지를 준비해서 목록을 적도록 한다.

6. 잔잔한 흔들림 느끼기

아이를 안고 살짝 흔들어주거나, 흔들의자에 앉아 아이를 안은 채 재워도 좋다. 아기들의 경우에는 아기용 보트 침대(둘레가 조금 높게 만들어진 작은 아기용 침대)에 눕힌 채 흔들어주어도 좋다. 이는 깊은 잠을 자는 데 효과적이다.

7. 스킨십하기

안아주기, 토닥거리기, 마사지 같은 스킨십은 잠자리에 들기 전에 아이를 진정시키는 데 도움이 되고, 부모와 아이 사이에 특별한 유대감을 느끼게 한다.

8. 음악 감상하기

부모와 아이가 함께 마음이 차분해지는 잔잔한 음악을 들으며 명상을 하는 것도 좋다. 음악을 듣거나, 명상을 하는 것 중에 하나만 해도 효과적이다.

9. 잠자리 인사 나누기

형제자매가 많거나 부모 외에 다른 가족이 함께 사는 대가족이라면 아이가 잠자리에 들기 전 모든 가족 구성원과 "잘 자."라는 인사와 입맞춤을 하는 것이 좋다.

또 저녁 일과로 방 정리를 하면서 장난감이나 놀이 도구와 잠자리 인사를 나누는 것도 좋다.

10. 괴물 쫓아내기

아이가 괴물을 무서워하는 시기라면, 취침 전 일과의 하나로 아이와 함께 괴물 쫓아내기 놀이를 한다.

아이들에게 취침 시간은 불안한 시간이 아니라 기다려지는 특별하고 즐거운 시간이 되어야 한다. 정해진 취침 시간 일과를 꾸준히 지키면 뇌가 차츰 적응하여 연상 작용을 통한 '잠들기 절차'가 이루어지므로 그 일과에 소비되는 시간이 점점 줄어든다. 일과를 잘 확립해두면 일시적으로 일과가 변경됐더라도 다시 제자리로 쉽게 돌아올 수 있게 된다. 만약 여행 중이어서 정해진 일과를 그대로 따르지 못했다면 집으로 돌아오자마자 바로 본래 일과를 따르도록 해야 한다. 또 집을 떠나 있는 중이라도 가능한 한 평소 일과를 지키면 낯선 환경과 침대에서도 잘 자는 데 도움이 된다.

아이는 부모의 도움 없이 혼자 잠들 수 있어야 한다

많은 부모가 따뜻하게 안아주는 다정한 취침 시간을 바라면서도 아이가 스스로 자는 법을 배웠으면 하는 생각을 한다. 미국의 한 조사에 따르면 유아 부모의 43%, 취학 아동 부모의 23%가 아이들이 잠들 때까지 아이 옆에 머문다고 한다. 이런 경우에는 아이가 자다 깼을 때도 부모를 찾을 가능성이 크다.[128] 아이가 잠드는 것을 돕기 위해 아이 옆에 있는 것을 부모가 원할 수도 있다. 하지만 대다수의 부모가 처음엔 아이가 잠들 때까지 아이 옆에 머물지만 시간이 지나면서 그것을 계속하기가 매우 어렵다는 사실을 깨닫게 된다. 아이의 요구가 많아지면서 머무는 시간이 점점 길어질 수도 있다. 그러면 결국 부모는 하루를 마무리하는 데 필요한 휴식 시간을 빼앗기게 된다.

사랑을 표현하는 방식은 여러 가지가 있다. 취침 시간에 부모가 보여줄 수 있는 가장 강력한 사랑의 힘은 따뜻하고 다정한 목소리와 아이를 안심시키는 태도에서 나온다. 부모가 아이 옆에 오래 누워 있으면 그들은 결국 아이가 '안고 자는 인형'이 된다. 많은 아이가 곰 인형을 비롯한 여러 인형을 안고 잔다. 하지만 부모가 아이의 곰 인형이

되었다면 곤란한 상태에 빠졌다고 볼 수 있다. 이런 버릇은 매일 밤
계속하기도 어려울 뿐 아니라 인형을 안고 자는 것과 달리 아이가 독
립심을 키우는 데 전혀 도움이 되지 않기 때문이다.

아이로부터 서서히 떨어지는 연습을 하자

아이들은 한 명 한 명이 각각 다르다. 따라서 상대적으로 잠드는 법을 배우는 시간이 오래 걸리는 아이도 있다. 하지만 아이가 잠드는 데 15분 이상이 걸리거나, 자다가 한 번 이상 깨고, 그때마다 부모의 도움을 받아야 다시 잠드는 것이 바람직하지 않다는 사실은 알아야 한다. 이런 경우에는 아이가 불안해하고 긴장을 풀지 못하는 이유가 무엇인지 생각해야 한다. 만약 그런 패턴이 행동이나 습관에 의한 것이어서 패턴을 바꿔야겠다고 생각된다면 아래의 단계를 차츰 거치며 서서히 바꾸는 것이 좋다.

● 1단계

잠자리에 들기 전에 안아주며 잘 자라는 인사와 입맞춤을 나누는 시간을 갖는다.

●● 2단계

아이가 원할 경우 안고 잘 수 있는 특별한 인형을 준 다음, 아이와 함께 눕지 않고 아이 옆에 있는 의자에 앉는다.

●●● **3단계**

부모가 의자에 있는 상황에 아이가 익숙해지면 "이제 엄마는 나가 있다가 2분 뒤에 잠자리 인사를 하러 들어올 거야."라고 말한 다음, 그대로 실행한다.

    이와 같은 과정을 거치면 아이는 부모가 약속을 지켰다는 생각에 안심하게 될 것이다. 그다음 날부터 매일 밤, 나가 있는 시간을 조금씩 늘린다. 아침이 되면 지난밤에 아이가 혼자서 잠드는 멋진 사람이 된 것에 대해 보상을 해준다. 아이가 의자에 앉아 있는 부모의 모습에 적응하기 위해 하룻밤이 지날 때마다 의자를 조금씩 문 쪽으로 옮겨, 나중에는 의자를 침실 밖으로 빼는 방법을 활용해도 된다. 부모와 함께 누워 잠드는 아이들은 그 패턴을 깨는 데 시간이 다소 걸릴 것이다. 모든 단계에서 아이에게 말한 그대로 실천함으로써 아이를 안심시키고 아이가 스스로 안전하다고 느끼게 해주어야 한다.

    아이가 알아야 할 규칙은 또 있다. 잠자리에 들 때는 이야기를 하거나 부모에게 가려고 핑계를 대거나, 부모를 부르지 않아야 한다고 아이에게 알려준다. 일단 아이가 취침 시간에 <mark>스스로 잠드는 데 성공</mark>하고 나면 중간에 깼을 때 <mark>스스로 다시 잠드는 법도 자연스럽게 배우기 때문에 자다가 깨는 문제도 훨씬</mark> 해결하기 쉽다.

아이가 자다가 깼을 때 스스로 잠드는 법 가르쳐주기

누구나 자는 도중에 잠깐씩 잠에서 깨기도 하지만, 그 순간은 아주 짧게 지나갈 뿐 완전히 깨는 것은 아니다. 그래서 대부분의 사람들은 자신이 자다가 깼다는 사실을 인식하지 못한다. 하지만 아이가 깨서 다시 재워줘야 하는 상황이 반복되면 부모에게도 수면 문제가 생기기 마련이다. 그 문제를 해결하기 위해서는 <mark>밤중 일과를 만들 필요가 있다.</mark> 유아들의 1/3 정도가 자다가 1회 이상 잠에서 깨고, 5% 정도가 2회 이상 깬다.[129]

통잠을 방해하는 원인들

밤에 자다가 깨는 일반적인 원인으로는 일과, 환경, 수면 장애, 행동이 있다. 그중 일과와 관련된 원인을 살펴보면 휴가 등으로 인해 규칙적인 일과를 지키지 않는 것, 확고한 규칙과 경계가 없는 것, 낮잠을 너무 많이 자는 것 등이 있다. 특히 규칙과 경계가 따로 없는 것은 결과적으로 일과가 없는 것과 같다. 한편 환경적 요인으로는 소음, 실내 온도, 불편함, 환경 변화 등이 있다. 또 의학적으로 진단할 수 있는 수면 장애도 자다가 깨는 원인이 될 수 있다. 예를 들면 수면 호흡 장애는 3단계와 4단계의 깊은 수면으로 진입하는 것을 막아, 수면 주기를 망가뜨리기 때문에 수면 호흡 장애가 있는 사람은 잠에서 쉽게 깨고 외부 자극에 영향을 받는 얕은 수면 단계에 머물게 된다. 마지막으로 행동과 관련된 원인으로는 몸이 아픈 것 또는 낮 시간 동안 자극적이거나 스트레스가 심한 활동을 해서 흥분이 가라앉지 않거나 악몽을 꾸는 것 등이다. 나의 수면 클리닉으로 찾아온 만 3세 여자아이는 우울한 기색이 역력했고, 상태가 진정이 잘 안 돼서 진료실에서 하는 평범한 활동도 수행할 수 없었다. 그 아이는 내 무릎 위로 올라와서는 "소리를 질러서 너무 무서웠는데, 큰 폭풍이 또 왔어요."라고 말했다. 내가 아이를 달래며 더 이야기할 수 있도록 도와주고 있을 때도 옆에서 아무 말도 하지 않고 있던 아이의 아빠는 2주 후에 다시 만났을 때서야 이혼한 사실을 밝혔다. 이 어린아이는 실제로 공포를 느끼고 있었으며, 두려움을 없애줄 위로와 보살핌이 절실했던 것이다. 이처럼 아이의 스트레스는 아이 생활 전반에 영향을 끼친다.

자다가 깨는 문제는 아이가 깼을 때 스스로 다시 잠드는 법을 배울 수 있도록 도움을 주면 해결되는 경우가 많다. 앞서 설명한 바와 같이 취침 시간에 스스로 잠드는 법을 배우면 자다가 깼을 때 잠드는 법도 자연스럽게 터득하게 된다. 자다가 깨서 부모의 도움으로 다시 잠드는 것이 일종의 버릇인 경우에는 안심시키기 위한 연습을 일주일 정도 하면 아이는 중간에 깨도 스스로 잠들 준비를 자연스럽게 습득하게 된다. 안아주면서 부드럽게 안심시키는 것만으로도 아이는 충분히 다시 잠들 수 있다. 그래도 아이가 다시 잠들기 힘들어한다면 취침 시간에 했던 연습을 반복한다. 중간에 잠이 깼을 때도 처음 잠들기 시작할 때 아이에게 주었던 수면 신호와 동일한 신호를 보내는 것이다. 결국 잠들 때 그랬던 것처럼 아이는 부모가 함께 있어주기를 요구하지 않게 된다. 아이가 무서운 꿈을 꾼 경우에는 안아주고 안심시키는 행동이 특히 더 중요하다. 정해놓은 일과에 잘 적응했다면 아이들은 잠이 깼을 때 부모를 깨우지 않고도 혼자 일과에 따라 다시 잠들 수 있게 된다.

함께 잘 것인가, 따로 잘 것인가

부모라면 흔히 경험하는 난감한 문제가 있다. 한밤중에 어느샌가 부모 침대로 들어와 자고 있는 아이를 발견하는 것이다. 물론 아이가 조용히 자고 뒤척이지 않는다면 부모의 수면을 방해하지 않는다. 한밤중에 품으로 파고든 아이를 안아주는 것은 달콤한 일이지만, 만약 부모의 수면이 중단되고 부모와 아이 모두가 질 좋은 수면을 충분히 취하지 못하게 된다면 그것은 결코 바람직하지 않다. 반대로, 엄마나 아빠가 계속 뒤척이거나 코를 곤다면 이번에는 아이의 수면이 단절된다. 우리의 목표는 부모와 아이가 모두 최적의 수면을 취하는 것이다.

함께 잘 것인가 혹은 따로 잘 것인가 그것을 고민하는 부모도 많다. 이 문제에 대한 입장은 문화권에 따라 다양하다. 아시아 문화권에서는 만 5~6세 아이들도 부모와 함께 자는 반면, 서양 문화권에서는 아이가 태어날 때부터 아기 침대가 있는 방에서 따로 재운다.[130,131]

의학 정보가 부모의 입장에 영향을 줄 수도 있다. 아기와 함께 자는 환경에서는 유아 돌연사 증후군이 생길 가능성이 커지기 때문에 아기와 함께 자는 것에 관한 엄격한 의학적 지침서들도 있다.[132] 만약 아이가 스스로 잠드는 법을 배우지 못해서 함께 자거나 아이의 수면 문제를 해결해보려고 함께 자는 것이라면, 문제가 될 수 있다. 아이가 성장하면서 취침 시간에 스스로 잠들고, 자다가 깨서도 부모의 도움 없이 혼자 다시 잠드는 법을 배우는 것은 매우 중요하다. 독립심을 기르는 과정이기 때문이다.

하지만 가족이 함께 자는 것이 그들의 신념 때문이라면 가족 모두가 충분히 잘 자는 이상, 문제가 될 이유는 전혀 없다. 서로의 수면 주기를 방해하지 않고 함께 자는 방법만 고안하면 된다. 예를 들어 아이 침대를 부모 침대 옆에 붙여놓고 각자의 침대에서 자는 것도 좋은 방법이다. 그래야 잠에서 깨거나 움직여도 서로의 수면에 방해가 되지 않는다. 어떤 선택을 하든 반드시 안전이 보장되어야 하며, 수면 법칙을 고려하여 가족 모두가 수면의 양과 질에 조금도 방해를 받지 않도록 해야 한다.

아침 일상은
일관성이 있을수록 좋다

정해진 일과를 꾸준히 따르고 일정한 시간에 잠자리에 드는 것은 중요하다. 하지만 매일 같은 시간에 일어나 일관된 아침 일과를 따르는 것도 그에 못지않게 중요하다. 아이가 아침에 잘 일어나는 데 도움이 될만한 것을 알아보자.

1. 너무 일찍 깨는 아이에게 '기상 가능 시간'을 정해준다

아이가 전자시계를 볼 줄 안다면 아이로 하여금 시계에 있는 숫자를 읽게 하여, 일어나도 되는 시간을 알려준다. 여기서 중요한 점은 아이가 다른 가족보다 먼저 일어났을 때 혼자 할 수 있는 일에 대한 규칙도 함께 정하는 것이다.

2. 부모가 직접 아이를 깨운다

부모의 포근한 목소리와 함께 등을 쓰다듬는 따스한 손길을 느끼면서 잠에서 깨면 아이는 기분 좋게 하루를 시작할 수 있다.

3. 적절한 보상을 해준다

전날 밤에 잘 잤다면 다음 날 아침에 바로 칭찬해주는 것이 가장 좋다. 아이가 일어나자마자 꼭 안아주면서 지난밤에 스스로 금방 잠든 것에 대해 이야기하면서 잘했다고 칭찬해준다. 이런 다정한 분위기는 하루를 즐겁게 시작하는 가장 좋은 방법이다. 함께 웃을 수 있는 소소한 일들을 많이 찾아보도록 한다.

4. 실내 온도를 유지한다

실내 온도를 적절한 상태로 유지한다. 만약 실내가 춥다면 따뜻한 슬리퍼와 잠옷 위에 입을 실내복을 준비하여 아이가 스스로 입을 수 있도록 한다.

5. 영양가 높은 아침 식사를 준비한다

맛있고 영양가 높은 아침 식사를 마련한다. 곡물 바 또는 바나나를 통에 담아두어 아이가 일찍 일어났을 때 혼자서도 꺼내 먹을 수 있도록 한다. 주말에만 특별히 아이가 일어났을 때 침대로 아침을 가져다주는 것도 좋다.

6. 햇빛이 잘 들도록 한다

잠들 때 어둠이 효과적인 것처럼 아침에는 일어나는 데 햇빛이 효과적이다. 아침과 낮에 햇빛을 잘 받으면 체내의 수면-각성 시계가 잘 돌아가는 효과도 있다.

7. 하루 일정에 대해 이야기한다

그날의 일정에 대해 이야기하면서 아이가 하루를 예상하고 기대할 수 있도록 한다.

이처럼 잘 짜인 아침 일과가 있어야 한다. 그래야 부모가 일하고 아이가 학교에 가는 날에도 정신없이 뛰어다니지 않고 온 가족이 차분하고 행복하게 보낼 수 있다.

전날 밤에 다음 날 입을 옷을 꺼내놓는 등 미리 준비를 해놓으면 아침 일과를 지키는 데 크게 도움이 된다. 아침에 규칙적인 일과와 함께 간단한 신체 활동을 하면 아이가 하루를 준비하고 일과 시간을 맞추기 수월할 것이다.

아이가 짜증을 내고 기분이 좋지 않은 상태로 잠에서 깬다면 다정하고 부드럽게 달래야 한다. 하지만 잠을 잘 자는 아이는 날마다 짜증을 내면서 느릿느릿 일어나지 않는다. 따라서 아이가 적정 시간 동안 자고 나서도 짜증을 내며 일어난다면 그것은 수면의 질에 문제가 있다는 신호일 수 있다.

낮부터 수면을 위한 준비를 해야 한다

잠을 잘 자기 위한 준비는 낮 시간에 하는 활동부터 시작된다. 낮 시간 동안의 행동 문제는 밤 시간에 잠들기 어렵게 만드는 각종 골칫거리 행동들로 이어진다. 낮 시간 일과에 대해 기억해야 할 것들은 다음과 같다.

1. 낮잠 계획을 세운다

낮잠 계획은 주의해서 세워야 한다. 만약 지난밤에 아이가 충분한 수면을 취하지 못했다면 다음 날 낮잠 계획을 세워서 아이의 하루 적정 수면 시간을 채워주어야 한다.

2. 전자 기기에 노출되지 않도록 돕는다

전자 기기가 일상생활 깊숙이 스며들면서 아이의 수면을 방해하고 거북목 증후군도 유발한다. 전자 기기 화면을 보는 것은 아이에게 과잉 자극이 될 수 있고, 아이의 하루 일정을 더 바쁘게 만들며 취침 시간을 늦춘다. 블루라이트로 인해 멜라토닌 분비가 방해받는 것은 말할 것도 없다. 그러므로 전자 기기를 통해서 자극적이지 않은 내용을 보도록 하고, 만약 취침 시간의 골칫거리들을 유발한다고 판단되면 낮 시간에 텔레비전을 보지 않도록 하거나, 보지 않아야 할 프로그램을 정해준다. 모든 화면은 적어도 취침 시간 한 시간 전부터는 꺼야 한다. 이것은 어른들도 마찬가지다.

3. 신체 운동을 한다

아이의 건강에 유익한 신체 운동을 하고, 햇빛을 받으며 바깥 활동을 하도록 한다. 잠자리에 들기 두 시간 전에는 신체 활동을 서서히 멈추는 것이 바람직하다.

4. 아이를 위한 건강 식단을 준비한다

아이는 규칙적으로 식사를 하고 건강한 간식을 먹어야 하며, 인스턴트 제품 대신 영양가 높은 음식을 먹는 것이 좋다. 건강에 좋고 첨가물이나 설탕이 들어가지 않으며 가공 처리 되지 않은 것을 먹이도록 한다. 비타민 A, 비타민 D, 비타민 K 등 신선한 과일과 채소에 들어 있는 비타민과 미네랄뿐만 아니라 충분한 철분도 섭취해야 한다.

영양가가 풍부한 식재료를 이용해 아이와 함께 즐겁게 음식 준비를 하면 편식이 있는 아이도 음식을 대하는 태도에 변화가 생길 것이다.[133,134,135]

5. 뇌 활동도 중요하다

낮 시간 동안 아이의 뇌가 텔레비전 시청 같은 수동적 활동이 아니라 퍼즐을 맞추는 활동이나 요리 등 적극적인 활동에 쓰이도록 한다. 또한 아이에게 걱정거리가 있는지 항상 살핀다. 아이와 걱정거리에 대해 이야기를 나눔으로써 아이가 스스로 그것을 끄집어내어 없앨 수 있도록 도와준다.

ADHD를 가진 아이를 위한 몇 가지 팁 ADHD가 있는 아이들은 오후와 저녁 시간에 보다 더 일찍 잠을 자는 준비를 시작해야 수면 방해를 최소화할 수 있다. 부모는 아이의 불안감을 없애고, 잘 자는 데 도움을 주는 긍정적인 연결 고리를 만드는 동시에 좋은 수면 습관을 만들어주고 싶을 것이다. 하지만 ADHD가 있는 아이는 바람직한 취침 시간 일과가 있더라도 생각 스위치를 끄고 하루 동안 있었던 활동에서 벗어나 몸의 긴장을 푸는 데 어려움을 느낀다. 머릿속 생각 스위치를 끄고 과도한 활동으로 지친 몸의 긴장을 푸는 것은 수면 중 뇌에서 발생하는 회복 활동과는 다르다. 아이를 흥분하게 했거나 정신없게 만들었던 사건들은 잠자리에 들기 전 아이의 진정 과정에 영향을 주어 안 그래도 어려운 감정적 자기 통제를 더 어렵게 만든다. 물론 과로는 모든 상황을 악화시킨다. ADHD가 있는 아이의 경우에는 더욱 혼란스러울 것이다. 그런 아이들은 실제로는 매우 피곤하고 흥분한 상태이지만 겉보기에는 활기차 보이기 때문이다.

ADHD가 있는 만 9세 아이를 둔 부모를 만났다. 그 아이는 매우 흥분해 있고 불안감을 느끼는 상태였다. 부모는 아이가 학교생활에 잘 적응하지 못해 홈스쿨링을 시작했다고 했다. 그런 뒤부터 아이가 겪던 사회적 불안감이 많이 해소되었고, 여전히 남들보다 취침 시간이 늦긴 하지만, 전보다는 좀 더 수월하게 잠자리에 들 수 있게 되었다고 한다. 더 중요한 것은 학교에 가기 위해 정해진 시간에 일어날 필요가 없으므로 부모는 아이가 적정 수면 시간을 채울 때까지 늦잠을 자게 할 수 있었다. 그러자 아이와 부모 모두에게 아주 큰 변화가 생겼다.

이처럼 ADHD가 있는 아이에게 도움이 될만한 몇 가지 방법이 있다. 우선 복용하는 약이 수면 문제를 악화시킬 수 있으므로 투약 시간을 조정하고 아이가 잘 해내는 경우 적절한 보상을 해주면서 과도하게 피곤해지기 전에 잠자리에 들 수 있도록 취침 시간을 조정한다.

모든 방법을 시도해봐도 잘 안될 경우, 의사와 상담을 거쳐 수면을 도와줄 약을 복용하거나 전문가의 심리 치료를 받는 등의 방법을 고려할 수도 있다.

새로운 일과를 만드는 것보다 유지하는 것이 더 중요하다

지금까지 취침 시간, 밤 시간, 낮 시간 일과에 어떤 변화를 주어야 할지에 대해 살펴보았으므로 이제 아이의 일과에 많은 변화를 일으킬 준비가 되었을 것이다. 이 시점에서 다시 한번 변화에 대해 했던 충고를 기억해주기 바란다. 한 번에 너무 많은 것을 바꾸려고 하면 안 된다. 그리고 일과를 지키는 데 있어서 아이와 타협을 해서는 안 되며, 꾸준히 참을성 있게 지속해야 한다.

새로운 일과 정착에 도움이 되는 몇 가지 방법이 있다. 이 내용은 특히 막 걷기 시작한 정도의 유아들에게 도움이 된다. 이 시기의 아이들은 새로운 것을 시도할 때 부모의 도움이 더 필요하기 때문이다.

아이에게 어떤 도움이 되는지 설명한다

어린아이들에게 불쑥 새로운 상황을 이야기하면 잘 받아들이지 않는다. 아이에게 설명할 때는 부정적인 것(하지 말아야 할 것)이 아니라 긍정적인 것(해야 할 것)에 초점을 맞춘다. 바람직한 행동은 긍정적으로 설명을 해주면 시작하는 데 훨씬 도움이 된다. 예를 들면 '즐겁게 잠자리에 들기, 조용히 있기, 가만히 있기, 엄청나게 빨리 자기(또는 잠도 잘 자는 멋진 사람)' 같은 말을 사용하는 것이 '떠들지 말아야 한다' 등처럼 부정적으로 말하는 것보다 훨씬 더 효과적이다.

아이들은 이런 식의 접근에 놀랍도록 잘 반응하며 자신이 잠도 잘 자는 멋진 사람이 된 것에 대해 자랑스럽게 생각한다.

아이가 선택하도록 한다

아이에게 잠자리에 들기 전에 할 활동을 직접 고르도록 하면, 아이에게 취침 시간 일과가 좀 더 즐거운 시간이 될 수 있다. 예를 들면, 아이가 오늘 밤에는 이야기를 들을 것인지 아니면 명상을 해볼 것인지 고르도록 하는 것이다.

취침 시간 전 일과를 단계별로 보여주는 카드를 만들어 아이가 매일 밤 하고 싶은 일과를 고르도록 할 수도 있다. 카드에 그림이 그려져 있으면 더욱 좋다.

시각적인 것을 활용해도 좋다

아이들은 시각적인 것에 잘 반응한다. 그러므로 아이의 취침 시간 일과가 그려진 도표를 만들어 아이가 한 가지씩 완료할 때마다 별을 붙여주는 활동을 해도 좋다. 또는 아침이나 저녁 시간의 일과를 단계별로 나타내는 일과 카드 세트를 만들어 아이가 일과를 마칠 때마다 카드를 골라 우체통에 넣도록 하는 것도 추천하는 방법이다. 아이들은 시각적인 보조 도구들의 도움을 받으면 일과를 아주 빠르게 익힌다. 다음에 무엇을 해야 하는지에 대한 것이나, 상황에 따라 불필요한 일과가 있다면 아이가 부모에게 말해주기도 할 것이다.

아래와 같이 아침 시간이나 취침 시간 일과에 대한 표나 보드를 붙여놓는 것도 좋은 방법이다.[136]

저녁에 잘 준비를 해요		
할 거예요	지금 하고 있어요	했어요
• 불 끄기	• 잠자리 인사하기	• 동화책 읽기 • 잠옷 입기

아침에 일어났어요		
할 거예요	지금 하고 있어요	했어요
• 아침 먹기 • 엄마 아빠 꼭 안아주기	• 다른 가족 깨우지 않기 • 그림 그리기	• 내 방에 있기

아이들과 함께 취침 시간 일과를 나타내는 접착식 메모지를 만들어서 그 일과를 모두 마치고 나면 '했어요' 자리로 옮겨 붙이도록 한다. 접착식 메모지를 만지고 느끼고, 또 옮겨 붙이는 과정에서 손에 느껴지는 감각으로 인해 임무를 완수한 성취감은 더 커진다. 이런 시각적인 활동은 일과를 기억하는 데 도움이 될 뿐 아니라 일과 수행이 점점 더 쉽다고 느끼게 해준다.

반드시 보상이 필요하다

아이의 노력을 칭찬하며 찍어주는 도장이나 스티커, 풍선처럼 눈에 보이는 작은 보상을 해주면 더욱 효과가 좋다. 또 불평하지 않고 모든 일과를 마쳤다거나 며칠 내내 일과를 잘 수행했다면 더 큰 상을 줄 수도 있다. 아이는 어떤 종류의 보상에도 노력하는 모습으로 반응한다. 우선 날마다 줄 수 있는 작은 보상부터 시작한다. "일과 카드를 전부 붙이고 일찍 잠자리에 들면 내일 아침에 조그만 선물이 방에서 기다리고 있을 거야."라고 먼저 알려준다.

아이가 하루하루의 일과를 함께 만들 수 있고 일주일의 개념을 어느 정도 이해할 수 있는 경우에, 특히 아이가 달력을 볼 줄 알고 나날이 발전하는 자신의 모습을 인식할 수 있다면 주중의 일과를 모두 끝내고 해주는 주말 보상은 고질적인 수면 문제가 있는 아이에게 정말로 큰 도움이 된다. 주말에 영화를 보러 가는 일 같은 것도 아이에게 동기 부여가 된다. "월요일부터 금요일까지 매일 밤 카드를 다 붙이면 토요일에 영화를 보러 가자."라고 말하며 동기 부여를 해준다. 칭찬 스티커 판을 만들어 동그라미 표시를 해주거나 스티커를 붙여주는 것, 저금통에 넣을 동전을 주는 것도 모두 다 효과가 좋은 보상들이다. 가장 좋아하는 모자를 하루 종일 쓰게 해주거나 좋아하는 옷을 입게 해주면 좋아하는 아이들도 있다. 하루하루의 일과가 잘 지켜졌을 때 일주일 단위로 해주는 보상은 가족의 분위기에 따라 다양하게 정할 수 있다.

다만 보상은 일관성 있게 이루어져야 한다는 사실을 기억해야 한다. 약속한 대로 보상이 주어져야만 효과가 있다. 반드시 약속한 일과가 완수되었을 때 보상을 해야 한다. 즉, 계획이 완수되지 않았다면 보상은 없는 것이다. 물론 보상 방법을 사용하지 않는 부모도 있다. 보상을 주면 아이가 보상만 기대하거나 부모의 말에 따를 때마다 보상을 기대할 것이라고 생각하기 때문이다. 하지만 이런 문제는 부모가 모든 일에 보상을 해줄 때만 발생한다. 여기서 제안하는 보상 시스템은 한 가지 행동에 대해 단기적으로 해주는 보상이다. 아이 생활의 모든 측면에 걸쳐 보상 시스템이 사용된다면 그것은 전문가의 개입이 필요한 위험 신호이다. 대부분의 아이는 부모를 진심으로 기쁘게 해주고 싶어 한다. 그리고 아이는 보상을 통해서 자기가 하는 말과 행동의 결과가 무엇인지를 배운다. 그러므로 아이가 변화를 견뎌내고 취침 시간, 밤 시간, 아침 시간 일과에 대한 지시를 따른 것에 대해 부모가 해주는 보상은 아이의 습관을 바꾸는 데 큰 도움이 된다. 부모가 환하게 웃어주거나 기뻐서 안아주기만 해도 충분한 보상이 되는 아이도 많다.

아이가 이뤄낸 성취에 대해 축하해주어야 한다. 벽에 아이가 발전하는 모습 등이 쓰여진 달력을 걸고 아이가 자신의 발전을 직접 볼 수 있도록 한다.

성공 여부는 당장 나타나지 않는다는 사실을 명심해야 한다. 습관을 바꾸거나 새로운 습관을 만드는 데는 시간이 걸리기 마련이다. 따라서 부모가 먼저 일관성 있고 꾸준하게 그 시간을 견뎌야 한다. 부모가 최소 2주 동안 정해진 일과를 지키면 대부분의 아이도 자신의 일과를 정말 잘 지키게 된다.

제삼자의 마법

혹시 새로운 습관을 들이기가 어렵다면, 새로운 방법을 더 제안하겠다. 오래된 습관을 버리고 새로운 습관을 만들고 싶어 하는 아이들 그리고 그 가족들과 수십 년간 함께하면서 가족들을 힘들게 하는 몇 가지 문제점을 발견했다. 흔한 문제는 아이의 저항, 부모의 일관성 부족, 가족 간 갈등이었다. 결국 가족들이 최종적으로 얻게 되는 것은 아이의 행동 변화가 아니라 계속 실패하는 패턴, 즉 실패의 반복이었다. 실패가 반복된 원인들 중 하나는 아이가 가진 신비한 능력이었다. 아이는 부모의 다음을 흔들고 약해지게 만드는 능력으로 부모의 일관성을 흔들었고, 결국 행동의 변화를 이뤄내지 못했다. 습관을 바꾸려는 노력을 꾸준히 해보지도 못했다. 부모들이 새로운 방법을 시도해보다가 그 방법에 많은 노력이 들거나 즉각적인 효과가 나타나지 않으면 그대로 포기해버리는 일이 자주 있다. 또 다른 것을 시도했다가 꾸준히 유지하지 못하고 다시 그만두고 만다. 그 결과, 깨기 힘들만큼 견고해진 실패의 패턴만 남게 된다. 결국 신경만 날카로워지고 경우에 따라서는 부모와 아이의 관계가 무너지기도 하지만, 행동의 변화는 얻지 못하게 된다. 최악의 경우에는 희망을 잃기도 한다.

그럴 때는 부모 대신 다른 사람이 변화를 이끌어가는 것을 시작하는 '제삼자의 마법'이 필요하다. 나는 오랫동안 아이들을 치료해오면서, 긍정적인 말과 보상 시스템을 바탕으로 아이들에게 동기를 부여하고 아이들이 계속해서 시스템을 따르도록 독려했다. 그리고 규칙에 관해서는 결코 굽히지 않았다. 단호하면서도 친절하게 대하는 것이 치료의 핵심이었다. 이렇게 하자 제삼자의 마법이 일어났고, 아이들은 잠깐 까먹고 규칙을 어겼어도 아주 빠르게 시스템 안으로 복귀했다. 부모가 아닌 다른 사람의 개입이 효과를 낸 것이다. 하지만 내가 항상 함께 하지 않으면서도 아이들이 규칙을 잘 지키도록 하기 위해, 다양한 캐릭터를 만들어 집에서도 사용하도록 했다. 예를 들면, '반짝반짝 할머니' 캐릭터를 만드는 것이다. 반짝반짝 할머니는 부모가 괴물을 쫓는 데 도움이 되기도 하지만, 일과에서도 많은 것을 도와줄 수 있다. 일과 카드를 수행할 때 반짝반짝 할머니는 일과를 지시하는 보이지 않는 존재다. 아이에게 다음과 같은 말을 하면 된다.

- "반짝반짝 할머니가 이 닦을 시간이래."
- "반짝반짝 할머니가 불평하지 않고 이를 닦으면 동그라미 한 개를 주고 이를 깨끗이 닦았으면 동그라미를 두 개 주래."

- "반짝반짝 할머니가 책 읽어주기나 요가 중에서 골라도 된대. 어떤 걸로 할래?"
- "반짝반짝 할머니가 곰 인형도 잠들 수 있도록 은빛 마법 스프레이를 쓰래."

할 수 있는 이야기는 무궁무진하다. 이런 상상력 넘치는 이야기를 해주면 아이들은 아주 재미있게 계획을 실행해나갈 수 있다. 반짝반짝 할머니 같은 캐릭터만으로도 새롭고 유익한 습관이 만들어진다.

하지만 이런 것으로도 충분치 않다면 실제로 제삼자에게 도움을 요청하여 좋지 않은 생활 습관을 바꾸는 것이 좋다. 취침 시간이 전쟁터 같다면 아이의 하루 생활 중 다른 시간에도 전쟁 같은 일이 벌어지고 있을 가능성이 높다. 그런 경우라면 더욱 제삼자를 개입시키는 것이 도움이 된다. 다른 사람의 도움을 받으면 새로운 습관과 일과를 정착시키려고 할 때(특히 모두가 피곤한 상태여서 긴장감이 높아질 때) 부모와 아이 사이에서 생기는 갈등을 가라앉힐 수 있다. 생활 속에서 일어나는 문제 상황을 해결하면 잠자리 문제도 해결할 수 있다. 상황에 따라 친구나 가족 구성원이 갈등을 줄이는 역할을 할 수도 있다.

가끔은 환경의 변화가 습관을 바꾸는 데 가장 효과적일 수 있다. 따라서 며칠 정도는 고모, 삼촌 또는 할머니, 할아버지가 와서 아이의 잠자리를 도와주도록 하고 부모는 짧은 휴가를 떠나보는 것도 좋다. 아니면 며칠간 친척 집에 아이를 보내서 자고 오도록 하는 것도 좋은 방법일 수 있다. 아이를 돌보는 제삼자가 올바른 일과에 대해 알고 있고, 아이의 지연작전이나 취침 시간 골칫거리들에 휘둘리지 않는 한, 이것은 놀라운 효과를 낸다. 일단 새로운 일과가 집 밖에서 정착되고 나면, 그다음에 집으로 돌아와서 그 새로운 일과를 좀 더 보강하기만

하면 된다. 친척이 집으로 와서 이틀 정도 머물면서 처음 시작하는 새로운 습관을 도와주어도 좋다.

    이때 반드시 기억해야 할 것은 부모가 도와줄 차례가 되어 새로 시작한 일과를 함께할 때 아주 정확히 일과를 수행해야 한다는 것이다. 그렇지 않으면 효과를 얻을 수 없다. 도와줄 적절한 사람을 찾을 수 없다면 심리 전문가, 수면 전문가 등에게 도움을 청할 수도 있다.

4장을 마치며…
통잠 자는 아이로 키우는 방법

    아이의 수면 문제를 해결하는 데 있어서 가장 중요한 방법을 구체적으로 알아보았다. 먼저 집을 물리적·정서적으로 안전한 공간으로 만들고, 다음으로 아이가 잘 잘 수 있도록 바람직한 일과를 만들어주어야 한다. 이는 궁극적으로 아이에게 좋은 수면 습관을 길러주는 것과 같다. 부모라면 누구나 집에서 손쉽게 실천할 수 있는 것들이므로, 매우 효과적인 결과를 가져올 것이다.

    먼저 물리적 환경을 조성해야 한다. 빛, 소음, 온도, 안정감, 냄새, 공간, 잠옷 등의 요소가 모두 아이의 수면에 영향을 끼치므로, 아이의 침실을 수면에 최적화된 장소로 만들어야 한다. 그다음 동화책을 읽어주거나, 명상을 함께 하는 등 정서적 환경을 안정시키는 방법을 따르면 된다. 물리적·정서적 환경이 완벽하게 갖추어졌다면, 좋은 일과를 일관성 있게 지킬 수 있도록 돕는 것이 중요한다. 아침부터 취침 시간까지 모든 일과를 변화시켜야 수면 문제를 해결할 수 있을 것이다. 일과에 포함되면 좋은 일들을 다음과 같이 소개했다.

- **아침에는**… 기상 가능 시간을 정해준다 | 부모가 직접 아이를 깨운

다 | 적절한 보상을 해준다 | 실내 온도를 유지한다 | 영양가 높은 아침 식사를 준비한다 | 햇빛이 잘 들도록 한다 | 하루 일정에 대해 이야기 한다

• **낮에는**⋯ 낮잠 계획을 세운다 | 전자 기기에 노출되지 않도록 한다 | 신체 운동을 한다 | 뇌 활동을 돕는 일을 한다

• **저녁 및 취침 시간에는**⋯ 따뜻한 물로 목욕한다 | 건강한 간식으로 포만감을 준다 | 가벼운 신체 활동을 한다 | 다음 날 일정을 작성한다 | 부모와 아이가 스킨십을 한다 | 차분해지는 음악을 듣는다 | 잠자리 인사를 나눈다 | 취침 준비는 매일 같은 시간에 시작한다

최상의 수면을 위한 물리적·정서적 환경을 비롯해 일정한 일과를 지키면 아이는 혼자 자는 것은 물론 자다가 깼을 때 스스로 잠드는 방법도 자연스럽게 터득하게 될 것이다. 이때 중요한 점은 좋은 수면을 위한 법칙들을 꾸준히 유지하는 것이라는 점을 기억하자.

5장

건강한 기도의 중요성

아이의 수면은
기도 건강과
밀접하게 관련되어 있다

만약 수면 호흡 장애의 위험 신호를 발견했다거나 수면 문제가 더 심각해지고 습관으로 굳어지는 것을 예방하고 싶다면 근육 기능 치료를 고려해볼 필요가 있다.

기도 문제 때문에
잠을 못 자고 있을지도 모른다

아이의 물리적·정서적 환경을 개선하고 유익한 취침 시간, 밤 시간, 아침 및 낮 시간의 일과를 만들고 이를 잘 지킨다면 아이는 이전보다 훨씬 더 잘 자게 될 것이다. 물론 부모도 마찬가지다. 모든 것을 해보았지만, 여전히 위험 신호가 나타난다면 아이를 좀 더 깊이 들여다보아야 한다. 그런 경우 아이는 대체로 행동의 문제가 아니라 신체적 문제 때문에 수면 장애를 겪고 있을 가능성이 크다. 이제 잘 자는 것을 방해하는 신체적 원인에 대해 살펴볼 것이다. 어린아이들에게 물속에서 호흡하는 법을 알려주고 수영 잘하는 법을 가르치는 안전 요원처럼, 아이의 기도 건강을 살펴 아이가 최적의 호흡을 하고 질 좋은 수면을 취하도록 도와주는 안전 요원이 되어야 한다.

건강한 수면을 취하려면 기도가 건강해야 한다. 완벽한 수면 환경을 만들고 정해진 일과를 지킨다 해도 아이가 호흡을 잘하지 못하면 수면의 질은 떨어진다. 신체적 특징은 모두 타고나는 것이라고 생각하는 사람들이 많다. 기도 건강도 그저 타고나는 것일까? 아이의 기도 건강 상태는 지금 상태 그대로일 뿐, 더 좋게 바꿀 수 없는 것일까? 실제로 아이의 기도 형태와 발달에 있어서 부모가 많은 영향을 줄 수 있다. 이 사실은 무거운 책임감을 느끼게 하는 동시에 큰 위안을 준다. 심각한 문제를 유발할 수 있는 신체 상태가 부모의 노력으로 건강한 호흡을 하고 질 좋은 수면을 취할 수 있는 상태로 바뀔 수도 있다는 의미이기 때문이다.

입, 얼굴, 목구멍 근육이 제대로 발달하지 못했거나 비정상적으로 움직이는 아이들은 수면 호흡 장애를 겪을 가능성이 높다. 빨고 삼키고 호흡하고 씹는 데 사용하는 근육, 특히 어릴 때의 근육 움직임과 발달 양상은 수면 중 호흡과 그에 따른 수면의 질에 큰 영향을 준다.[137] 이와 유사하게 얼굴과 턱의 구조 및 형태도 수면 중 호흡과 수면의 질에 영향을 주는데, 턱이 성장하고 발달하려면 근육이 제대로 기능해야 한다. 따라서 아이에게 근육을 제대로 사용하는 법을 가르치는 것이 중요하다.[138] 비정상적인 근육 사용 습관을 완전히 개선하지 않으면 수면 호흡 장애는 평생 지속되거나 반복될 수 있다.

아이의 상기도 발달에 영향을 주는 것들

- 일반 유전학
- 얼굴, 입, 목구멍 근육의 움직임 및 형태
- 후성 유전학(환경적 요소 및 생활 방식)
- 건강 상태 및 면역력
- 임신 기간 중 건강

수면과 근육 기능 사이의 연관성

이제 근육 기능의 건강에 대해 이야기할 때다. 구강 안면 근육 기능의 건강에 대한 이야기로 시작해보자. '구강 안면'은 입과 얼굴을 가리킨다. '건강'이란 시스템이 최적의 조건에서 필요한 기능을 정확히 수행하는 상태를 말한다. '기능'은 시스템이 작동하는 방식을 뜻한다. 기능은 우리가 신체를 유지하기 위해 매일 그리고 하루 종일 하는 삼키기, 숨쉬기, 먹기, 마시기 등의 활동이다. 그런데 우리는 무언가를 씹는 동안 혀와 입술이 하는 일에 대해서 거의 생각해본 적이 없다. 숨을 쉬는 방식에 대해서도 마찬가지다. 우리는 즐거움을 느끼고 배고픔을 해소하기 위해 먹고, 살기 위해 숨을 쉬지만 그것은 그저 저절로 되는 일처럼 여겨진다. 하지만 건강한 신체 기능을 위해 미리 준비하려면 그 기능에 대해 잘 알고 있어야 한다.

좋지 않은 습관은 우리가 모르는 사이에 쉽게 몸에 밴다. 그럼 만일 나쁜 습관, 다시 말해 건강한 기능을 방해하는 생활 습관이 있다면 어떻게 해야 할까? 또 그런 습관이 있다는 사실은 어떻게 알 수 있을까? 근육에 대한 사전 예방적 접근법이 필요하다.

근육 기능 치료는 최적의 상태로 호흡하고, 빨고, 얼굴 근육을 움직이고, 먹거나 마시기 위해 구강과 얼굴 근육을 훈련하거나 재훈련하는 데 사용되는 치료 기술이다. 즉, 나쁜 버릇을 없애고 문제점을 교정하여 모든 근육이 하나의 시스템으로서 제대로 작동하도록 하는 것이다. 또 근육 기능 치료는 근육을 위한 이상적인 휴식 자세 습관을 들이는 것도 포함된다. 다시 말해, 근육이 할 일이 없을 때 취해야 할 형태를 연습시키는 것이다. 최대한 어릴 때 좋은 근육 기능 습관을 들이면 기도 건강과 수면의 질에 큰 도움을 준다. 왜냐하면 건강한 근육 기능은 뼈 성장, 특히 기도 구조의 기반이 되는 턱뼈 성장에 도움을 주기 때문이다.

근육 건강을 향상시키기 위한 훈련은 보통 혀, 입술, 볼, 턱, 목구멍, 그리고 머리와 목의 자세에 대한 근육 운동으로 시작한다. 이런 훈련을 통해 숨쉬기나 먹기처럼 생명에 필수적인 기능을 하기 위해 날마다 발생하는 근육의 움직임을 최적화할 수 있다. 근육의 이런 움직임은 기도의 개방성(열리는 정도)뿐만 아니라 목소리를 내거나 말을 하는 것과 같은 상기도 기능에도 영향을 준다. 상기도에서는 매우 많은 일이 일어난다. 근육 기능을 최적화하면 건강한 뼈 성장을 촉진할 뿐 아니라, 다른 의학적 문제들로 인해 기도의 크기가 작아지거나 폭이 좁아지는 상황을 최소화할 수 있다. 상기도 건강을 평생 유지하는 것은 신체적·정신적·정서적·사회적 능력에 필수적이다.

근육 기능이 원활한지 알아보자

근육 기능 검사를 할 때는 얼굴, 입, 목구멍의 모양부터 소리, 움직임까지 세 가지 측면으로 검사한다. 검사를 통해 각각의 크기 및 형태, 일상적 기능을 수행하는 모습, 근육이 일하지 않을 때의 위치를 정확히 알아낼 수 있다. 또 낮 시간과 밤 시간에 보이는 양상을 모두 검사한다. 입, 얼굴, 목구멍 근육의 기능 장애를 진단할 때는 다음의 내용을 살펴보면 도움이 된다.

- 휴식하는 근육의 형태
- 근육이 움직이는 패턴: 호흡하기, 씹기, 삼키기
- 입 습관

그다음, 기능에 영향을 주거나 관련이 있을 수 있는 요인들을 살펴본다.

- 얼굴과 상기도 통로의 크기·형태·구조
- 얼굴과 상기도 연조직(신체에서 힘줄, 혈관 따위처럼 단단한 정도가 낮은 특성을 지닌 조직)의 건강 상태
- 의학적·치의학적 문제 및 치과 교정 관련 문제
- 초기 발달 상태

이런 검사를 통해 근육 기능에 문제가 있다고 진단이 내려지면 이를 구강 안면 근육 기능 장애라고 한다. 이것은 안면부터 후두까지 이어지는 상기도의 모든 부분에서 발생하는 모든 종류의 기능 장애를 가리킨다.

구강 안면 근육 기능 장애는 후천적으로 생긴 것일 수도 있고, 타고난 것일 수도 있으며, 얼굴뼈 구조의 형태 혹은 크기 자체나 그것들의 불균형이 원인일 수 있다. 예를 들어, 위턱이 매우 좁다면 혀가 이상적인 위치에서 휴식하기 어렵다. 손가락을 빠는 버릇 때문에 위턱

이 변형되었다면, 위턱과 함께 치아의 모양도 변형되고 휴식하는 혀의 위치도 그에 맞게 바뀌어 앞쪽으로 나오게 된다.

상기도를 위한
근육 훈련의 중요성

상기도를 위한 근육 운동을 하면 폐쇄성 수면 무호흡증과 수면 호흡 장애를 완화할 수 있다는 사실을 보여주는 연구가 많다.[139, 140, 141, 142, 143, 144, 145] 근육 기능 치료를 통해 성인의 코골이 증세가 완화된 사례도 있고, 지속적 양압기 치료CPAP treatment(마스크 등을 통해 공기를 주입하여 막혀 있는 기도를 열어주는 수면 무호흡증 치료 방법) 효과가 높아지기도 했다.[146,147] 마리아 피아 빌라Maria Pia Villa 박사 등이 2017년에 발표한 논문에 따르면 입과 목구멍 뒤쪽 근육을 훈련한 결과 혀의 긴장도가 높아지면서 수면 호흡 장애와 구강 호흡 증상을 경감시키는 한편, 호흡 시 산소 포화도가 상승한 사실을 알 수 있었다.[148]

근육 기능 치료는 무엇일까

근육 기능 치료는 최근에 생긴 의학 분야로서 언어병리학 또는 치과 위생학 같은 기존 의료계 내의 세부 전문 분야이다. 근육 기능 치료는 아직 완전히 자리 잡히지 않았으며, 의료계 내에서의 업무 범위와 역할을 정립하려면 더 많은 연구가 필요한[149] 신생 분야이다.

근육 기능 치료가 주는 이점이 세계적으로 인정을 받기 시작했지만, 가장 많은 도움을 필요로 하는 부모와 아이는 물론 의사에게도 여전히 잘 알려지지 않았다. 이제부터 수면 문제가 있는 아이와 아이로 인해 마찬가지로 수면이 부족한 부모들에게 근육 기능 치료가 얼마나 도움이 되는지 보여주고자 한다. 근육 기능 치료는 의학적 치료를 대체할 수는 없지만 의학적 치료 및 치의학적 치료와 병행하여 구강 안면 건강을 강화하고 재활하며 관리하기에 완벽한 치료법이다.[150, 151, 152]

근육 기능 치료는 수면 장애의 보조 치료법이다

상기도에 문제가 있어서 수면에 영향을 준다면 의학적 또는 치의학적 소견이 중요하다. 하지만 상기도 문제는 의학적 레이더망에 포착되지 못하고 작업 치료사, 물리 치료사, 심리학자, 언어병리학자 또는 근육 기능 치료사 등 관련 치료사들에 의해 처음 발견되는 경우가 많다. 갓난아기를 포함하여 모든 연령대의 아이를 만나는 치료사들은 거의 대부분이 의학 분야의 최전선에서 일하고 있는 사람들이라고 볼 수 있다.[153] 그들은 근육 기능의 위험 신호와 상기도 문제를 살펴볼 것을 제안함으로써 부모의 주의를 환기할 수 있는 완벽한 위치에 있다. 또 모든 치료사에게는 관련된 위험 신호를 발견해야 할 윤리적 책임도 있다.

근육 기능 치료를 기도 관련 수면 장애의 보조 치료법으로 추천하는 수면 전문가들이 급증하면서, 근육 기능 치료에 대한 인식이 세계적으로 높아졌다. 브라질수면학회Brazilian Sleep Society는 국립 의학 학회로는 처음으로 근육 기능 치료를 기도 폐쇄성 수면 장애에 대한 표준 치료로 채택했고, 브라질 내 23명의 언어병리학자가 2018년에 관련 자격증을 받아 수면 장애를 치료하고 있으며, 자격증을 받는 사람들의 수는 계속 증가하고 있다. 프랑스수면의학회French Society of Research and Sleep Medicine도 근육 기능 치료를 소아과 폐쇄성 수면 무호흡증의 표준 보조 치료법으로 발표했다. 아시아소아청소년호흡기학회Asian Paediatric Pulmonology Society도 근육 기능 치료를 소아청소년 수면 무호흡증의 표준 치료법으로 채택하였다.[154] 미국치과교정학아카데미American Academy of Orthodontics도 건강한 치아 및 정상적 교합을 발달시키고 유지하는 데 있어서 근육 기능 훈련이 하는 역할을 인정했다. 게다가 미국소아과학회American Pediatric Association는 모든 임상의로 하여금 수면 호흡 장애 검사 실시를 의무화하는 내용이 담긴 주요 행동 지침서를 발표했다. 2017년에 프라하에서 열린 세계수면학회 학술대회 World Sleep Society Conference 중 응용근육기능학아카데미워크숍AAMS Workshop에서 발표를 맡았던 스탠리 류Stanley Liu 박사는 "근육 기능 치료는 수면 장애 관련 수술에서 잃어버린 연결 고리입니다. 수술을 통해 폐쇄성 수면 무호흡증의 증상은 완화되지만 결국 재발합니다. 따라서 수면 장애로 수술을 받는 경우 수술과 관련 있는 모든 단계에서 근육 기능 치료가 필요합니다."[155] 라고 말했다. 만약 수면 호흡 장애의 위험 신호를 발견했다거나 수면 문제가 더 심각해지고 습관으로 굳어지는 것을 예방하고 싶다면 근육 기능 치료를 고려해볼 필요가 있다.

근육 기능을 치료하는 두 가지 방법

내가 운영하고 있는 수면 클리닉에서는 두 가지 치료 방법을 개발하여 추천하고 있는데, 바로 '근육 최적화'와 '근육 교정'이다. 이번 장에서 근육 최적화 방법을 살펴보며 엄마나 아빠가 혼자 혹은 치료사와 함께 아이의 기도 건강을 최상의 상태로 만들어줄 방법을 찾아보려고 한다. 근육 기능 장애에 대한 판단, 진단, 치료에 초점을 맞춘 근육 교정은 부록 3의 근육 기능 치료 전문가 소개란을 참고하기 바란다.

근육 최적화는 얼굴, 입, 목구멍 근육이 가능한 한 어린 나이에 근육의 최대치까지 발달할 수 있도록 태어날 때부터(혹은 자궁 안에서부터) 근육을 최적화하는 것이다. 근육 기능 치료는 수면 호흡 장애가 없는 아이도 예방 차원에서 활용하면 도움이 된다. 이것은 주요 공중 보건 문제를 처리하기 위한 일종의 예방법이라고 볼 수 있다. 근육이 움직이는 일반적인 원리와 방식에 대해서는 아기가 태어나자마자부터 시작해 매일, 평생에 걸쳐 배울 수 있다.

가장 이상적인 상황은, 어렸을 때부터 기도 건강에 좋은 습관을 들여서 아이가 성장하면서 자연스럽게 관련 근육이 발달하는 것이다. 그러면 아이가 만 6세 정도 되었을 때 근육의 최적화를 이루게 된다. 따라서 어린 나이에 시작하는 것이 가장 좋다. 나쁜 버릇을 고치는 것보다 좋은 습관을 들이는 것이 더 쉽기 때문이다. 하지만 변화는 나이와 상관없이 일어날 수 있다. 그러므로 시작하기에 늦은 나이는 없다. 근육 최적화는 근육 교정 치료와 예방법을 하나로 합친 것이라고 할 수 있다.

근육 기능 치료 프로그램을 시작하기에 앞서 최적화 방법이 적합한지, 교정 방법이 적합한지 살펴보기 위해 아이의 상태를 검진하는 것이 좋다. 검진을 시작으로 최대한 어릴 때 근육 기능을 최적화하기 위해 아이 개개인의 필요에 맞춘 개별 프로그램이 만들어진다. 이제부터는 부모가 아이의 기도 건강을 최적화하는 데 필요한 지식을 얻을 수 있도록 근육 기능 치료에 대한 기본적인 접근법을 설명할 것이다. 이를 통해 공식적인 근육 기능 치료를 받지 않더라도 근육 최적화에 대해 많은 것을 알게 될 것이고, 또 그중에서 많은 것을 집에서 간단히 적용해볼 수 있을 것이다. 아이가 몇 살이든, 아기이든 취학 아동이든 혹은 앞으로 아이를 더 낳을 계획이든 이 정보는 확실히 도움이 될 것이며 동시에 아이의 기도를 아주 건강하게 만들어줄 것이다.

아이가 많이 성장한 상태라서 근육 최적화 시기를 놓쳤다고 생각하는 사람들도 좌절할 필요 없다. 10대 청소년의 근육 문제는 어린아이보다는 어른들의 문제에 더 가깝지만 적용되는 원리는 같다. 근육 기능 치료가 평생 필요할 수도 있다. 또는 아이가 아니라 부모의 기도나 습관의 문제를 발견하여 근육 기능 치료의 도움을 받게 될 수도 있다. 사실 가족이 함께 근육 기능 치료를 받는 것을 권장한다. 가장 좋은 것은 온 가족이 함께 참여하여 프로그램을 진행하는 것이다. 치료 프로그램을 가정에서도 잘 활용하는 부모도 많았다. 즐겁게 활동하고 그 활동을 일상생활과 연계함으로써 근육 기능 치료가 귀찮은 일이 아니라 자연스러운 생활의 일부가 되도록 하는 것이 프로그램의 핵심이다. 그렇게 되면 근육 최적화 프로그램에 참여하기 위해 굳이 병원에 갈 필요도 없어진다. 이것은 좀 더 궁극적인 목표이기도 하다. 하지만 의학적 진단이 내려질 수도 있는 문제를 가지고 있다면 병원에서 좀 더 집중적으로 치료를 받는 편이 낫다.

태어날 때부터
시작하는 기도 건강 관리

근육 최적화는 근육 움직임에 대한 바람직한 습관을 들이기 위해 만들어진 방법이다. 각 단계에 따라 근육 움직임이 어떻게 발달이 진행되었는지를 고려하여 상기도 근육 기능의 건강 상태를 살펴보고 최적화 목표를 설정한다.

1. 자궁 안에서
2. 모유를 먹을 때
3. 코로 숨을 쉴 때
4. 고형식으로 전환할 때
5. 말하기를 배울 때
6. 좋은 기도 상태를 찾기 위한 놀이를 할 때
7. 근육이 쉴 때

태어날 때부터 바른 습관을 들이는 것은 생각보다 간단한 일이다. 하지만 항상 쉬운 것은 아니다. 계속 주시하면서 발견해야 할 것들이 매우 많기 때문이다. 이 부분에 대해서는 단계별로 하나하나 짚어볼 것이다. 우선 최적의 발달에 필요한 것과 발달을 방해하는 것은 무엇인지 알아보고, 아이의 상기도 건강을 위해 부모가 할 수 있는 일을 살펴보자.

배 속에 있을 때 기도 건강이 결정된다

아기가 자궁 안에서, 그리고 태어난 후 몇 년간 빨고 삼키기 위한 근육 사용법을 터득하는 것이 질 좋은 수면을 위한 턱과 상기도 발달의 시작이다.[156] 어떻게 그렇게 될까? 임신 20주까지 초기 배아에서는 아기의 입이 될 부분이 성장하면서 혀와 입 공간이 발달한다. 그 뒤 임신 20주부터는 혀가 성장하여 뇌줄기(척수와 대뇌 사이에 줄기처럼 연결된 뇌의 부분)의 통제를 받게 되고, 임신 후기부터는 아기가 빨고 삼키는 동작이 활발해진다. 임신 후기 3개월간 자궁 안에서 일어나는 이 현상을 통해 아이는 태어나자마자 빨고 삼킬 준비가 되어 있다. 빨고 삼키는 연습은 위턱을 넓히는 데 도움이 되고, 아래턱 발달도 촉진한다. 자궁 안에서 실제로 숨을 쉬지는 못하지만 임신 9개월 정도가 되어 출산이 임박하면 아기는 배 속에서 숨쉬기와 유사한 움직임을 보인다. 폐의 발달은 임신 초기에 시작되지만 임신 후기가 되어서야 완성된다. 임신 후기에 폐포(허파로 들어간 기관지의 끝에 달려 있는 자루)가 생기고 작은 폐낭에는 산소가 가득 채워져 아기가 태어날 때 첫 번째 호흡이 가능해진다.

태어난 후에는 혀가 입천장에 닿아 있는 채 코로 호흡을 함으로써 위턱 성장을 촉진한다. 아기의 입안을 가득 채운 혀는 넓은 형태의 입천장에 닿은 채 휴식을 잘 취하고 있다. 혀가 입천장에 닿아 있으면 입천장이 넓고 평평한 형태로 유지될 수 있다. 그런데 만약 임신 중인 엄마에게 수면 호흡 장애나 다른 건강 문제가 있다면 그것이 자궁 내에서 일어나는 아이의 근육 기능 발달을 방해할 수 있다.[157] 우리는 흡연이 어떻게 저산소증을 유발하는지 알고 있으며, 임신 중에 흡연을 하면 아기 성장에 필요한 산소가 부족해져 저체중 출산이나 다른 문제가 생길 수 있다는 것 또한 잘 알고 있다. 다소 충격적일 수도 있겠지만 수면 중 호흡 문제도 임신 중 태아에게 영향을 주어 엄마와 아기에게 산소가 전달되는 것을 방해할 수 있다.[158]

수면 호흡 장애, 코골이, 폐쇄성 수면 무호흡증은 전자간증(임신 후반에 일어나는 독소혈증으로 혈압 상승, 부종, 단백뇨 등의 증상이 나타난다.), 임신 중 당뇨와 기타 합병증의 위험을 높여 엄마와 태아에게 모두 위험할 수 있으며 조산으로 이어질 수도 있다는 사실이 여러 자료를 통해 드러나고 있다.[159] 또한 임신이 진행될수록 기존의 수면 호흡 장애는 더 악화된다. 코 막힘은 체중을 증가시키고 그에 따라 혈압이 높아질 위험도 커진다.[160] 고혈압이 있는 임신부는 증상이 드러나지 않는 폐쇄성 수면 무호흡증이 생길 가능성도 크며, 그로 인해 고혈압이 더 심해질 수도 있다.[161] 고혈압을 유발하는 수면 장애로 면역력이 약해진 엄마는 건강 상태가 악화되고, 의사들이 태아의 느려진 움직임을 염려해 유도 분만을 통해 조산을 권유받을지도 모른다. 그리고 그 아기는 미성숙한 상태로 태어나 제대로 젖을 빨지 못할 수도 있다. 미숙아들은 임신 후기에 엄마 배 속에서 이루어지는 빨기 및 삼키기 훈련을 놓치기 때문에 적절한 근육의 움직임을 통해 강하게 모유를 빨아먹지 못한다. 따라서 미숙아에게는 모유 수유가 불가능하고, 그 결과 더 발전된 빨고 삼키기 훈련도 놓치게 될 뿐 아니라 초기 턱 발달도 잘 이루어지지 않는다. 임신 37주 이전에 태어난 아기들은 폐 또한 미성숙한 상태여서 상황이 더 악화될 수도 있다. 필수적인 빨고 삼키기 훈련을 하지 못하면 빠는 힘이 약해지고 근육들이 조화롭게 잘 움직이지 않아서 호흡과 모유 수유에도 어려움이 생길 수 있다. 더 심한 경우 젖병으로 먹는 것도 어려울 수 있다.

출생 전에도 할 수 있는 일은 있다

출생 전 자궁 안에 있는 동안 태아가 잘 움직이고 빨고 삼키기 같은 중요한 연습을 하도록 도울 수 있는 가장 좋은 방법은 무엇일까. 만약 곧 엄마가 될 것이라면 먼저 엄마, 그러니까 자신의 건강을 신경 써야 한다. 엄마의 건강은 아기의 신체 발달, 출생 시 신경계의 발달 상태, 호흡하고 젖을 빠는 능력에 크게 영향을 미친다. 이것은 장기간에 걸쳐 일어나는 연쇄 반응이다. 아기가 성장하고 연습할 충분한 기간을 주려면 가능한 한 빨리 잘못된 점을 찾아서 고치고 건강을 회복하는 것이 중요하다. 임신한 여성에게 코골이와 폐쇄성 수면 무호흡증이 있으면 태아에게 전달되는 산소가 줄어든다. 그러면 자궁 안에서 태아의 움직임이 둔화되어 필수적인 빨기, 삼키기 연습은 물론 호흡 연습도 덜 하게 되기 때문에 출생 후 숨을 쉬고 모유를 섭취할 준비가 제대로 이루어지지 않는다. 반대로 엄마가 건강하다면 태아는 자궁 안에서 얼굴, 입, 목구멍 근육을 적절히 움직이는 연습을 제대로 할 수 있게 되므로 출생 후 모유를 잘 먹게 된다.

아기의 건강은 엄마의 건강에서 시작된다. 특히 임신 중에는 더 중요하다. 즉, 엄마는 아기를 위해 적절한 체중을 유지하고 충분한 운동을 하며 스트레스를 잘 관리하고 잘 먹어야 한다는 뜻이다. 오염 물질에 노출되는 것을 최소화하는 것도 중요하다. 상기도 문제로 잠을 잘 자지 못한다면 담당 의사나 이비인후과 전문의와 상담하여 코로 편안하게 숨을 쉴 수 있도록 하는 것이 좋다. 더 심각한 호흡 문제를 겪고 있다면 수면 전문가를 통해 도움을 받길 권한다.

아기가 미숙아로 태어났거나 모유를 잘 먹지 못한다면 아기의 반사 운동을 이용하여 젖을 빠는 데 필요한 근육 움직임을 촉진시켜야 한다. 본질적인 의학적 치료를 병행한 근육 기능 치료나 구강 운동 치료를 통해 아이들의 신체 시스템이 작동하도록 돕는 것도 중요하다.[162]

모유 수유를 할 때 단순히 '잘 먹는 것'만 생각해서는 안 된다

태어날 때부터 첫 영구치가 나오기 시작하는 만 6세쯤까지는 입천장 봉합선(위턱뼈가 만나는 부드러운 부분)이 가장 부드럽고 잘 휘어지며 잘 움직이는 때이다. 사실 위턱은 머리와 얼굴의 다른 여러 뼈들과 연결되어 있다. 근육 기능은 봉합선에서 만나는 다른 뼈들의 성장 발달에도 영향을 주기 때문에, 머리와 얼굴뼈의 성장과 발달을 도울 수 있는 최적의 시기는 봉합선이 가장 부드러운 아주 어린 시기이다. 아기가 모유를 먹는 동안 빠는 운동에 사용되는 혀, 뺨, 입술의 움직임은 얼굴, 입, 턱의 성장에 도움을 준다. 얼굴뼈 발달은 태어날 때부터 만 2세 때까지 가장 빠르게 성장하므로 이 기간에 부모가 도와줄 수 있는 일이 아주 많다.

만 2세가 되기 전까지 해줄 수 있는 일

첫 번째로 입천장과 유치의 치아 싹을 둘러싼 잇몸을 혀로 강하게 밀어서 자극하는 것이 중요하다. 생후 6개월 동안은 모유를 먹는 행동을 통해 이런 자극이 일어난다. '엄마 젖이 가장 좋다'는 것은 모유의 영양상 이점 때문만이 아니라 모유를 먹는 행동 자체가 턱 성장과 최적의 기도 발달을 촉진하는 기본적인 근육 움직임을 일으키기 때문이다. 아이는 자라면서 얼굴과 입의 구조가 변화하는데, 그것은 수유 방법과 자세의 영향을 받는다. 근육의 움직임도 모유의 흐름과 수유 자세 같은 요인에 반응하여 적응하고 변화한다. 똑바로 세운 자세나 반쯤 세운 자세로 수유를 하면 수유하는 동안 혀가 입천장을 밀게 되어 입천장이 넓고 평평한 형태가 되도록 돕는데, 이렇게 변형된 넓고 평평한 입천장은 코로 호흡하는 데 도움이 된다. 효과적으로 모유 수유를 하려면 아기의 입과 볼을 유방에 밀착하여 입안을 꽉 채울 만큼 물려주어야 한다. 그러면 혀 뒷부분이 진공 상태가 되어 모유를 빨아들이고 식도로 넘어가게 한다. 이런 진공 작용을 통해 목구멍 뒤쪽에서 많은 움직임이 생기는데, 그런 움직임은 아기의 이관(귀의 압력을 조절하는 기관)이 적당히 열려 있도록 하는 요인이라고 여겨지고 있다. 근육 시스템이 최상의 상태로 작동하면 귓속 분비물 배출에도 도움이 된다.

유스타키오관이라고도 하는 이관은 목 뒤쪽, 대략 혀와 코 뒷부분이 만나는 지점에서 분비물을 배출한다.[163] 유스타키오관은 삼키기, 하품하기 등에 사용되는 목구멍 근육을 공유하고 있다. 즉, 삼키기를 잘하면 중이의 분비물 배출도 촉진한다. 분비물 배출이 잘 이루어지지 않으면 아이에게 중이염이라는 염증이 생기는데, 이것은 상당한 통증을 유발할 수 있다. 분비물이 염증이나 통증을 일으키지 않고 귓

속에 머무를 수도 있지만, 그럴 경우 아이의 청력이나 언어 발달에 문제가 생길 수 있다. 중이염이나 이와 관련된 청력 문제는 젖병으로 먹는 아기, 특히 누워서 먹는 아기에게 드문 일이 아니다.[164] 턱이 닫혀 있으면 혀가 위턱에 닿은 채로 쉴 수 있고, 그에 따라 위턱의 형태가 유지된다. 이것이 중요한 이유는 위턱이 입천장인 동시에 코의 밑바닥을 이루기 때문이다. 위턱의 형태가 잘못되어 있으면(너무 높거나, 너무 깊은 아치 형태이거나, 너무 좁으면) 수면 호흡 장애가 있는 아이에게 흔히 나타나는 치의학적 문제와 기도 문제가 생길 수 있다. 또 위턱이 좁다면 콧구멍도 좁을 수 있다. 이런 아이들은 코로 숨을 쉬거나 혀를 올리고 있는 것이 힘들기 때문에 상태는 점점 더 나빠진다. 반대로, ==위턱이 바람직한 형태로 넓게 발달하면 콧속 공간이 넓어져 숨쉬기가 쉬워지고, 위턱 크기와 관련이 깊은 기도 관련 수면 장애가 생길 위험성도 줄어든다.==[165]

체력을 기르고 좋은 자세를 유지하는 것도 매우 중요한 부분이다. 머리, 목, 몸통을 바른 자세로 유지하면 혀와 입술, 턱의 위치에도 좋은 영향을 준다. 사람의 몸 전체는 마치 커다란 퍼즐과 같아서 모든 부분을 조화롭게 잘 맞춰서 함께 작동시켜야 한다. 즉, 혀를 올리고 입술을 다물고 등을 펴야 한다. 미셸 에마누엘Michelle Emanuel은 ==아기를 엎어놓는 시간을 많이 가지는 것이 좋다고 말한다.== 그녀는 아기들이 건강하고 잘 정렬된 자세를 가질 수 있도록 도와주는 엎드려 놓기 TummyTime 치료법을 개발하기도 했다.

그렇다면 바람직한 혀의 위치를 방해하는 것은 무엇일까? 설소대 단축증을 가지고 태어난 아이는 혀를 움직이지 않을 때 혀가 입천장에 닿은 채로 쉬는 것에 어려움을 겪는다.[166] 혀 아래에서 조직을 연결해주는 부분을 설소대라고 하는데, 설소대가 짧은 경우를 가리켜 설소대 단축증이라고 한다. 설소대의 단축 정도 및 설소대 단축으로 인한 제약에는 여러 단계가 있다. 그 단계는 혀의 움직임과 혀가 휴식할 때 머무는 위치에 설소대 단축증이 미치는 영향을 분석하여 정해진다. 만약 혀의 운동성이 제한되고 젖을 빠는 데 방해가 되며 모유 수유를 하는 동안 엄마에게 통증이 생기는 경우에는 설소대 절단 수술을 하기도 한다. 이렇듯 설소대 단축증은 아기와 엄마에게 너무나 중요한 문제이므로, 2014년 브라질에서는 태어나는 모든 아기에게 설소대 단축증 검사를 시행하도록 하는 법이 통과되었다. 하지만 아기가 가진 문제의 원인이 설소대가 짧아서인지, 다른 기능적 문제나 수유 방법의 문제 때문인지 정확하게 확인하기 위해 철저한 검사를 해야 한다.

혀의 움직임이 자유롭지 못해 발생한 것처럼 보이는 구강 운동 문제 중에는 치료 요법을 통해 해결되는 것도 있다. 숙련된 의학 전문가들이 함께 문제를 논의하고 적절한 치료법을 결정하는 것이 가장 좋다. 특히 수유 문제 중에는 모유 수유 상담가의 도움을 받으면 해결되는 것도 많다.

건강한 기도를 위한 모유 수유

안타깝지만 젖병으로 먹으면 모유 수유를 했을 때와 같은 효과를 얻을 수 없다. 젖병으로 먹을 때는 아기의 혀, 볼, 입술 근육이 모유 수유 때와 전혀 다르게 움직이는데, 근육이 많이 노력할 필요가 없고 아기들은 그저 마시는 행위를 통해서 배를 채울 뿐이다. 아기들의 자세를 바로잡도록 유도하는 위험 신호도 전혀 나타나지 않는다. 모유 수유를 할 때는 자세를 반드시 바로잡게 된다. 모유 수유를 할 때 모유가 아기 몸으로 흘러 들어오도록 하는 압력 시스템도 젖병으로 먹을 때는 나타나지 않는다.

결론적으로 젖병은 잘못된 빨기 운동, 잘못된 턱의 움직임, 잘못된 혀의 위치를 유도한다. 입천장은 젖병의 젖꼭지 모양을 따라 변형되어 손가락이나 노리개 젖꼭지를 빨 때처럼 높고 좁은 형태가 된다. 또 혀가 휴식할 때는 기도가 건강하게 발달하도록 위턱으로 올라가 닿는 것이 아니라 아래로 내려앉는다. 누워서 젖병으로 먹는 아기나 유아들은 중이에 체액이 차거나 중이염이 걸릴 위험도 높다.[167]

젖병으로 수유를 하는 데에는 다양하고 많은 이유가 있을 것이다. 젖병 수유라는 대안이 존재한다는 것은 고마운 일이기도 하다. 수유 방법을 결정할 때에는 고려해야 할 점이 많다. 사회적 분위기, 모유 수유 상담가의 도움을 받을 수 있는 가능성, 가족의 결정, 엄마의 복직과 같은 사회생활 문제 등에 영향을 받아서 모유 수유를 지속하기가 어려운 상황일 수도 있다.

수유 방법을 선택하는 것은 꽤나 복잡하고 어려운 문제다. 가능한 한 아기에게 모유 수유를 하라고 권하고 있지만, 만약 젖병으로 수유를 할 수밖에 없는 상황이거나 젖병 수유를 선택했다면 아기의 바람직한 안면 발달을 위해 할 수 있는 일이 몇 가지 있다.

1. 반드시 똑바로 세워 안고 먹인다

이때 절대 젖병을 든 채 누워 있게 해서는 안 된다. 중이에 분비물이 차거나 중이염이 생길 수 있기 때문이다.[168] 따라서 최대한 똑바로 세워 안고 먹이도록 한다.

2. 올바른 젖병을 선택한다

얼굴과 입, 목구멍 근육이 최대한 모유를 빠는 모습과 유사하게 움직이도록 돕는 젖병을 사용한다. 모유 수유 방법을 완벽하게 재현할 수 있는 젖병은 아직 없지만 우유의 흐름을 조절할 수 있는 젖꼭지가 달린 젖병은 있다. 이러한 젖병을 사용하고, 아이 성장에 맞춰 더 세게 빨아야 먹을 수 있도록 조절한다. 최근에는 유방의 모양을 따라 만든 다양한 젖병 꼭지들이 있으며 이에 대한 연구와 기술 개발이 계속되고 있다.

수유 문제 해결에 도움을 줄 모유 수유 상담가를 찾아 상담하는 것도 좋다.

3. 구강 안면 근육을 사용하게 한다

마사지를 해주거나 관련 운동을 하도록 해주어도 좋다. 이렇게 하면 아기의 얼굴, 입, 목구멍 근육이 제대로 움직이게 할 수 있다.

어떤 방법으로 수유를 하든, 다음에 소개하는 놀이를 하면 구강 안면 근육을 조절하는 능력을 키울 수 있다. 아기가 당신을 보고 따라 할 수 있게 되면, 부모가 아기의 구강 안면 근육이 움직일 수 있는 최대 범위까지 움직이는 얼굴을 만들어 보여주도록 한다. 그럼 아기는 자연스럽게 부모를 따라 하게 된다.

- 혀를 입술 사이에 두고 진동시켜 '푸' 소리내기
- 큰 소리가 나도록 입맞춤하기
- 입술을 세게 붙였다 떼면서 '빵' 소리내기
- 입꼬리를 귀까지 끌어당기며 웃기
- 오리 소리내기

아기들은 소리내기를 좋아하고, 부모의 얼굴 표정을 따라 하기도 좋아한다. 아기가 얼굴을 따라 하거나 소리를 내면 부모는 아주 신난 모습으로 반응하면서 아기의 눈을 계속 바라본다. 그러면 아기들은 반복해서 따라 할 것이다. 까꿍 놀이도 아기가 열심히 쳐다보고 많이 웃도록 하는 훌륭한 놀이이다.

또한 크게 웃는 것은 목구멍과 얼굴 근육을 위한 좋은 운동법이다. 그리고 아기가 꺼물 수 있는 장난감을 많이 사용하여 아기가 깨물고, 깨물고, 또 깨물도록 유도하는 것도 좋다.

아이가 조금 더 컸다면 해줄 수 있는 일

귓속 분비물을 잘 배출시키려면 목구멍 뒤쪽과 유스타키오관 주위의 근육을 잘 움직일 수 있게 도와주는 활동을 하는 것이 좋다. 다음의 운동들은 유아(따라 할 수 있다면 바로 시작한다)와 학령기 아동에게 적합한 것으로, 귀의 분비물 배출을 돕고 목구멍 근육의 움직임을 유도한다. 그뿐만 아니라 비행기에서 압력 차이로 생기는 귓속 먹먹함을 힘들어하는 아이에게도 도움이 된다. 중이의 문제가 지속된다면 담당 의사나 이비인후과 전문의와 상담해야 하지만, 그렇지 않다면 간단한 활동을 집에서 해보자.

- **커다란 곰처럼 하품하기** | 막 겨울잠에서 깨어나 웃고 있는 커다란 곰이라고 상상한 후, 최대한 크게 하품을 한다.
- **입 다물고 하품하기** | 최대한 크게 하품을 하는 동시에 입은 꼭 다물고 있는다.
- **웃는 상어** | 크고 행복한 상어의 얼굴처럼 입을 크게 벌린 다음 모든 치아를 드러내어 보여준다. 그다음 물고기 떼를 한꺼번에 잡아먹는 시늉을 한다.
- **소처럼 씹기** | 소 흉내를 낸다. 맛있는 건초를 한입 가득 물고 씹는 흉내를 낸다. 턱을 오른쪽 그리고 왼쪽으로 움직이며 풀을 으깬다. 이때 반드시 입은 꼭 다물고 씹어야 한다.
- **깊은 바닷속 잠수부 되기** | 보물을 찾아 바닷속으로 잠수하는 잠수부처럼 행동한다. 물속으로 들어갈 때 손가락으로 코를 잡아 꼭 막고 입을 딱 다문 다음 볼을 공기로 빵빵하게 부풀렸다가 입을 다문 채로 공기를 뿜는다.
- **행복한 불도그 되기** | 몸집이 크고 행복한 불도그처럼 아래턱을 앞쪽으로 밀고 입술은 굳게 다문 채로 활짝 웃는다.
- **뛰어오르기 놀이** | 토끼처럼 깡충깡충 뛰어다닌다. 혹은 트램펄린 위에서 깡충깡충 뛴다.

구강 호흡보다는
코로 숨을 쉬는 것이 좋다

코로 숨을 쉬는 데 어려움을 겪는 아이들이 많다. 코로 숨을 쉬지 않는 아이들은 입술이 마르거나 부어 있고 잇몸에 염증이 있는 경우가 많다. 또 눈 아래가 푹 꺼지고 다크서클이 있으며 어깨도 축 처져 있다. 입을 벌린 채 음식을 씹고 입술이 계속 마르기 때문에 입술을 자주 핥는다. 이런 버릇이 있는 아이들은 침을 흘리는 등 침 조절에 어려움을 느낀다. 그러면 결국 입 주변에 붉은 발진이 생기기도 하고 입술이 마르고 갈라진다.

구강 호흡은 단순히 외모와 관련된 문제만이 아니다

구강 호흡은 구강 위생 문제나 입 냄새보다도 훨씬 더 심각한 문제를 야기할 수 있다. 구강 호흡을 하면 근육이 움직이는 데 있어 입을 벌리고 있는 것, 혀가 내려오고 앞으로 나오는 것 등과 같은 나쁜 습관이 생겨서 얼굴뼈와 턱이 비정상적으로 발달하고,[169] 그에 따라 수

면 호흡 장애에 더 취약해진다.[170,171]

얼굴뼈가 제대로 발달하려면 혀가 움직이지 않을 때는 입천장에 완전히 닿아 있어야 하고, 입술은 다물어져야 하며 등과 어깨는 똑바로 쭉 펴져 있어야 한다.

구강 호흡은 수면의 질을 떨어뜨린다

잠잘 때 구강 호흡을 하는 것도 문제가 된다. 입을 벌리고 자면 입 안이 산성화되고 건조해져서 충치와 입 냄새가 생기기 쉽다. 또한 잘 때 구강 호흡을 하면 혀와 입술이 잘못된 위치에서 휴식하게 된다. 만약 아이가 똑바로 누워서 구강 호흡을 한다면 아래턱과 혀가 뒤쪽으로 늘어지게 되어 기도가 좁아진다. 구강 호흡은 폐쇄성 수면 무호흡증처럼 심각한 문제는 아니지만, 수면 분절을 일으키고 수면의 질을 떨어뜨릴 수 있다.

구강 호흡은 알레르기, 감기, 천식, 코 막힘, 비대칭적이거나 좁은 코 형태, 편도선과 아데노이드의 비대 등으로 인해 시작되기도 한다. 단순하게 생각해서, 콧구멍이 막히면 코로 숨쉬기가 힘들어진다. 그런데 문제는 구강 호흡을 하면 할수록 더 많은 점액이 분비되어 코 막힘 또한 심해진다는 것이다.[172] 그렇게 되면 숨 쉴 때 점점 더 코를 사용하지 않게 되어서 코는 더 이상 제 기능을 하지 못하게 된다. 반면에 코로 숨을 쉬면 18% 이상의 많은 산소가 뇌로 전달되고 수면 주기를 충실히 거치게 되어 효과적이고 체력을 회복시키는 질 좋은 수면을 취하게 된다. 코로 숨을 쉬면 우리 몸을 위한 산소가 마련되고, 침 분비가 적절히 이루어져 입 냄새도 나지 않는다. 또 입천장 구조가 제대로 발달하게 되고 신체 기능을 진정시키는 부교감 신경계의 활동을 도와 스트레스를 감소시킨다.[173] 코로 숨을 쉬는 동안에는 산화 질소도 분비된다. 산화 질소는 자연적인 항생제 역할을 하며 폐에서 뇌로 더 많은 산소를 전달할 수 있게 해준다.

코로 숨 쉬는 것을 유도하는 방법

재미있는 방법을 이용해 아이들이 코로 숨을 쉬도록 할 수 있다. 코는 우리 몸이 공기를 들이마시기에 완벽한 기관이다. 코는 세 개의 장치, 즉 공기를 우리 몸에 들어올 수 있도록 데워주는 가열 장치, 병균의 침입을 막는 필터 장치, 우리 몸에 들어오는 공기가 너무 건조하지 않도록 만드는 가습기 장치를 가지고 있기 때문이다. "우리의 콧속에는 멋진 장치가 세 개나 들어 있대. 그게 뭔지 알아?" 이런 식으로 질문을 하면 아이는 흥미를 보일 것이다. 입을 벌리고 다니는 버릇이 있는 아이의 경우에는 규칙적으로 부드럽게 아이의 몸, 머리, 목의 위치를 바로잡으면서 입을 다물고 코로 숨 쉬도록 유도한다. 코가 막힌 상태에서는 하지 않아야 한다.

만 4세 이상의 아이들에게 코로 숨 쉬게 하는 연습을 시키고 싶다면 다음과 같은 활동을 따라 해본다. 아이에게 코로 공기를 들이마시고 내쉬라고 한 다음, 호흡이 필요해질 때까지 코를 잡고 살살 흔들어

준다. 호흡이 필요해지면 콧구멍을 열고 필요한 공기를 코로 천천히 들이마시도록 한다. 아이에게 혀누르개나 아이스크림 막대 같은 것을 입술로 잡고 있게 하여 코로 숨을 쉬어야 한다는 것을 기억하게 하는 것도 좋다. "코보다 입이 먼저 공기를 마셔버렸니? 자, 다시 한 번 하면서 이번에는 코가 공기를 들이마실 수 있는지 살펴보자." 이와 같은 이야기를 하면서 아이의 주의를 환기한다. 숨소리가 들리지 않을 정도로 조용히 숨을 쉬도록 하는 것도 좋다. 그럴 때 이런 말을 하면 도움이 된다. "아빠는 이렇게 못 할거야.", "엄마가 까먹지 않고 코로 숨을 쉬는지 한번 봐줘.", "누가 더 조용히 숨을 쉬는지 보자.", "누가 더 몸을 움직이지 않고 코로 숨을 잘 쉴 수 있는지 해보자." 대부분의 아이들은 이런 것을 좋아한다. 키득거리며 즐거워하는 아이들도 있는데, 키득거리는 동시에 코로 숨을 쉬면서 입술로 뭔가를 물고 있기는 쉽지 않다. 아이가 키득거리면서도 입술로 물건을 꼭 물고 있다면, 목구멍 뒤쪽 근육이 잘 움직이고 있다는 의미이므로 아주 잘하고 있는 것이다.

근육 훈련을 통한 기도 발달의 핵심은 잘 씹는 것이다

근육을 바르게 사용해야 기도가 잘 발달한다. 이는 건강한 잠으로 연결된다. 근육 훈련을 통한 기도 발달의 핵심은 잘 씹는 것이다.[174] 아기들이 음식을 씹는 행동은 턱과 얼굴뼈의 성장을 촉진한다. 씹고, 빨고, 삼키는 동작을 많이 하면 근육은 그와 연결된 뼈를 자극하며 움직이고, 그에 따라 얼굴과 두개골에 있는 거의 모든 뼈가 영향을 받는다. 그리고 그와 같은 움직임이 성장을 촉진한다.[175] 뼈가 부러진 후 회복 중인 사람들이나 골다공증이 있는 사람들이 운동을 하듯이, 씹기 운동을 통해 턱과 얼굴의 뼈나 두개골을 건강하게 만들 수 있다. 씹기 운동은 집중력과 스트레스 관리뿐만 아니라 뇌의 기능과 발달에도 필수적이다.[176,177] 씹기를 잘하면 음식을 잘게 쪼개서 위로 보낼 수 있기 때문에 씹는 것은 소화에도 꼭 필요한 운동이다. 노년기에도 씹기를 잘해야 전반적으로 건강하고 행복한 삶을 살 수 있다.[178]

씹기 운동이 잘 이루어지지 않으면 위턱의 구조가 좁아질 수 있다. 우리는 치아로 베어 물고 씹고 삼킬 때, 입안에서 얼마나 많은 일이 일어나는지 인식하지 못한다. 앞니를 이용해 음식을 베어 물면 혀는 그 음식을 열심히 어금니 사이로 보내 씹을 수 있는 자리에 가져다 놓았다가 씹기가 끝나면 잘 삼킬 수 있도록 혀의 뒷부분으로 옮긴다. 혀의 양쪽 측면은 삼킬 준비가 되면, 음식을 혀 가운데로 능숙하게 가져다 놓는다. 그리고 삼키기 위해 혀의 뒤쪽에 놓인 음식은 혀가 경구개를 밀면서 물결 같은 움직임으로 인해 뒤로 밀린다. 이때 음식이 편도선 주위를 건드리면 삼키기 반사가 일어나고, 음식을 받은 목구멍 근육이 위로 음식을 전달한다. 이러한 이유로 편도선이 큰 아이가 질감이 거친 음식을 싫어하고 조금씩만 씹어 삼키는 것은 당연한 일이다. 혀의 뒤쪽에 공간이 많지 않아서 음식을 삼킬 때 아프기 때문이다.

씹는 행위도 아이에겐 운동이다

보통은 생후 6개월쯤 시작하여 생후 12개월쯤이 되면 씹기 운동이 능숙해진다. 그리고 이때쯤에는 음식 삼키기를 할 수 있도록 혀끝이 윗니 바로 뒤에 있는 잇몸에 올라가 닿을 수 있어야 한다. 삼키기를 위한 혀끝의 위치는 [ㅌ], [ㄷ], [ㄴ], [ㄹ] 발음을 할 때와 같다. 한편, 치아는 입술에서 음식을 깨끗이 긁어 와야 하는데 그 움직임은 영어의 [f], [v]를 발음할 때와 같다. 만 2세쯤 되면 아기들이 완벽하게 음식을 씹고 삼킬 수 있어야 한다. 하지만 아이들에게 치명적인 질식 사고의 가장 흔한 원인이 음식이기 때문에[179] 아이가 직접 음식을 떠서 씹을 때는 여전히 주의를 기울여야 한다. 문제는 제때에 씹기 기술을 습득하지 못하는 아이들이 많다는 것이다. 이런 아이들은 일종의 학습적 무기력 증상이 나타나기도 한다. 젖병이나 빨아 먹는 컵을 사용하거나 부드러운 음식만 먹는 것도 일부 원인일 수 있다. 안타깝지만 요즘에는 부드러운 음식을 먹이는 것이 일반적이기 때문에 단단한 음식을 너무 늦게 먹이는 경우가 많다. 부드러운 음식을 먹을 때에는 근육 운동을 할 필요가 없으므로 얼굴 골격 변형이 유발되기도 한다.[180] 부드러운 음식 위주의 식단으로 인해 아래턱이 작아지고 뒤로 쑥 들어가거나 치아가 비뚤비뚤하게 자랄 수 있으며, 상기도가 비정상적으로 발달할 가능성이 높다.

음식 씹기를 늦게 시작하면 초기의 발달 기회를 놓치게 된다. 이럴 경우에 흔히 나타나는 씹기 문제나 습관들이 있다. 음식을 한쪽으로만 씹거나 다 씹기 전에 삼키는 것 등이 여기에 포함되며 구강 호흡을 하는 경우에도 제대로 씹을 수 없다.[181] 제대로 씹지 않는다는 것은 한쪽으로 씹기, 입 벌리고 씹기, 너무 빠르거나 너무 천천히 씹기, 소리 내며 씹기, 덜 씹기 등을 말한다. 특히 음식을 덜 씹으면 음식을 덩어리째 삼켜서, 위에서 소화시키기 어려워지므로 복부 팽만 같은 소화 문제가 생길 수 있다. 많은 아이들이 덜 씹는 문제를 가지고 있다. 심지어 학령기 아동, 10대 청소년 그리고 가끔은 어른들에게도 이런 버릇이 있다. 부모는 아이가 씹는 방식에 대해 잘 알지 못한다. 보통 식사 예절에 초점을 맞춰 관찰하기 때문이다. 식사 예절도 중요하지만 잘 씹어야 하는 가장 중요한 이유는 씹기가 구강 안면 발달과 기도 발달을 촉진하기 때문이다. 근육이 잘 움직여서 음식을 잘 분해할 수 있도록 씹는다면 식사 예절과 건강을 모두 지킬 수 있다.

잘 씹는 습관을 들이도록 부모가 나서야 한다

아기들의 경우에는 발달 단계에 맞춰 적절한 경도의 음식을 먹도록 해준다. 아기들은 보통 생후 6개월쯤에 숟가락으로 떠서 먹는 고형식을 먹기 시작한다. 아기가 숟가락으로 잘 먹게 하려면 부모가 숟가락으로 음식을 먹는 모습을 보여주면 된다. 숟가락으로 음식을 먹을 때, 아기를 반드시 안정감 있게 몸을 받친 채 똑바로 앉혀야 한다. 아기가 음식을 보고 입을 벌리기를 기다렸다가 깊게 파이지 않은 숟가락(이때, 아기 입 크기에 맞는 숟가락을 선택하는 것이 중요하다.)을 아기 입에 넣고 입을 다물기를 기다린다. 그런 다음 자연스럽게 숟가락을 빼낸다. 이때 숟가락이 위치한 높이를 유지하면서 빼내어 입안이 긁히지 않도록 주의한다.

아기가 만 2세쯤 되면 어른들처럼 혼자 음식을 떠서 먹을 수 있어야 한다. 부모가 항상 잊지 말아야 할 것은 자세, 자세, 또 자세다. 턱을 중립 위치(턱을 들어 올리지도, 내리지도 않은 위치)에 두고 똑바로 앉히는 것은 잘 씹는 데 있어서 아주 중요한 부분이다. 아기를 부모의 눈높이에 맞춰 앉히면 아기는 부모를 바라보면서 자연스럽게 턱을 중립 위치에 둘 것이다.

음식을 섭취할 때 75% 정도는 질기거나 단단한 음식이어야 한다. 이 수치를 가능한 한 빨리 이룬다면 근육 최적화를 아주 훌륭히 시작해낸 것이다. 대부분의 사람들이 아기에게 부드러운 곡물부터 먹이기 시작하지만, 사실 부드러운 음식은 최대한 줄이고 손으로 집어 먹는 음식을 주는 것이 좋다. 손으로 음식을 집어 먹으면 아기가 음식의 질감을 탐색하고 스스로 먹으면서 단단하거나 질긴 음식을 먹는 데 필요한 구강 운동 조절 능력이 발달되기 때문이기도 하다. 치아로 뜯거나 갈아서 씹어야 하는 단단한 음식을 놓은 뒤 아기가 스스로 골라 먹도록 해준다.[182] 하지만 아기가 도움을 필요로 할 수 있으므로 부모는 항상 옆에 머물면서 주의를 기울인다.[183]

씹기는 이가 나오기 전(보통 생후 5~9개월 사이)에 시작할 수도 있다. 실제로 씹기 운동이 이가 나오는 것을 돕기도 한다. 아기의 숨쉬기, 빨기, 삼키기에 도움을 주기 위해 턱의 발달이나 구강 근육 조절이 필요한 상황이라면 더 어릴 때부터 음식이 아닌 것 중 씹을 것(엄마의 손가락 끝부분의 살 같은 것)을 씹으며 놀게 해준다. 아기용 음식 망(뚜껑이 있으며 망사로 만들어진 것)을 이용하면 아기가 과일, 채소, 고기같이 단단한 음식을 씹어 먹도록 할 수도 있다. 이런 방법은 근육 긴장도가 낮거나 입안 감각이 떨어지는 등 구강 운동 조절이 잘되지 않는 아이에게 특히 도움이 된다. 음식 망은 부모가 온전히 아이만 관찰할 수 없는 상황일 때도 도움이 된다.[184]

아기가 생후 6개월에도 컵으로 물을 마시기 시작할 수 있다는 이야기를 들으면 대부분의 부모들은 매우 놀란다. 아기가 쏟아도 크게 문제가 되지 않을 만큼 적은 양의 물을 작은 컵에 담아 컵으로 먹는 연습을 시키는 것이 좋다. 엎지르는 것이 문제라면 빨아 먹는 컵보다는 뚜껑의 가운데가 움푹 들어가 있고 구멍이 뚫린 컵을 사용한다. 주둥이를 통해 빨아 먹는 컵은 젖병과 똑같이 근육 운동에 좋지 않다. 게다가 빨아 먹는 컵의 주둥이가 이 사이에 위치하면서 손가락이나 노리개 젖꼭지를 빠는 것처럼 아이의 치아 발달을 방해할 수 있다. 부모들이 빨아 먹는 컵을 이용하는 주된 이유는 엎지르는 문제 때문인 듯하다. 하지만 뚜껑 가운데가 움푹 들어간 컵은 옆으로 쓰러져도 구멍으로 나온 적은 양의 물이 테두리에 고일 뿐 완전히 쏟아지지는 않으므로 문제가 되지 않을 것이다. 아니면 입안까지는 들어가지 않을 정도로 짧아서 입술만 이용해 빨아 먹는 빨대 컵을 이용하는 것도 좋다.

안전성이 입증된 감각 자극 장난감도 아이들이 물고 씹는 것을 도와준다. 반드시 아이의 나이에 맞는 형태, 크기, 질감을 가진 장난감이어야 한다. 생후 18개월의 아이에게 씹는 근육 발달이 필요하다고 판단되면 다양한 씹기 도구를 사용해 근육 운동을 하게 한다. 아이들은 새로운 물건을 씹고 물어뜯고 입에 넣기를 좋아하는데, 이런 단계는 유아기까지 계속되며 경우에 따라 그 이후까지 이어지는 경우도 있다.

바르게 씹는 습관을 들이도록 도와야 한다

좀 더 성장한 어린이들이 음식을 잘 씹도록 도와줄 수 있는 방법도 많다. 먼저 아이가 코로 편안하게 숨을 쉴 수 있도록 한다. 일단 아이가 코로 숨을 쉴 수 있게 된 다음에 씹는 문제를 해결하는 것이 올바른 순서이다. 바르게 씹는다는 것은 입을 다물고 입안의 양쪽 면을 모두 사용하여, 동시에 그리고 균형을 맞춰서, 중간 정도의 속도로, 턱의 수직적 움직임과 미세한 수평적 움직임을 이용하여 음식이 충분히 부드럽고 걸쭉해져서 위로 넘어가도 될 때까지 씹는 것이다.

바르게 씹는 습관을 들이기 위해서는 연습과 격려 그리고 좋은 본보기가 필요하다. 저녁 식사를 하는 동안 잘 씹기 게임을 만들어서 함께 할 수도 있다. 아래에 좋은 시작점이 될만한 것들이 있다. 이 방법들은 보통 만 3세 혹은 만 4세가 지난 아이들에게 효과가 있다.

1. 연상 작용을 활용한다

연상 작용은 우리가 평소에는 떠올리기 힘든 행동을 학습할 때 매우 도움이 된다. 예를 들어, 동물들이 음식을 씹는 법에 대해 이야기하는 것이다. 개, 고양이, 토끼, 기린이 씹는 모습을 찾아보고, 부모가 기린이 된 척하면서 아이에게 씹는 모습을 보여준다. '점잖게 씹기', '공주처럼 씹기', '여왕과 함께 씹기' 등 흥미를 유발하며 아이에게 바르게 씹는 법을 가르친다. 언제나 아이를 한두 번 키득거리게 만들면서 바른 씹기 습관을 들이도록 해주면 좋다.

점잖게 씹으려면 윗입술을 아래턱에 고정시키고 입술은 꼭 붙인 채 씹는다. 이것은 흔히 볼 수 있는 불균형한 턱 움직임과는 다르다. 잘 씹는 방법은, 음식을 누르고 부수고 갈기 위해 치아가 열리고 닫힐 때마다 윗입술을 부드럽게 그리고 반복적으로 아래로 쭉 당기는 것이다. 잘 씹는 동물의 모델로는 겸손한 카피바라(중남미 지역 강가에 사는 큰 토끼같이 생긴 동물)가 으뜸이다.

2. 부모가 본보기를 보여준다

부모가 바르게 씹는 본보기가 되면 아이들은 굳이 가르쳐주지 않아도 저절로 따라 하게 된다. 이렇게 따라 하면서 아이는 씹는 법을 정확히 익힌다.

3. 아낌없이 칭찬해준다

아이가 잘 씹기 위해 노력하여 잘하게 되었다면 아낌없이 칭찬해야 한다. "와! 네가 방금 점잖게 씹기를 완벽하게 성공했어!" 함께 참여하고 소통하는 것은 아이에게 큰 격려가 되어 잘 씹기 위한 노력을 계속하게 된다.

"30초 동안 몇 번이나 씹을 수 있을까?"와 같은 도전 과제를 만들 수도 있다. 이렇게 가볍고 즐거운 분위기로 도전해보도록 한다. 하지만 가르치는 것에만 너무 집중하면 아이는 그 활동을 전혀 즐기지 못한다는 것도 명심하자.

4. 아이의 시각을 자극하는 것도 방법이다

올바르게 씹는 사진 또는 그림을 식탁 옆에 걸거나 둔다. 아이는 그 사진을 볼 때마다 음식을 어떻게 씹어야 하는지 떠올린다. 예를 들어 점잖은 얼굴이나 아이가 직접 색칠한 카피바라 그림이 있는 식탁 매트를 준비할 수도 있다. 뇌는 시각적인 알림 신호에 금세 적응하기 때문에 알림 신호의 효과는 2주 내에 사라질 수 있다. 효과가 떨어지면 다른 그림으로 바꾸면 된다.

5. 음식으로 재미있는 활동을 한다

아이들은 음식을 이용해 창의적인 활동을 하는 것을 정말 좋아한다. 배, 바닷속 장면, 재밌는 얼굴 등을 식재료로 만든다. 음식을 만들면서 재료의 질감을 느끼며 부드러운 것, 질긴 것, 단단한 것을 구분해본다. 음식을 만들고 나서는 점잖게 씹기와 미소 지으며 삼키기를 완벽히 수행하면서 질서 정연하게 음식을 먹으면 더욱 효과적이다.

6. 리드미컬한 음악을 듣는다

아이들은 씹고 우물거리는 속도와 유사한 빠르기의 리드미컬한 음악이나 노래를 매우 좋아한다. 이런 음악을 들으면서 씹으면 좋은 씹기 습관을 만드는 데 도움이 된다.

7. 아이에게 동기 부여를 해준다

아이들은 음식을 잘 씹을 경우에, 자기 입과 자기 배가 대화를 한다는 이야기를 들으면 즐거워한다. 이처럼 어떤 일을 해야 하는 이유를 아이가 알게 되면 아이는 그것을 더 열심히 하기 마련이다.

8. 보이지 않게 삼키도록 유도한다

씹고 나면 당연히 삼키게 된다. 그리고 잘 삼키는 것은 매우 중요하다. 음식을 잘 삼킨다는 것은 보이지 않게 조용히, 입술에 힘을 주지 않고 머리와 몸의 움직임 없이 삼키는 것이다. 똑바로 앉아서, 입술은 부드럽게 다물고, 혀는 입천장을 밀면서, 소리 없이, 혀를 앞으로 밀지 않고 삼켜야 한다. 이렇게 삼킬 수 없다면 근육 교정이 필요하다.

이런 기술들이 저절로 몸에 익어 습관이 되도록 할 방법은 많지만, 모든 방법의 핵심은 가족의 참여와 격려이다. 그리고 이 모든 과정에서 영양가 높은 음식을 먹이는 것도 중요하다. 아이로 하여금 잘 씹는 습관을 갖게 하려고 노력 중이라면 그 습관을 통해 얻게 되는 것을 생각해보라. 잘 발달한 얼굴 골격, 건강한 기도, 휴식과 회복을 돕는 충분한 수면 등을 아이에게 줄 수 있을 것이다.

말을 잘하도록 도와주는 방법에 대하여

<u>숨쉬기, 빨기, 씹기에 사용되는 근육들은 말하기에 사용되는 근육 체계와 같다.</u> 물론 이 모든 기능이 이루어지는 방식이 '근육 A를 B의 위치로 옮긴다'처럼 간단하지는 않다. 말하기와 언어 능력 사이의 상호 작용과 말하기를 제어하는 뇌의 과정은 더 복잡하다. 하지만 근육 기능 장애로 인해 비정형적 말하기 습관이 생기기도 하는데,[185] 얼굴과 입의 해부학적 구조와 기능을 고려하면 충분히 가능한 일이다.

대부분의 아기들은 생후 2~3개월 정도부터 입으로 소리를 내기 시작한다. 그리고 일반적으로 생후 12개월쯤에 한 단어로 된 말을 한다. 그런 다음 두 단어를 묶어 말하기 시작하고, 만 2세가 될 때까지 쓸 수 있는 어휘는 계속 늘어난다. 하지만 초기에 적절한 자극을 받지 못해서 말하는 시기가 늦어지는 아이도 많다. 많은 부모가 아기에게 이야기하는 법을 모른다. 그리고 아기가 '유아어'를 배우지 않도록 처음부터 '어른 말'로 이야기해야 한다는 생각이 부모들 사이에 많이 퍼져 있다. 아이가 말을 듣고 따라 할 어른이 있어야 하는 것은

사실이지만, 시기별 유아어, 노래해주는 목소리 등 많은 것을 듣고 배워야 한다. 이해할 수 있는 말소리를 단어와 문장으로 발전시키는 것은 분명한 소통을 위한 필수적인 작업이다. 분명한 말소리를 내는 능력은 얼굴, 입, 목구멍, 후두 근육 사용과 관련이 있다. 아기들은 아주 어릴 때부터 다른 사람의 얼굴 움직임을 따라 할 수 있으므로[186] 가능한 한 일찍 소리를 흉내 내고 부모의 과장된 얼굴과 목소리를 따라 할수록 상기도 근육 시스템도 그만큼 더 일찍, 더 완벽하게 활성화할 수 있다. 그리고 이것은 상기도 건강과 의사소통 발달에 도움을 준다. 사실 목구멍 근육을 여는 데에는 크게 소리 내어 웃는 것만큼 좋은 것이 없다.

많은 아이가 혀를 입천장에 대지 못하고, 크고 날카로운 딸깍 소리나 혀 차는 소리를 내지 못한다. 하지만 혀를 위로 올리는 것은 매우 중요하다. 넓고 잘 발달한 입천장을 가진 부시먼족 아이들을 기억하는가? 우리 아이들도 그런 입천장이 필요하다.

아이는 모든 종류의 소리내기를 좋아한다

아이가 말하기와 언어 능력에서 좋은 출발을 하기 원한다면 말하기와 언어 능력을 동시에 키워주는 활동들을 병행하는 것이 가장 좋다. 엄마 배 속에 있을 때부터 시작하여 태어난 이후에도 쭉 책을 읽어주는 것을 비롯해 이야기해주기, 콧노래 들려주기, 노래 불러주기를 계속하면 좋다. 아기가 아직 말을 할 수는 없지만 분명히 듣고 있으며 뇌는 이미 소리를 듣고, 그 소리를 신호로 만들고 소리 내어 말하고 언어를 습득하기 위해 들은 것을 기억할 수 있는 수준이 되어 있다.[187] 듣는 것은 말하기의 시작이다. 그러므로 많이 이야기해주고, 읽어주고, 노래해주어야 한다. 즉, 말을 하면서 아기와 즐거운 시간을 보내야 하는 것이다. 말을 하고 언어를 습득하는 것은 단순히 소리를 흉내 내기만 하면 되는 것이 아니라 활발한 상호 작용과 많은 양방향 절차가 필요한 일이다.[188] 그러므로 아기가 구구거리고 꺄르륵거리면서 소리내기 놀이를 하기 시작하면 부모도 같이 구구거리고 꺄르륵하는 것이 좋다. 이러한 반응은 아이에게 더 소리를 내라는 격려와도 같다. 이것이 바로 양방향 소통이다. 아기들은 모든 종류의 소리내기를 좋아한다. 아기들이 소리내기 놀이를 하다가 새로운 소리를 낼 때가 많다. 그런 소리를 들었다면 부모는 즉시 과장된 반응을 보이면서 그 소리를 따라 하면서 신난 모습을 보여준다. 그러면 아기는 딸깍거리는 소리, 쯧쯧대는 소리, 웃음소리를 더 많이 낼 것이다.

 초기에 나타나는 이런 식의 소리 따라 하기 놀이는 아기의 말하기, 구강 안면 근육 조절, 언어 능력에 도움이 될 뿐 아니라 부모와 아기에게 즐거움을 주며 두 사람의 유대감을 형성하는 것은 물론 대화도 가능하게 해준다. 이때 노리개 젖꼭지는 사용하지 않거나 사용을 줄일 필요가 있다. 입에 노리개 젖꼭지나 손가락이 들어가 있으면 소리내기 놀이를 많이 하지 않게 되기 때문이다.

아기가 다양한 소리를 내기 시작하면

아이가 소리를 따라 하면 부모는 말에 억양 변화를 더 많이 주도록 한다. 그렇게 해서 부모의 목소리가 음악적이고 흥미롭게 들리도록 한다. 아기들은 목소리 음악을 좋아하므로 아기가 입으로 소리를 내거나 말을 할 때마다 같이 입으로 소리를 내고 말을 해준다. 그리고 어른의 말로 아기에게 주변 세상을 설명해주는 습관을 들인다. 이때 과장하고 각색하는 것 역시 필요하다. 부모는 우스꽝스러울 정도로 과장하여 설명하고, 아기가 따라 할 수 있도록 다양한 얼굴 표정을 지어준다.

콧노래 하기, 노래 부르기, 말하기, 웃기, 쯧쯧거리기는 모두 입, 얼굴, 목구멍 근육을 움직이게 한다. 이 움직임은 말하기, 목소리 내기, 얼굴 표정 짓기, 씹기, 빨기, 삼키기를 할 때 나타나는 근육의 움직임과 같다. 이 모든 것들은 상기도 발달에 도움이 된다.

기도를 열기 위한 놀이와 활동

아기들은 소리를 내고 얼굴을 찌푸리는 것을 매우 좋아하는데, 이런 활동이 상기도 발달에 도움이 된다는 점을 생각하면 이것은 정말 고마운 일이다. 아이를 공원에 데리고 가서 신선한 공기를 마시게 하면 튼튼해지듯, 얼굴과 입을 움직이게 하는 운동법을 찾아서 따라 해보면 근육을 최적화하고, 아이가 근육을 인지하도록 도우며 조절 능력 역시 키워준다.

만약 아이가 언어 치료를 받는 중이라면, 그럼에도 아이가 별다른 진전을 보이지 않고 있다면 기도를 열기 위한 운동법이 전통적인 언어나 소리 치료법을 보완할 수 있다. 그리고 근육 긴장도가 낮은 아이들에게 사용해보는 것도 좋다. 재미있는 활동을 더 찾고 있다면, 아래에 나와 있는 저항 운동을 해보는 것도 좋다. 목구멍 뒤쪽의 움직임과 기능을 촉진하는 데 도움이 될 것이다.

- **볼 풍선 지키기** | 공기를 채워 볼을 크게 부풀린 다음, 다른 사람이 볼 풍선을 터뜨리려고 할 때 볼 안의 공기가 빠져나가지 않도록 지키는 것이다. 볼 안에 물을 채워서 다른 사람이 볼을 찌를 때 물 펌프를 만들어보는 것도 재미있다.
- **볼 찌르기** | 혀로 자신의 볼을 밀고 다른 사람은 볼 바깥쪽에서 손가락으로 그 혀를 민다.
- **걸쭉한 액체 빨기** | 걸쭉한 스무디를 두꺼운 빨대로 마신다.
- **걸쭉한 액체로 거품 만들기** | 걸쭉한 스무디 안에 두꺼운 빨대를 꽂고 불어서 거품을 만든다.
- **풍선 불기** | 공기가 빠져나오지 않는 밸브를 꽂고 풍선을 분다. 아니면 풍선을 불 때 불어넣는 숨 사이사이에 입술로 풍선 입구를 꼭 잡아 막는다. 이것은 불기 운동이 아니라 코로 숨쉬기 운동이다.
- **관악기 연주하기** | 관악기를 연주한다. 아이가 관악기를 연주할 때 내쉬는 숨 사이사이에 반드시 코로 공기를 들이마시도록 한다.
- **「레이디와 트램프**Lady and the Tramp**」 속 파스타 장면 따라 하기** | 연애 중인 개

두 마리가 입술로 국수를 끌어올리다가 결국 키스를 하게 되는 디즈니 영화 속 장면을 떠올려본다. 중간 정도로 익힌 파스타 면으로 해도 되고, 길게 벗긴 사과나 당근, 아니면 그 외에 다른 길고 섬유질이 많은 음식으로 해볼 수도 있다. 이는 언어병리학자 다니엘 갈리너Dan Garliner가 처음으로 만든 운동이다.[189]

나쁜 습관을 버리고 새로운 습관을 들일 것

이 모든 제안과 활동들은 목욕 시간, 식사 시간, 놀이 시간, 차로 이동하는 시간 등 날마다 해야 하는 일에 녹아들 때 가장 실천하기 쉬울 것이다. 근육 최적화를 위해서 생활 속에서 아이와 할 수 있는 것들이 많이 있다. 하지만 도움이 필요하다면 숙련된 근육 기능 치료 전문가를 만나 상담해볼 것을 권한다. 그들은 필요한 도움을 주고 활동의 책임자 역할을 해줄 수도 있으며, 아이에게 맞는 근육 최적화 방법을 찾아줄 것이다.

이런 치료가 아이의 생활과 발달에 주는 효과는 놀랍다. 그리고 때로는 부모에게도 도움이 된다. 부모들이 좋은 근육 기능 습관을 알게 되면서 아이와 함께 근육 운동을 하기 시작해, 부모와 아이 모두 완전히 좋은 습관을 만들어 건강한 삶을 되찾게 된 경우도 많다.

근육을 올바르게 쉬게 하기

아이 심지어 어른들도 입을 벌린 채 혀를 아래쪽으로 내려놓거나 앞으로 내밀고 축 늘어진 자세로 앉아 있는 모습을 자주 볼 수 있다. 이런 모습에는 바람직한 점이 하나도 없다. 그렇다면 바람직한 자세는 무엇일까? 앞서 말한 바와 같이, 바람직한 자세는 혀가 입천장에 완전히 닿아 있고 입술은 부드럽게 다물려 있으며 등이 바르게 펴진 자세이다. 입술을 다물고 있다는 것은 코로 숨을 쉬고 있다는 뜻이고, 등을 바르게 폈다는 것은 기도 모양이 바르게 되어 있다는 뜻이다. 따라서 이 세 가지 자세가 바르게 되어 있다면, 그것은 아주 이상적인 자세이다.

혀는 입천장에 닿게 올린다   입술을 부드럽게 붙인다   등을 곧게 편다
　　　　　　　　　　　　　　(반드시 코로 숨 쉰다)

아이들은 지시보다는 함축적 표현을 통해 더 잘 배우기 때문에 바른 자세를 위한 지시 사항을 주문처럼 만들어 알려주면 좋다. 이 주문을 말하기만 해도 아이들은 바로 완벽한 자세를 취한다. 아이들이 이 주문에 얼마나 빨리 적응하고 즐거워하는지 볼 수 있을 것이다. 다양

한 방식으로 이 자세를 실천하도록 하고, 그것을 가족의 일상생활 속에 융합시켜 자연스럽게 습관이 되도록 해야 한다.

근육이 아무것도 하지 않을 때 바른 위치에서 쉬도록 해주는 것은 근육이 일할 때 바르게 움직이도록 하는 것만큼 중요하다.

5장을 마치며…
기도 건강과 아이 수면 사이의 연관성

　우리는 대개 수면 문제의 원인을 행동 문제로만 여기는 경향이 있다. 하지만 의외로 행동 문제가 아닌, 다른 문제로 잠을 잘 못 자는 아이가 많다. 이들 대부분은 기도 관련 문제를 겪고 있을 것이다. 그렇기 때문에 아이의 기도 건강을 살펴 아이가 최적의 호흡을 하고 질 좋은 수면을 취하도록 도와주어야 한다. 입, 얼굴, 목구멍 근육이 제대로 발달하지 못했거나 비정상적으로 움직이는 아이들은 수면 호흡 장애를 겪을 가능성이 높으므로, 아이에게 근육을 제대로 사용하는 법을 가르치는 것이 중요하다.

　5장을 통해서 얼굴, 입, 목구멍 근육이 최대치까지 발달할 수 있도록 돕는 방법을 살펴보았다. 태어날 때부터(혹은 자궁 안에서부터) 근육을 최적화시킨다면, 수면의 질 향상에 큰 도움이 된다는 새로운 사실을 알게 되었을 것이다. 임신 후기에 엄마 배 속에서 태아는 얼굴, 입, 목구멍 근육을 적절히 움직이는 연습을 한다. 엄마가 건강하다면 이 훈련을 잘 수행할 수 있게 되고 이는 출생 후 모유를 잘 먹게 되는 것으로 이어진다. 모유 수유는 먹기 위한 행위이지만, 모유를 먹는 행동 자체가 턱 성장과 최적의 기도 발달을 촉진하는 기본적인 근육 움직임을 일으키기 때문에 아이의 성장 발달에도 중요하다. 그러므로 올바른 모유 수유 방법을 택하는 것이 좋다.

　더불어 구강 호흡의 위험성도 다루었다. 구강 호흡 대신 코로 숨을 쉬는 습관을 길러주어야 수면 호흡 장애에 영향을 끼치는 얼굴뼈와 턱이 문제없이 발달할 수 있다. 얼굴뼈가 제대로 발달하려면 혀가 움직이지 않을 때는 입천장에 완전히 닿아 있어야 하고, 입술은 다물어져야 하며 등과 어깨는 똑바로 쭉 펴져 있어야 한다는 사실을 기억하자. 또 음식을 씹는 행동 역시 얼굴뼈와 턱의 성장을 촉진한다. 그러므로 아이에게는 씹는 것이 기도 발달을 위한 근육 훈련이 되는 것이다. 바른 자세를 유지한 채 단단한 음식을 씹는 연습을 차근차근 해야 한다. 또 숨을 쉬고, 빨고, 씹는 등에 사용되는 근육은 말하기에 사용되는 근육과 같다. 그러므로 이러한 근육 운동을 잘하면 언어 발달도 잘 이루어질 수 있다. 이를 위한 연습 방법들이 이 장에 상세히 나와 있으므로, 집에서 꼭 실천하길 바란다.

　근육 기능 치료가 낯설게 느껴질 수도 있으나, 의학적·치의학적 치료와 병행하여 구강 안면 건강을 강화하고 관리하기에 안전하고도 완벽한 치료법임을 잊지 말자.

6장

전문가가 필요한 경우

전문가에게
도움을 청하는 것도
부모의 역할이다

수면 문제를 해결할 수 있는 최선의 방법을 찾으려면 아이에게 적절한 치료법을 제시할 수 있는 전문가와 함께 협력하는 것이 좋다.

때로는 전문가와 함께
아이의 수면 문제를
극복해야 한다

　아이의 수면 문제와 수면 호흡 장애의 징후가 가벼운 수준이라면 환경, 일과, 근육과 관련된 모든 정보들이 매우 유용하게 쓰일 것이다. 하지만 아이가 많이 컸고, 이미 나쁜 습관이 몸에 깊이 배어 있다 해도 낙담할 필요는 없다. 사람은 살면서 많은 사건과 어려움을 겪는다. 완벽한 삶, 완벽한 부모, 완벽한 아이란 거의 존재하지 않기 때문에 문제가 있다고 판단된다면 그것을 해결하기 위한 실천을 하면 된다. 마찬가지로 아이에게 이미 근육 기능 장애가 생겼다면 근육 기능 치료 전문가를 만나 앞서 언급했던 근육 교정을 받으면 된다. 아이 수면을 지키는 안전 요원으로서 아이가 물에 빠져 허우적대는 모습을 발견했다면 부모는 전문가의 도움이 필요하다는 것을 알 수 있을 것이다. 아이가 위험 신호를 보인다면 의학 전문가의 도움을 받아야 한다. 수면 문제와 상기도 문제를 전문적으로 다루는 의사, 치과 의사, 관련 의료 종사자를 찾아보는 것이 좋다. 이제 아이의 수면을 도와줄 적절한 전문가를 찾는 방법을 이야기해보자.

8년 만에 통잠을 잘 수 있었던 아이

만 8세 질리언Jillian은 그야말로 에너지 덩어리였다. 하도 쉴 새 없이 꼼지락거려서 별명도 '꼼지락 질리언'이었다. 부모는 질리언이 원래 그런 아이라고 생각했다. 질리언은 악몽 때문에 밤에 통잠을 자본 적이 없다. 통잠은커녕 거의 매일 밤 겁에 질려 잠에서 깨어서는 다시 잠자리에 들지 않고 이런저런 핑계를 대서 온 가족이 제대로 잠을 자지 못했다. 낮 시간 동안에도 무서운 생각을 떠올리게 하는 것을 보면 그 즉시 불안감에 휩싸였고, 그것이 또 질리언의 악몽에 나타났다. 낮에도 가만히 앉아 있지 못했고 계속 꼼지락거렸다. 질리언은 항상 흥분된 상태였다. 내가 처음 질리언을 만나게 된 것은 언어 문제(혀가 짧아서 'ㄹ' 받침 소리를 똑똑하게 내지 못하는 말소리인 혀짤배기소리)와 손가락 빠는 버릇 때문에 질리언의 치과 의사가 나에게 치료를 의뢰한 것이 계기가 되었다. 검사를 해보니 질리언에게서 다양한 수면 위험 신호가 발견되었다. 손가락을 빠는 버릇이 있을 뿐만 아니라 심각한 근육 기능 장애도 있었다. 치의학 및 구조 검사 결과 열려물림(입을 다물었을 때 위아래 앞니가 서로 닿지 않는 상태)과 부정 교합(위아래턱의 치아가 가지런하지 못하거나 정상적으로 맞물리지 않는 상태) 증상이 있었고, 위턱이 높고 좁아서 깊은 아치 형태를 띠고 있었으며 아래턱은 뒤로 쑥 들어가 있었다. 또 치아 무발생(질리언은 네 개의 치아가 부족했다.) 증상도 있었는데 이것들 모두 턱과 기도 발달에 문제가 있음을 보여주는 위험 신호였다. ADHD의 징후는 나타나지 않았으며, 질리언의 끊임없는 움직임은 수면이 부족하고 수면의 질이 떨어질 때 나타나

는 전형적인 행동이라고 볼 수 있었다.[190]

　손가락을 빠는 버릇과 함께 턱의 크기와 모양 그리고 위치 때문에 질리언의 입, 얼굴, 목구멍 근육은 계속해서 잘못된 움직임을 하고 있었다. 혀는 가만히 있을 때 위로 올라가지 않고 앞쪽으로 나와 있었으며, 입을 다물려면 턱을 힘겹게 당겨야 했다. 이 모든 위험 신호를 통해 질리언의 상기도가 잘 열려 있지 않으며 수면 호흡 장애가 있을 수 있다는 결론을 내렸다. 그리고 이것이 얕은 수면과 수면 분절 그리고 악몽의 원인으로 추정되었다. 질리언의 엄마는 질리언의 불안 증세에 대해 설명할 때 수면 패턴을 중심으로 이야기했다. 하지만 놀라운 점은 학교에서 전달받은 사회성, 학업, 행동에는 문제가 없었다는 사실이다. 아이의 징후를 보고, 분석한 결과는 모두 추정에 의한 것이었기에 이 분석과 관련하여 의학 및 치의학 전문가에게 진단을 받아야 하는 부분도 있었다. 하지만 이런 징후 분석을 통해 치료의 방향을 잡기가 훨씬 쉬워졌다. 질리언의 부모는 이전에 수면 전문가를 만나보라는 권유를 받았다. 하지만 그때는 치과 교정 상담만을 염두에 두고 있었다. 치과 치료를 받던 중 관련 연구 논문 자료를 바탕으로 턱 발달, 수면 분절, 기도와의 관련성을 조사해본 끝에 수면 전문가를 만나게 된 것이다. 손가락 빠는 버릇이 있었던 질리언은 중간 정도의 근육 기능 장애 진단을 받았는데, 높고 좁은 입천장의 구조상 기형이 그 원인으로 밝혀졌다. 그리고 수면 분석 결과에 나타난 심각한 상태로 미루어 볼 때 질리언은 밤마다 기도를 확보하기 위해 불침번을 서고 있는 것과 다름없었다.

　6개월 동안 질리언은 기도 공간을 넓히고 부정 교합을 교정하는 등 기도 중심의 치과 치료를 받았고, 동시에 손가락 빠는 버릇을 고치기 위한 근육 교정 프로그램에도 참여했다. 그러고 나서야 질리언은 밤에 깨지 않고 자기 시작했다. 사실상 8년 만에 처음으로 질리언은 3일 연속 통잠을 잤다. 3일 만에 질리언은 새로운 아이가 된 것 같았다. 밤 시간 동안 호소하던 극심한 두려움은 감소했고, 낮에는 가만히 앉아서 집중하는 모습을 보였다. 꼼지락 질리언이 이제 차분한 아가씨가 된 것이다. 질리언의 엄마는 잠을 잘 자게 된 이후에도 딸의 밝은 성격은 조금도 변하지 않았다는 사실에 기뻐했다.

질리언은 치의학 치료 및 치과 교정 치료를 마친 후, 근육 기능 치료를 다시 시작했다. 이 치료는 올바른 근육 습관을 완전히 정착시켜서 위턱 형태의 변화를 유도하는 동시에, 씹기와 삼키기 운동을 통해 아래턱 성장을 촉진하기 위함이었다. 마지막 치료를 마칠 때쯤 질리언의 엄마는 질리언이 밤에 자주 깨지 않고 잘 자고 있으며 다른 가족들 역시 잘 자고 있다고 했다.

한편 질리언의 부모는 질리언의 수면 습관을 바로잡기 위해 침대를 오가며 원하는 가족과 함께 자도록 해주는 등 수많은 방법을 시도했지만 문제가 완벽히 해결되지는 않았다. 그래서 질리언의 지연작전을 막고자 잘하면 보상을 해주는 방식을 사용했다. 보상은 지연작전을 없애는 데 효과가 있었다. 여기서 중요한 것은 질리언의 수면 생활 습관을 바꾸는 작업은 단계적으로 이루어졌으며, 아직도 진행 중이라는 사실이다. 그리고 각 단계마다 진전된 정도와 변화에 대한 검사도 이루어졌다.

치료가 필요한 상태라면 전문가를 찾아가라

아이의 수면을 개선하기 위해 부모가 직접 할 수 있는 일은 많다. 특히 행동이나 일과, 환경의 문제라면 더욱 그렇다. 하지만 치료가 필요한 문제에 대해서는 전문가의 도움을 받으면 더 빠른 방법을 찾을 수 있다. 질리언이 바로 그런 경우다. 경험이 많은 전문가라면 비슷한 문제를 가진 아이들을 수없이 많이 보았을 것이다. 그들은 병원에서 일하면서 조금만 노력해도 큰 변화를 얻을 수 있는 가벼운 증상을 가진 환자도 보고, 최악의 증상을 가진 환자도 보았을 것이다. 그리고 그들이 최상의 결과를 얻는 모습도 경험했을 것이다.

수면과 기도 문제를 다루는 전문가로부터 도움을 받으면 정확한 진단을 받을 수 있고 최신 연구와 치료법에 대해서도 알 수 있다. 따라서 최상의 치료법을 선택할 수 있고, 치료 과정에서도 지속적인 도움을 받을 수 있다. 증상의 개선 가능성 그리고 개선되는 단계를 명확하고 현실적으로 알 수 있을 뿐만 아니라 전문가들의 협력을 통해 심층적인 도움을 받게 된다.

이 모든 것의 궁극적인 목표는 문제를 해결하고 아이가 잠을 잘 잘 수 있도록 돕는 것이다. 아이 수면 문제 해결에 도움이 될만한 다양한 전문가를 비롯해 아이와 부모에게 가장 적합한 전문가를 선택하면 된다.

아이에게 딱 맞는 전문가를
선택하는 방법을 알아보자

앞서 이야기했던 질리언의 치료 과정에서 질리언의 수면과 기도 문제를 검사하고 있을 때, 질리언 가족의 지인이었던 치과 의사는 질리언의 기도 건강을 향상시키기 위해 내가 제안한 치료법에 동의하지 않았다. 심지어 그것이 질리언의 부모가 제안받은 몇 가지 치료법 중에서 직접 선택한 것이었는데도 말이다. 그뿐만 아니라 치과 의사는 질리언의 담당의가 아니었는데도 이 치료에 찬성할 수 없다는 의견서를 보냈다. 이처럼 수면 의학은 새로 생긴 학문 분야여서, 기도 관련 장애의 진단과 치료법에 대해 의학계 및 치의학계 내에서도 중요성에 대한 인식이 부족한 실정이다. 바로 이것이 아이를 도울 전문가를 찾고 선택하기 어려운 이유이다.

다행히 수면과 기도 건강의 중요성을 인식하는 의학 전문가들이 점점 많아지고 있다. 이런 양상은 2017년 프라하에서 열린 세계수면학회 학술대회에서 명확히 드러났다. 그 학술대회에서 40명이 넘는 수면 의학 분야의 선두주자들이 기도 관련 수면 문제를 관리하는 데 있어서 근육 기능 치료의 역할을 인정했다. 수면 의학 분야는 지금도 여전히 활발한 연구가 진행 중이다. 그리고 이 분야에 대한 지식을 더욱 넓히고 수면 문제와 관련한 모든 의학 및 치의학 분야에서 사용할 수 있는 수면 의학 임상 지침서를 만들려면, 그리고 가능한 한 빨리 아이들이 치료를 받을 수 있게 하려면, 수면 의학 분야에 대한 더 많은 연구가 필요하다.

가족에게 적합한 전문가를 찾으려면 당신이 만난 의사, 치과 의사, 전문가 또는 의료 종사자가 수면 문제를 심각하게 다루고 있는지, 또 그들의 신념과 치료법이 아이의 수면 상태 및 기도 건강 상태와 잘 맞는지 확인해야 한다.

걱정이 되는 부분과 도움을 받고 싶은 부분을 설명하자

아이를 위한 전문가를 찾고 있다면, 아마도 아이의 기도 문제에 대한 위험 신호를 발견하고서 걱정을 하는 상태일 것이다. 먼저 걱정이 되는 부분을 전문가에게 이야기하는 것도 좋다.

- "아이가 수면이 부족해서 걱정이에요."
- "아이가 잠을 제대로 못 자는 것 같아요."
- "아침에 개운한 모습으로 일어나지 못해요."
- "항상 피곤해 보여요."

그다음 도움을 받고 싶은 부분을 전문가에게 설명하면 된다. 다음의 질문들은 전문가가 수면 및 기도 문제를 중요하게 생각하는지 알아보기 위한 것이다. 전화로 문의할 때나 치료 일정 때문에 병원을 직접 방문했을 때 혹은 담당 의사나 소아청소년과 전문의에게 다른 분야의 전문가에 대한 정보를 요청할 때 다음의 질문을 해본다면 더 적절한 사람을 소개받을 수 있을 것이다. 여기 나온 질문을 모두 해야 할 필요는 없다. 병원에서 상담을 해주는 사람 또는 방문 목적에 맞게 한두 가지 정도의 질문만 골라서 하면 된다.

- 이 병원에서는 수면 상태를 확인하는 질문지를 사용하나요?
- 이 병원에서는 수면의 양과 질을 모두 살피나요?
- ADHD와 유사한 징후를 보이면 수면 검사도 하나요?
- 수면 또는 기도와 관련된 진단을 내릴 수 있는 수면 전문가가 함께 일하고 있나요? 아니면 필요에 따라 그런 전문가에게 환자를 의뢰하나요?
- 필요한 경우 수면 다원 검사를 할 수 있나요?
- (치과 의사나 치과 교정 전문의를 찾아갔을 때) 치아와 턱, 기도의 건강 상태를 검사하나요?
- 수면 문제나 기도 건강 문제에 대해 즉각적인 치료를 권하는 편인가요? 아니면 좀 기다리면서 지켜보는 방식을 택하나요?
- 수면 문제가 있는 경우에 수면과 기도 문제를 다룰 수 있는 이비인후과 전문의 혹은 치과 의사, 알레르기 전문 의사, 심리학자, 근육 기능 치료 전문가 등이 있나요?
- 이 병원에서 수면 문제를 다루지 않는다면 수면과 기도 문제에 대해 추천하고 싶은 전문가는 누가 있나요?

부모가 만난 치과 의사, 의학 전문가 또는 의료 종사자가 부모가 발견한 수면 위험 신호에 대한 걱정을 심각하게 받아들이는 모습에 마음이 놓인다면, 아이에게 적합한 전문가를 찾은 것이다.

전문가는 아이의 상태를 호전시킬 수 있다

수면과 기도 문제의 해결을 도와줄 전문가나 의료 종사자는 매우 많고 또 다양하다. 수면 문제를 해결할 수 있는 최선의 방법을 찾으려면 아이에게 적절한 치료법을 제시할 수 있는 전문가와 함께 협력하는 것이 좋다.

소아청소년과 전문의부터 수면 전문 의사 및 소아 수면 전문가, 치과 의사, 치과 교정 전문의, 이비인후과 전문의 등을 비롯해 알레르기 전문 의사, 소화기내과 전문의, 신경과 전문의, 외과 전문의, 정신과 전문의, 근육 기능 치료 전문가도 찾을 수 있다. 또 호흡 교육 전문가, 언어병리학자, 작업 치료사, 물리 치료사도 아이의 수면 장애에 대한 조언을 해줄 수 있다.

수면 이상을 겪고 있다면 수면 전문가, 신경심리학자, 심리학자, 행동심리학자, 정신과 전문의, 수면 코치, 보육 전문가, 산부인과 전문의, 신생아 전문의, 모유 수유 상담가 등과 논의해봐도 좋다.

각 전문가별 자세한 설명은 부록 3에 상세하게 소개되어 있다.

함께 노력하면 훨씬 효과적이다

의학 전문가들은 아이가 가진 수면 장애나 수면 이상을 치료하는 데 도움을 줄 것이다. 하지만 부모가 가장 중요한 역할을 맡은 사람임을 기억해야 한다. 즉, 최고 안전 요원이다. 최고 안전 요원으로서 아이에게 발생한 문제를 인지하고, 혹은 수면 문제를 조기에 발견하면 그것이 장기적인 수면 장애로 발전하는 일을 미연에 방지할 수 있다.

전문가가 부모에게 해결책을 제시하거나 해결하는 방법을 알려줄 수는 있지만, 그 방법을 가정에서 따르고 관리하는 것은 부모의 몫이다.

적합한 전문가와
적절한 치료 방법

해리Harry의 엄마가 나를 찾아왔을 때 해리는 만 6세였다. 그녀는 해리가 가진 중요한 문제를 정확히 찾아냈고, 해리의 근육 기능 문제가 해리의 수면 분절과 관련이 있을 뿐 아니라 낮 시간 동안의 행동 문제와 성격에도 영향을 준다고 생각했다. 그녀는 매우 관찰력이 좋고 현명한 엄마였다. 그리고 그녀의 말이 모두 사실임이 밝혀졌다. 해리는 근육이 약하고 상태가 좋지 못했다. 또 구강 호흡을 했으며 만 2세 때부터 코를 골았고 위턱이 매우 좁았다. 해리는 8주에 걸친 근육 교정 치료 과정에 참여했다. 처음에는 근육이 마음대로 움직이지 않아 매우 힘들어했지만, 해리는 금세 치료를 몸에 익혔고, 근육 기능 치료 성공의 상징이 되었다. 해리의 가족은 모두 집에서 근육 기능 치료를 병행했다. 해리의 엄마가 온 가족의 참여를 유도한 덕분에 가족 모두가 새로운 씹기, 삼키기, 숨쉬기 습관을 갖게 되었다. 해리는 근육 기능 치료 방법 중 하나인 물을 입 안에 머금은 채로 18분 동안이나 있었다. 입천장까지 닿도록 많은 양의 물을 머금고 있어야 했기에 아이에게 이것은 정말 긴 시간이다.

단 8회의 병원 치료와 집에서의 꾸준한 연습 결과 해리의 밤 시간과 낮 시간 징후의 80%가 사라졌다. 그뿐 아니라 해리는 자신감도 높아졌고 스스로가 이룬 것에 대해 자랑스러워했다. 하지만 치료가 완전히 끝난 것은 아니었다. ==새로운 습관이 몸에 밸 때까지 정기적인 후속 근육 기능 치료가 필요했다.== 아울러 혀의 움직임에 제약이 발생할 수 있는 상태였고 알레르기와 좁은 아치형 입천장 때문에 의학 및 치의학적 후속 치료도 병행해야 했다. 해리는 모든 가족이 동참했을 때 얻을 수 있는 것이 무엇인지 보여주었다. 가족의 말에 따르면 모두가 훈련을 즐거워했다고 한다. 대부분의 ==아이들이 새로운 습관을 들이고 그것이 생활의 일부가 될 정도로 익숙해지려면 보통 12개월 정도가 걸린다.== 아이의 기도 건강은 영양 상태와 운동, 스트레스 그리고 생활 속 오염 물질 등에 영향을 많이 받는다. 생활 습관을 잘 관리하고 수면을 우선시하면 아이의 미래를 바꿀 수도 있다. 이미 물려받은 유전자에 의해 크게 좌우되고 있는 것은 사실이지만, 후천적으로 우리가 가진 얼굴 형태와 기도 발달에 영향을 줄 수 있다.

도움을 받을 수 있는 전문가를 찾는 것과 함께 부모가 영향을 줄 수 있는 부분을 알고 있으면, 아이의 안전 요원으로서 훌륭한 자질을 갖춘 것이다. 부모는 아이가 삶에 꼭 필요한 깊은 수면을 취하고 최적의 기도 건강을 유지하는 데 큰 도움을 줄 수 있다.

해변에는 언제나 한 명 이상의 안전 요원이 있다

 부모와 다른 전문가들은 힘을 합쳐 다양한 방법으로 아이를 돌봐야 한다. 아이들이 그리고 가족들이 필요로 하는 것은 모두 다르기 때문에 더 큰 규모의 팀이 필요할 때도 있다. 특히 특정 증후군이나 장애 진단을 받은 아이의 경우에는 더 그렇다. 전문가들은 아이가 적절한 수면 법칙을 배울 수 있도록 도울 것이다. 하지만 부모가 맡은 안전 요원의 임무는 계속된다. 부모가 전문가에게 받은 지시를 끝까지 해낸다면 아이의 증상은 무척 좋아질 것이다.

 아이의 수면과 기도 기능을 바로잡는 안전 요원의 역할을 하는 데 있어서 부모는 아이의 건강, 성장, 발달의 모든 측면에서 깊은 영향을 준다. 아이가 건강하고 행복한 삶을 사는 것은 물론 가진 잠재력을 모두 발휘할 수 있게 해줄 수도 있다. 즉, 아이가 자신이 보여줄 수 있는 최상의 모습으로 성장하도록 도울 수 있다는 것이다.

6장을 마치며…

심각한 상황에 처한 아이를 위한 효과적인 문제 해결 방법

많은 부모들은 아이의 수면 문제 역시 오로지 부모가 해결해야 한다고 여겼을 것이다. 하지만 이는 아이와 부모 모두를 더욱 힘들게 할 뿐이다. 너무 지치고 괴로운 나머지 아이의 수면 문제를 해결하는 것을 포기하고, 시간이 지나면 자연스럽게 해결될 것이라고 생각했을지도 모른다. 앞서 다뤘던 내용 즉, 환경과 일과를 바꾸고 기도 문제를 점검했는데 아이의 수면 문제를 해결하는 데 한계가 있다고 느껴진다면 적절한 전문가를 찾으면 된다. 6장에서는 아이에게 꼭 필요한 도움을 제공할 수 있는 전문가와 그들이 해줄 수 있는 치료 방법에 대해 소개했다.

다양한 문제를 가진 아이를 수없이 많이 접한 경험이 있는 전문가들은 문제를 빠르고 명확하게 파악할 수 있으며, 최상의 결과를 얻을 수 있는 치료 방법을 부모에게 제안할 수 있다. 8년 만에 통잠을 잘 수 있었던 질리언의 치료 사례에서 볼 수 있듯이, 아이의 수면 문제를 근본적으로 해결하기 위해서는 치료의 방법과 과정이 단계적으로 이루어져야 한다. 다시 말해, 수면 문제의 원인이 오직 한 가지가 아닌 것처럼 한 가지의 치료 방법으로 모든 문제를 해결하긴 어렵다는 것이다. 여러 전문가들이 협력해 장기적인 치료를 요하는 경우도 많다. 전문가를 찾았을 때, 부모가 먼저 아이의 상태를 자세히 설명해주는 것이 필수다. 그다음 걱정하는 부분과 도움을 받고 싶은 부분을 이야기하면 된다. 수면 문제를 가볍게 생각하는 전문가가 있는 반면 아이에게 치명적인 영향을 끼치는 심각한 사안이라고 생각하는 전문가도 있다. 그렇기 때문에 전문가가 수면 문제를 진지하게 생각하고 있는지를 확인할 수 있는 질문을 건네고, 상담을 거쳐 아이에게 적합한 전문가인지 파악해야 한다.

부록 3에 아이에게 더 다양한 도움을 줄 수 있는 전문가들과 그들의 역할, 상세한 치료 접근 방법 등이 기재되어 있다. 그럼에도 불구하고 부모가 가장 중요한 역할을 맡은 사람임을 기억해야 한다. 전문가가 해결책을 제시하거나 해결하는 방법을 알려줄 수는 있지만, 그 방법을 따르고, 꾸준히 관심을 가진 채 집에서 관리를 해줄 수 있는 것은 부모만이 할 수 있는 일이기 때문이다.

맺음말

"아이들이 잠을 잘 자면 우리가 사는 세상은
지금보다 더 좋아질 것이다."

- 로잘리 실베스트리 Rosalie Silvestri[191]

우리는 지금까지 수면 문제가 실제로 아이에게 미치는 심각한 악영향에 대해 살펴보고, 아이의 수면과 기도 건강을 지키는 구체적인 방법도 알아보았다. 이 책에 제시된 조언들을 잘 따른다면, 아이의 수면 건강은 더 좋아질 것이다. 이는 더 나은 인생을 만들지도 모른다. 잠은 정말 중요한 문제이고, 그것은 부모에게도 마찬가지다. 그럼 수면 문제가 어느 정도 해결된 다음에는 어떻게 해야 할까? 우리는 부모의 역할이 끝없이 계속된다는 사실을 알고 있다. 삶은 변화의 연속이고 아이는 계속 성장하기 때문에, 아이의 수면 문제가 해결됐다고 해서 부모는 해야 할 일 목록에서 '우리 아이의 수면 문제'를 지우고 편하게 앉아 쉴 수는 없다.

아이가 심각한 수면 문제에서 벗어났다면, 중요하게 생각해야 할 것 세 가지가 있다. 바로 자신의 잠을 중요하게 생각하고 항상 경계하며, 다른 사람들에게도 알려주는 것이다.

1. 자신의 잠을 중요하게 생각할 것

부모의 역할이란 인생에서 가장 어려운 일 중 하나임이 분명하다. 아이들에게 특별한 문제가 없다고 해도 부모 그리고 아이가 보내는 일상은 좋은 날도 있지만 힘든 날도 많다. 또 가끔은 너무 힘들어서 견디기 힘들 때도 있다. 그러므로 충분한 수면은 부모와 아이 모두에게 필요하며, 부모가 잘 자야 아이의 수면 안전 요원 역할 또한 제대로 할 수 있다.

성인들은 자신의 잠을 별로 중요하게 생각하지 않는다. 2016년에 발표된 호주 국립수면재단National Sleep Foundation의 연구에 따르면, 호주에 사는 성인들 중 45%가 밤마다 잠을 잘 자지 못하고 그 여파로 낮 시간 동안의 활동에 지장을 받는다고 한다.[192] 밤이 되면 이런저런 핑계를 대면서 잠을 자지 않으려는 것은 아이들만의 문제가 아니다. 성인들 역시 잠을 참고 견디려고 하는 경향이 있다. 해야 할 일은 많고 그 많은 일을 하루에 처리하려다 보니 24시간 내내 미디어를 보거나, 무수한 이야기를 듣고, 인터넷에 접속한다. 그 결과 점점 잠을 줄이게 되었고, 서구권 성인의 30% 이상이 적정 수면 시간보다 덜 자게 되었다.[193]

수면이 부족하면 피로감, 집중력 저하, 심한 감정 기복, 신체적 질환이나 통증 등을 겪을 가능성이 있을 뿐만 아니라, 아이를 위해 꼭 필요한 수면 안전 요원 역할도 수행하기 어려워진다. 아이를 돌보기도 전에 부모가 먼저 무기력해지고 의지력이 떨어져서 잠자리 일과를 지키기 힘들어지고, 이로 인해 밤 시간 동안 아이가 하는 골칫거리 행동들에 대처할 수도 없게 된다. 심지어 아이가 점점 발전하는 모습도 알아채기 어려워진다.

이러한 이유로 부모는 아이뿐만이 아니라 자신들의 수면 건강 또한 생각해야 한다. 부모가 수면 시간이 부족한 상태라면 잠자리에 조금 더 일찍 드는 습관을 들여야 한다. 또 수면의 질에 문제가 있다고 느낀다면 수면 환경, 취침 시간 일과, 건강 상태 등을 살펴보아야 한다. 아침형 인간은 아니더라도 차분하면서도 기분 좋게 하루를 시작할 준비가 된 상태로 일어날 수 있도록, 건강을 살피고 생활 습관을 바꾸어야 한다. 먼저 부모의 불안정한 상태가 개선되면 자녀들과 모든 주변 사람들도 긍정적인 영향을 받을 것이다. 잠을 잘 자면 바람직한 부모, 배우자, 수면 안전 요원이 될 수 있을 뿐만 아니라 아이의 본보기도 될 수 있다. 아이들은 끊임없이 주변 사람들을 보면서 학습하는데, 그중 부모는 가장 영향력이 큰 사람들이다. 아이들은 부모가 하는 말을 듣는 것보다 부모가 하는 행동을 지켜보고 배운다. 부모가 수면 법칙과 수면 생활 습관을 잘 지키는 훌륭한 본보기가 되는 것은 아이가 잘 자도록 하는 방법이기도 하다.

2. 항상 경계할 것

수면 문제가 어느 정도 개선되면 부모들은 수면 부족으로 인해 겪었던 고통, 좌절감, 절망감을 금세 잊어버린다. 이것은 마치 출산 후 나타나는 고통에 대한 기억 상실과 유사하다. 힘겹게 출산을 하고 나면 엄마는 아기가 너무 사랑스러운 나머지 출산의 고통을 잊는다. 이와 마찬가지로, 다시 잠을 잘 자게 되면 부모들은 수면 부족으로 인해 멍한 상태로 지내던 힘겨운 기억이나, 흥분 상태를 보이는 아이와 살면서 온 신경이 곤두섰던 기억을 빠르게 잊는다. 부모는 언제 그랬냐는 듯이 아이와 함께 즐거운 시간을 보낼 뿐 아니라 아이가 잘 성장하고 학습하면서 자기가 가진 잠재력을 모두 발휘하는 모습을 흐뭇하게 지켜볼 수 있을 것이다. 그리고 당연히 그래야 한다. 하지만 알다시피 부모의 역할은 사실상 끝이 없다. 그러므로 아이가 잠을 잘 자는 데 필요한 모든 것이 잘 준비되어 있는지를 항상 확인하는 것이 좋다. 너무 지나치게 신경 쓸 필요는 없지만, 아이의 수면을 방해했던 징후가 또 나타나지 않는지 주기적으로 확인하고 좋은 습관을 잃어버리지 않도록 하는 것도 중요하다. 냉장고에 점검 목록을 붙여놓거나 취침 시간 일과표에 스티커를 붙이는 활동을 계속하면 관찰하기 편하다.

아이가 여전히 수면 위험 신호를 보이는가? 하루에 필요한 적정 수면 시간을 잘 지키고 있는가? 금방 잠이 들고 조용하고 편안하게 자는가? 중간에 깨지 않고 잠을 자는가? 아침에 개운하게 일어나고 낮 시간 동안 초롱초롱한 상태로 즐겁게 지내는가? 아이의 행동과 주변 환경 그리고 일과는 어떤가? 건강에 문제가 있는가? 성장 발달이 나이에 맞게 이루어지고 있는가? 생활에 지장을 줄 사건이나 힘든 일이 있는가? 아니면 좋지 않은 습관이 다시 생길만한 사건이 있었는가? 가끔 이런 문제들을 다시 생각해보면 건강한 수면 상태를 순조롭게 유지하는 데 도움이 될 것이다.

3. 다른 사람들에게도 알려줄 것

우리 아이들은 미래를 이끌어갈 존재들이며, 그 미래는 가정에서부터 만들어진다. 그러므로 모든 아이는 매일 밤 필요한 만큼 잠을 잘 권리가 있다. 그렇다면 알게 된 지식을 다른 부모들과도 나누어 모든 아이가 함께 밝은 미래를 만들어가면 어떨까? 주변의 다른 아이들에게도 안전 요원이 되어주고, 아이의 수면 문제로 힘겨워하는 다른 부모나 친구들에게 도움이 될 수 있는 조언을 해주어도 좋다. 기회가 생길 때마다 사람들에게 수면 문제를 해결한 경험을 이야기해야 한다. 어떻게 가족의 수면 문제를 극복했는지, 그 방법은 어떻게 알게 되었는지, 또 수면 문제가 해결되고 나서 어떤 점이 달라졌는지에 대해 알려준다면 수면 문제를 겪고 있는 사람들에게 많은 도움이 될 것이다. 극복할 방법이 있는데도 그 방법을 몰라 고통을 받고 있는 사람들이 너무나 많기 때문이다.

부모가 수면 문제를 해결할 수 있게 되면, 가족의 하루하루가 행복할 수 있다. 수면 문제로 인해 생기는 건강과 교육 문제가 해결되면서 아이는 지금은 물론 앞으로도 계속 건강과 행복을 누릴 수 있기 때문이다. 어떤 일에 대해서 그것을 직접 경험한 사람보다 더 잘 설명할 수 있는 사람은 없다. 충고를 하기보다는 아이의 수면 문제를 해결하기 위해 직접 했던 일, 그리고 그것을 통해 얻은 결과를 이야기하는 것이 더 좋다. 개인의 경험담은 그 영향력이 크다. 이제 이 세상이 수면의 진실에 눈뜨게 해보자.

아이가 정말 잘 자라기를 바라고 그러기 위해서 무엇이든 해주고 싶은 마음을 가진 부모는 수없이 많다. 그런 부모들에게 필요한 것은 오직 정보뿐이다. 당신이 바로 그 변화의 도화선이 될 수도 있다.[194] 나는 부모들의 네트워크가 놀랄 만큼 거대하다고 생각한다. 이 세상 부모들이 협력하면 정말 강력한 힘이 생길 것이다.

부록 1

어린 아기들의
수면 습관 만들기

"아기들이 잠을 자지 않을 때 70%의 엄마들이
억지로 재우면 잘 것이라고 생각한다."

_오. 브루니[195]

잘 자는 아기는 행복하다

아기들의 뇌 발달에 필수적인 잠은 아기의 기억력을 발달시키고 활력을 회복하여 다음 날을 준비할 수 있게 도와준다. 또 아기가 깊은 잠을 자는 동안 성장 호르몬이 분비되어 잘 자라도록 도와준다. 하지만 실제로 아기들은 밤중에 잠깐이라도 한 번쯤은 꼭 깬다. 특히 신생아나 영아들은 배가 고프거나 기저귀가 불편해서 밤새 여러 차례 깨기도 한다. 아기가 생후 6개월에서 12개월이 되면 밤에 깨지 않고 쭉 자야 한다고 알려져 있지만, 사실 생후 12개월까지는 통잠을 자지 못하는 아기들이 많다.

생후 1년까지도 밤중 수유를 하는 아기들이 많으며 18개월까지 지속하는 아기들도 있다. 아기가 잘 자지 못하면 아기도 힘들지만 다른 가족도 신체적·정신적으로 힘들다. 갓난아기를 둔 엄마들은 아기가 잘 자지 못하면 본인 또한 너무 지쳐서 몸과 마음을 정상적인 상태로 유지하는 데 어려움을 겪는다. 아기가 육아 서적의 내용이나 일반적인 기준에 들어맞지 않는 것에 죄책감을 느끼는 엄마도 있다. 부모가 필요한 만큼 잠을 자지 못하면 제대로 역할을 하기 힘들어지고, 자신이 바라던 좋은 부모가 되는 것이 힘들다고 느낀다. 이러한 상황이 반복되다 보면 이러지도 저러지도 못하는 상황이 되고 만다.

아기들의 좋은 수면 법칙에 대하여

아기들도 어른들과 마찬가지로 적절한 수면 시간 동안 질 좋은 수면을 취해야 한다. 24시간 동안 아기에게 이상적인 수면 시간은 다음과 같다.

월령	필요한 수면 시간	
태어날 때-2개월	16~18시간	밤잠: 8~9시간
		낮잠: 수회에 걸쳐 7~9시간
2~4개월	14~16시간	밤잠: 9~10시간
		낮잠: 3회에 걸쳐 4~5시간
4~6개월	14~15시간	밤잠: 10시간
		낮잠: 2~3회에 걸쳐 4~5시간

이상적인 수면 시간을 지키려면 어떻게 해야 할까? 온화한 방식으로 아기를 돌보면서 수면 환경을 잘 조성하고 일과를 조정하는 것이 큰 도움이 될 것이다.

아기의 수면 환경에 대해 깊이 고민해야 한다

수면 문제의 원인을 딱 잘라 한마디로 설명하기는 어렵다. 아기들이 잠에서 깨는 이유는 아주 다양하기 때문이다. 그래서 아기들의 수면에 대해 살펴볼 때는 월령이 같은 아기들의 일반적인 수면 패턴을 알아보고 바람직한 수면 습관을 만들어주는 것도 중요하지만, 먼저 아기들의 수면 환경에 대해 주의 깊게 고민해야 한다. 아기들은 주변 환경을 인식하지 못하므로 어디에서나 잘 수 있어야 한다고 생각한다면, 그것은 잘못된 생각이다.

수면 코치가 잠을 잘 자지 않는 어떤 아기의 엄마에게 도움을 주기 위해 집을 방문한 적이 있었는데, 아기의 방에 들어가자마자 모든 원인이 명확히 드러났다고 한다. 그 집은 매우 넓었는데 아기의 방은 꼭대기 층에 있었다. 아기 방도 굉장히 넓었고 한쪽 벽 전체가 바닥부터 천장까지 유리로 된 창으로 이루어져 있었다. 아기가 태어나기 전까지 이 방은 창고로 쓰였다. 그런데 아기가 예정보다 일찍 태어나는 바람에 부모는 아이 방을 적절하게 꾸밀 시간이 없었다. 아기가 태어난 후에도 아이를 위해 방을 꾸밀 시간을 갖지 못했고, 그 결과 아기의 방은 창고였던 흔적을 지울 수 없었다. 바닥에는 페인트 통과 쓰다 남은 타일 더미 그리고 공구와 장비들이 여기저기 놓여 있었다. 아기가 너무 어려서 위험한 물건 가까이 기어갈 수는 없었지만, 잠을 자기 좋은 분위기는 결코 아니었다. 수면 코치는 아기의 방을 좀 더 적절한 곳으로 옮긴 후, 아기 방에 적합하게 내부 배치를 하고 백색 소음을 준비했으며 빛을 차단하는 블라인드를 설치해서 잠자기 좋은 환경으로 만들었다. 또 낮잠 시간을 계획하고 취침 시간 일과를 마련해 더 쉽게 낮잠과 밤잠을 이룰 수 있게 해주었다. 아기의 기상 시간을 확인하고 낮잠을 재울 적절한 시간을 찾아내어 아기가 너무 피곤해지기 전에 재울 수 있도록 했다. 아기가 너무 피곤해지면 오히려 잠들기가 더 어렵기 때문이다. 편안한 매트리스와 침구도 새로 준비했고 방 온도를 조절했다. 그리고 잠잘 때 입히기 위해 유기농 순면으로 만든 수면용 속싸개를 준비했다. 기저귀는 평소보다 더 자주 갈아 기저귀에서 오줌이 새는 일이 없도록 했다. 기저귀가 많이 젖어 오줌이 새면 아기가 잠에서 잘 깬다. 이와 같은 변화를 통해 아기는 정말 아기처럼 잘 잤다.

이처럼 수면 환경은 아기가 잘 자는 데 있어서 매우 중요한 요소이다. 간과하기 쉬운 사실이지만 논리적으로 생각해보면, 어른의 수면에 영향을 주는 모든 것이 아기의 수면에도 똑같이 영향을 준다. 아기의 방을 평화롭고 편안하며 긴장을 풀 수 있을 만큼 안전한 장소로 만들고 싶다면, 다음의 내용을 참고하면 좋다.

── 빛

빛은 아기의 눈을 자극하여 일어날 시간이 되었다는 신호를 보낸다. 빛을 차단할 수 있는 블라인드를 창문에 설치하고, 방문 아래로 틈이 있다면 수건이나 담요를 말아 문 바깥쪽 바닥에 두어 빛을 차단한다. 아기 방에 있는 모든 전자 기기에서 빛이 나오지 않도록 한다. 아기의 잠을 방해할 수 있는 빛이 있다면 모두 가린다.

━ 소음

성인들도 그렇듯 아기들 역시 주변 소음 때문에 잠을 제대로 못 잘 수 있다. 백색 소음을 이용해 아기의 잠을 방해하는 집 밖의 소음(개 짖는 소리, 경찰차 사이렌 소리 등)은 물론 집안일하는 소리를 차단한다. 백색 소음이란 마음을 진정시키는 반복적인 소리를 말하는데, 아기가 자궁 안에서 듣는 소리를 흉내 내어 만든 것도 많다. 이런 소리는 놀라울 만큼 쉽게 아기를 진정시키고 더 오래 잘 수 있도록 해준다. 백색 소음으로는 자궁 소리, 심장 박동 소리, 선풍기 소리, 진공청소기 소리, 빗소리, 바닷소리, 해변의 파도 소리, 입으로 쉬 하고 내는 소리, 헤어드라이어 소리 등이 있다. 백색 소음은 낮잠을 잘 때도 도움이 되고 밤잠을 자는 내내 사용할 수도 있다. 휴대 전화 애플리케이션을 사용해도 되고 백색 소음 재생용 기기를 구입할 수도 있다.

어떤 것을 사용하든지 집 안팎의 소음을 가릴 만큼의 크기로만 틀어야 하고, 아기의 잠을 방해할 정도로 크게 틀어서는 안 된다.

━ 침구

누구나 편안한 침대에서 부드러운 이불을 덮은 채 잠들고 싶어 한다. 아기도 마찬가지다. 아기 침대는 견고하고 안정감이 있어야 한다. 침대 시트가 팽팽하게 당겨져 있는지 확인하여 구겨지거나 접힌 자리가 없도록 한다. 방수 매트리스 커버가 씌워진 품질이 좋은 폼 매트리스를 사용하길 권하고, 침대 시트는 유기농 순면이나 대나무 섬유 소재로 만들어진 것이 좋다.

─ 잠옷

아기가 잘 때 입는 잠옷으로 가장 좋은 것은 유기농 순면으로 만든 잠옷이다. 유기농 순면 소재는 통기성이 좋고 부드러워서 아기 피부에 자극을 주지 않는다. 미생물과 박테리아를 제거하는 절차를 수차례 거치기 때문에 더 안전하다. 또 유기농 순면은 아기가 잘 때 흘리는 땀을 잘 흡수하여 보송보송하고 쾌적한 상태를 유지하기 때문에 아기가 체온을 적절히 유지하면서 편안하게 잘 수 있도록 해준다. 잠옷에 붙어 있는 라벨과 꼬리표는 아기를 불편하게 할 수 있으므로 모두 제거한다. 반드시 실내 온도에 맞는 두께의 옷을 입히도록 한다.

─ 실내 온도

적절한 아기 방 온도는 18~23°C 사이이다. 그리고 실내 온도에 맞게 옷을 입혀야 아기들이 잠을 잘 잘 수 있다. 아기 방이 너무 덥거나 아기가 옷을 너무 두껍게 입으면, 수면 호르몬 분비가 억제되어 잠들기도 어렵고 잠자는 도중에 깰 수 있다. 답답하고 더운 상태에서는 누구나 잠들기 어렵지만, 아기들은 어른들과 달리 더워도 스스로 이불을 차거나 이불 밖으로 다리를 내밀 수 없으므로 더 힘들 수밖에 없다. 또 반대로 방이 너무 추워도 잠들기 어렵다.

─ 그 밖의 요인들

아기의 몸 어딘가가 아프거나 불편하면, 잠들거나 잠든 상태를 유지하기 어렵다. 위 식도 역류, 습진 또는 엄마가 먹은 음식이나 아기가 먹은 음식들로 인해 나타나는 알레르기 등 때문에 아기가 힘들어할 수도 있다. 환경적 요인으로 인한 알레르기도 피부나 상기도 또는 소화기에 문제를 유발할 수 있다. 이런 경우에는 먼저 치료를 받아 증상과 통증을 해소해야 한다.

또, 아기 방 준비는 일찌감치 시작하도록 한다. 아기가 태어나기 전에 모든 준비를 마치는 것이 가장 바람직하다.

규칙적인 일과를 만드는 일은 부모의 몫이다

밤이 되면 어둠과 고요함이 찾아온다. 이는 잘 시간이라는 신호다. 시간이 지나면서 아기들에게도 밤과 낮 그리고 24시간 주기의 리듬이 서서히 자리 잡혀야 하는데, 이를 위해서는 수면 환경을 개선하는 것과 함께 규칙적인 일과가 있어야 한다. 아기의 취침 시간 일과를 만드는 데 도움이 될만한 내용은 다음과 같다.

─ 아침

아침에 일어나면 커튼을 걷어 햇빛이 집 안으로 들어오도록 한다. 그러면 아기의 뇌와 몸이 밤과 낮을 구분하는 데 도움이 된다.

─ 낮 시간 동안

아기의 월령에 맞는 활동을 하게 해준다. 그리고 신선한 공기를 마시고 햇볕을 충분히 받도록 한다. 아기와 엄마가 다음 일과를 예상할 수 있도록 수유와 낮잠, 활동의 순서를 정한다.

— **낮잠**

낮잠은 꼭 필요하다. 그리고 부모는 아기가 보내는 피로 신호가 무엇인지 파악하고 아기가 낮잠이 필요할 때 아기를 재우는 것이 중요하다.

아기가 과도하게 피곤해지면 그 피곤함에 맞서기 위해 아기의 몸에서 스트레스 호르몬이 분비된다. 따라서 아기가 너무 피곤한 상태에서는 재우기가 훨씬 더 어렵다. 반대로 아이가 피곤함을 느끼기 전에 너무 빨리 재우려 해도 아기는 잠들기 어렵고 쉽게 깬다. 아기의 몸이 아직 쉽게 잠이 들만큼 피곤한 상태가 아니기 때문이다. 아기에게 피로 신호가 나타나면 자극이 될만한 것을 치우고 짧은 낮잠 시간 일과를 진행하여 아기가 잘 준비를 하도록 한다.

낮잠 시간 일과를 정해놓으면 아기는 낮잠을 자야 하는 순서를 알 수 있다. 이런 일과는 수면에 대한 긍정적인 연상 작용을 일으켜 아기가 '놀이 모드'에서 '수면 모드'로 쉽게 전환할 수 있도록 돕는다. 이는 아기가 스스로 진정하고 자리에 누워 잠드는 것으로 이어진다. 시기별로 낮잠과 낮잠 사이에 아기가 깨어 있는 시간은 다음과 같다.

나이	깨어 있는 시간
0~12주	45분~1시간
12~16주	1시간 15분~1시간 30분
17~25주	1시간 30분~2시간
6~8개월	2시간
9~12개월	3~4시간
13~29개월	5~7시간

▬ 수유

아기들은 자주 배가 고파서 적어도 세 시간에 한 번씩 수유를 해주어야 한다. 모유가 분유보다 더 빨리 소화가 되므로 모유 수유를 하는 아기들은 더 자주 배고플 것이다. 자기 전에 수유를 하면 아기는 포만감을 느껴 쉽게 진정할 수 있다. 또 잘 먹으면 잠이 잘 오기 때문에 더 쉽게 잠들 수 있다.

아기가 너무 자주 잠에서 깨서 그때마다 수유를 해야 한다면 그 원인이 무엇인지 생각해야 한다. 의학적 질환이 생긴 경우, 어딘가 불편한 경우, 실내 온도나 환경이 부적절한 경우 등 아기가 잠에서 깨는 원인은 아주 다양하다. 중요한 것은 그 이유를 알아내어 개선해야 아기와 부모 모두 잘 잘 수 있다는 사실이다.

▬ 취침 준비

취침 시간 일과가 있으면 수면을 위한 분위기를 조성할 수 있고 아기에게 이제 잠을 잘 시간이라는 사실을 알려줄 수 있으며, 하루를 기분 좋게 마무리할 수 있다. 취침 시간 일과는 목욕하기, 옷 갈아입기, 마사지 해주기, 안아주기, 이야기 들려주기, 자장가 들려주기, 수유하기처럼 예상 가능한 일련의 활동들이 자연스럽게 연결되도록 하여 날마다 반복한다.

▬ 자장가

자장가는 잠을 연상시키는 훌륭한 장치이다. 밤마다 같은 자장가를 들려주면 아기에게 이제 잘 시간이라는 신호를 주는 셈이다.

아이가 잠들 수 있는 분위기를 조성하자

아기가 아주 어릴 때부터 취침 시간 일과가 정해져 있으면 긍정적인 방식으로 잠을 유도하는 데 도움이 되고, 부모와 아기가 함께 휴식을 준비하는 데도 좋다. 하지만 취침 시간 일과를 정했다고 해서 얻고 싶은 결과가 즉시 나타나는 것은 아니다. 아기가 하루 주기 리듬을 익히고 밤과 낮을 완전히 구별하는 데 4개월 정도가 걸린다.

아기의 몸은 빛 신호에 민감하다. 이 사실을 취침 시간 일과의 한 부분으로 이용하여 수면 분위기를 조성할 수 있다. 저녁 수유를 마친 후에, 아니면 목욕을 시키기 전에 집 안을 돌아다니면서 조명을 어둡게 하고 차분한 분위기를 만들어 아기의 몸이 취침 시간과 잠을 준비하게끔 환경을 조성한다. 아기 방의 모든 블라인드와 커튼을 닫고 조명을 어둡게 하여 분위기를 차분하게 만든 후, 완벽하게 잠잘 준비를 하면 된다.

잠옷, 기저귀, 로션, 속싸개 등 아기가 목욕을 마치고 나왔을 때 필요한 모든 것을 미리 준비해둔다. 아기가 잠옷을 갈아입고 잠자리에 들 준비가 되면 모든 불을 끄고 수유를 한다. 잠자기 전에 수유를 하면 아기를 진정시키고 긴장을 풀어주며 졸음을 유발하는 데 도움이 된다. 그뿐만 아니라 아기가 배부른 상태로 잠들 수 있게 된다. 아기가 충분히 먹고 졸음이 온 것 같다면 아기를 부드럽게 안아 올려 아기 침대에 눕힌다. 이때, 아기는 졸린 상태이기 때문에 쉽게 잠이 들 수도 있다. 필요한 경우에는 입으로 쉬쉬 하는 소리를 내면서 부드럽게 토닥거리거나 머리나 뺨을 쓰다듬으면서 아기가 편안히 잠들도록 도와준다.

특별한 시기, 특별한 상황에 맞춰 관리해주면 더 좋다

아기들이 자다가 깨는 이유에는 여러 가지가 있는데, 수면 퇴행 현상 때문이거나 아기가 특정 발달 단계에 도달했기 때문일 수도 있다. 아기들이 거치는 수많은 변화와 발달 단계는 여러 가지 방식으로 수면에 영향을 준다.

생후 4~5개월 사이에 아이는 수면 퇴행 현상을 겪기도 하고, 생후 8~9개월 사이에는 분리 불안 단계를 겪기도 한다. 분리 불안 단계는 부모가 육아를 할 때 특히 힘이 드는 시기이기도 하다. 또, 형제자매가 있거나 신생아가 있는 경우도 수면 문제를 겪는다.

── 수면 퇴행 현상

아기들이 급격한 성장 발달을 겪는 이 시기에 아기들의 수면 패턴은 오히려 갓 태어났을 때와 비슷해진다. 아기는 계속 보채면서 부모의 손길과 관심을 요구한다. 평소보다 잠을 설치는 날이 많아지고 하루 종일 안겨 있으려 하며 낮잠을 재우는 것도 힘들어진다. 이 시기는 첫돌이 되기 전에 겪는 가장 힘든 발달 단계이다. 하지만 아기에게는 매우 중요한 시기이기도 하다. 이 시기는 실제로 아기들이 각성하는 시기이다. 이제 더 이상 잠만 자는 갓난아기가 아닌 것이다. 아기는 감각이 급속도로 발달하고 시력이 좋아지며 얼굴과 목소리를 인식하기 시작한다. 이제 아기는 부모가 아닌 다른 사람의 손에서 손으로 옮겨 다니는 것을 불편해하고, 오직 부모 품에서만 마음의 안정을 얻고 싶어 한다. 모든 사람에게 큰 소리로 자기가 원하는 바를 알리며 부모의 품으로 가길 바라기도 한다.

또 이 시기에는 아기의 촉각이 크게 발달하고 몸도 점점 더 잘 움직이게 될 뿐만 아니라 말(옹알이)과 얼굴 표정으로 의사소통을 한다. 아기들에게는 완전히 새로운 세상이 펼쳐진 것이지만, 한편으로는 그 세상이 모든 감각을 압도해버릴 만큼 너무 자극적이어서 힘들 수 있다. 그러나 부모가 일단 이 사실을 알고 나면 아기를 좀 더 이해할 수 있고 안쓰럽게 느껴질 수도 있으며, 아기의 마음에 공감하고 아기의 시선으로 세상을 바라볼 수 있게 된다. 그러므로 아기가 힘든 발달 과정을 거치면서 많은 것을 배워가는 동안 부모는 아기를 더 사랑해주고 아기로 하여금 안정감과 편안함을 느끼도록 해주어야 한다.

━ 분리 불안 단계

분리 불안 증세는 생후 8개월 정도에 가장 심하게 나타나며, 심해졌다가 약해지기를 반복하다가 만 2세쯤 점차 사라진다. 이 시기에는 수면에도 문제가 생기는 경우가 많아서 아기들은 낮잠을 잘 때나 밤잠을 잘 때 더 많은 위안과 안정을 필요로 한다.

━ 집에 형제자매가 있거나 신생아가 있는 경우

아장아장 걷는 정도의 아기나 그보다 큰 어린이가 있는 경우에 신생아를 집으로 데리고 오게 되면 온 가족이 또 힘들어질 수 있다. 보통 둘째(혹은 그 이후에 태어난 아기)들은 더 많은 소음과 자극을 극복해야 하고, 부모는 여러 명의 아이에게 필요한 것들을 준비하느라 정신없을 것이다. 둘 이상의 아이가 있는 부모들이 더 힘든 상황에 놓여 있는 것은 분명하다. 하지만 앞서 설명한 일과와 환경에 대한 이야기는 똑같이 적용된다.

아이들과 함께 이동하는 중에는 아기 띠나 유모차에서 낮잠을 재우는 것도 도움이 된다.

막내 아기가 좀 더 커서 수면 습관을 스스로 조절할 수 있을 때까지 가능한 한 가정 환경의 자연스러운 흐름에 맞추도록 한다. 아기들에게는 깨어 있는 시간이 너무나 흥미롭다. 그래서 깨어 있는 상태에서 수면 상태로 전환할 계기를 만들어주어야 한다. 아기들이 스스로 누워서 낮잠이나 밤잠을 잘 것이라고 기대해서는 안 된다. 낮에 적절한 활동을 하고 낮잠 시간이나 취침 시간에는 바람직한 일과를 정해서 지키면, 아기들은 잠들기 전에 긴장을 풀고 진정할 수 있는 시간을 갖게 된다. 낮잠과 밤잠은 서로 연관되어 있다. 즉, 낮잠을 잘 자야 밤잠도 더 잘 잔다는 사실을 기억하자.

부록 2

아이의 수면을 도와주는
잠자리 동화책

잠들기 전에 읽는 동화책은 아이가 안정감을 느끼도록 도와주고 잠들기 쉬운 분위기를 조성하며 낮에 있었던 힘든 일이나 불안감, 나쁜 감정을 해소하는 동시에 아이의 정서 발달에도 도움을 준다.

부모가 아이의 꿈과 상호 작용할 수 있는 이야기를 직접 만들어 들려주면 아이가 실제로 어떤 문제에 직면했을 때 대처하고 회복하는 힘을 키울 수 있다. 아니면 수면 문제나 좋은 수면 일과를 방해하는 것들을 다루는 책들을 찾아볼 수도 있다. 다음의 책들을 아이에게 읽어주길 추천한다.

── 『잠이 오는 이야기』 | 유희진 지음, 책소유, 2019

아이에게 "어서 자!"라고 잠을 강요하는 대신 친근감이 느껴지도록 잠을 소개하는 동화책이다. 아이가 친구를 만나고픈 설렘을 안고 스스로 잠드는 것에 집중할 수 있도록 도와준다. 이를 통해 아이는 잠을 매일 잘 시간이 되면 찾아오는 친구 같은 존재로 생각하게 된다.

── 『내 친구 어둠』 | 엠마 야렛 지음, 키즈엠, 2017

이 책을 읽고 나서 잠자리에 들 때 느끼는 두려움과 그것을 가라앉히는 방법에 대해 함께 이야기할 수 있다.

── 『엄마, 아빠 재우기』 | 마일리사 라슨, 배빗 콜 지음, 엔이키즈, 2016

일단 아이가 먼저 부모를 잠자리에 들도록 해주는 놀이를 한 다음, 부모가 아이를 잠자리에 들게 도와준다. 마법처럼 아이가 잘 잘 수 있으니 꼭 시도해보기 바란다.

── 『깊은 밤 호랑이처럼』 | 메리 로그, 파멜라 자가렌스키 지음, 키즈엠, 2013

이 책은 천천히 잠드는 동물들의 모습을 보여주는 이야기이다.

── 『아기곰이 잠잘 때』 | 카르마 윌슨, 제인 채프먼 지음, 주니어RHK, 2009

다른 사람이 자는 것을 보면 아이들도 졸려 하거나 같이 잠들기도 한다. 이 책을 읽는 아이들에게도 곧 졸음이 찾아올 것이다.

부록 3

적절한 전문가 찾기

수면 장애에 도움이 되는 전문가

　수면 문제를 해결하는 데 있어서 리더와 보조자가 다양하게 구성될 수 있다. 아이의 상태에 따라 적게는 두세 명, 보통은 그 이상의 전문가들로 구성되며 이 구성은 시간이 지나면서 필요에 의해 변경될 수 있다. 아이에게 필요한 치료 우선순위에 따라 일정 기간 동안 전문가들 중 한 명에게 주로 치료를 받게 되며, 그 과정이 진행되는 동안 아이의 상태가 달라져 치료 우선순위가 바뀌면 담당 전문가도 바뀌게 된다. 기억해야 할 것은 상기도 성장은 사춘기가 되기 전에 90% 정도가 완성되기 때문에 기도 성장에 도움을 주는 치료가 가능한 기간은 아주 짧다는 사실이다. 여기에 수면 장애 치료에 도움이 되는 의학 및 치의학 전문가들을 간단히 소개하고자 한다. 또, 수면이나 기도 문제의 징후를 포착할 수 있는 의료 종사자에 대해서도 간단히 적어보았다. 그들도 역시 아이의 수면 문제를 해결할 때 중요한 역할을 할 수 있다.

─ 소아청소년과 전문의

소아청소년과 전문의는 영유아와 아동 그리고 청소년을 치료한다. 즉, 소아청소년 환자들의 신체적, 정신적, 감정적 문제를 진단할 수 있다. 그들은 부상이나 급성 및 만성 질환은 물론 생리적, 심리적 성장 발달 문제를 다룬다. 아이들을 치료하는 데 있어서 최전선에서 활동하는 사람들이며, 수면 문제와 기도 건강을 살피고 위험 신호를 발견하는 데 중요한 역할을 한다. 소아청소년과 전문의는 수면 그리고 기도 관련 수면 장애의 신호일 수도 있는 각종 질병을 치료하기도 한다. 소아청소년과 전문의에게 아이의 수면 문제와 기도 건강에 대한 진료를 요청할 수 있다. 수면 장애로 인한 행동이나 발달 문제가 있는 아이를 진료하는 첫 번째 전문가일 수 있다. 수면 호흡 장애를 유발할 수 있는 질환을 가진 채 태어나는 아이도 있는데, 그런 경우 소아청소년과 의사의 진단에 따라 아이의 건강이 좌우될 수 있다. 보통 부모들은 다른 누구보다도 소아청소년과 의사의 조언을 우선적으로 따르기 때문이다.

예를 들어, 소아청소년과 전문의는 모유 수유를 힘들어하는 아이를 살펴보고 근육 긴장도의 문제나 설소대 단축증 같은 증상을 처음으로 발견할 수 있는 사람이다. 그런 문제를 발견하면 소아청소년과 전문의는 부모에게 모유 수유 상담가를 소개하여 기술적인 도움을 받을 수 있게 해주거나 근육 기능 치료 전문가를 소개하여 아이가 구강 안면 근육 기능 발달을 위한 치료를 받게 도와줄 수 있다. 하지만 모든 소아청소년과 전문의가 이런 방안들을 생각해내는 것은 아니다. 수면 의학 분야는 다른 분야에 비해 상대적으로 역사가 짧고, 구강 안면 근육 기능학 역시 신생 분야이기 때문이다.

주디 오언스 박사가 제안하는 것처럼 정신 질환이나 신경 발달 장애 검사를 받는 모든 아이들은 불면증과 수면 장애 검사도 주기적으로 받아야 한다.[196] 정밀 의료 분야가 발달하면서 검사를 통해, 기도 문제로 인한 수면 장애 징후 역시 초기에 발견할 가능성이 더 높아지고 있다. 아이의 수면 위험 신호에 대해 소아청소년과 전문의와 상담하고 그에 대한 치료를 받거나 관련 전문가의 소개를 요청할 수 있다는 사실을 꼭 기억해야 한다.

── 수면 전문 의사 또는 소아 수면 전문가

수면 전문 의사나 수면 전문가는 아이에게 수면 다원 검사가 필요한지 판단해줄 것이다. 또 필요에 따라 건강 검진이나 피 검사 등을 하기도 한다. 일주일 동안 아이의 휴식과 수면 주기를 추적하고 측정하는 액티그래피 검사를 제안하기도 한다.

현재 수면 장애를 진단하는 가장 확실한 검사 방법인 수면 다원 검사는 하룻밤 동안의 수면을 통해 이루어진다. 공기의 흐름을 측정하기 위해 코 아래에 작은 튜브를 부착하고, 호흡을 측정하기 위해 두 개의 탄성 밴드를 가슴과 배에 두른다. 손가락에는 산소량 측정을 위한 감지기를 끼우며 피부에는 이산화탄소 측정 장치를 부착한다. 윗입술에는 또 다른 플라스틱 감지기를 부착하는데 이것은 구강 호흡을 확인하기 위한 것이다. 모든 감지기는 컴퓨터로 연결되어 있어서 검사가 이루어지고 잠을 자는 동안 일어나는 일들을 그래프로 볼 수 있다. 아이들을 진료하는 병원에서는 아이들이 편안하게 검사를 받을 수 있는 환경을 갖추고 있다. 예를 들어 짐 파파도풀로스 박사는 검사실을 애니메이션 영화 「몬스터 주식회사」에 나오는 설리 캐릭터를 이용해 꾸몄다.[197] 수면 다원 검사를 위해 아이는 부모와 함께 병원에서 하룻밤을 머문다. 부모가 아이로 하여금 수면 다원 검사나 그 밖의 여러 검사를 받게 하려는 이유는 무엇일까? 질문지를 통한 검사는 유용하긴 하지만 그것만으로 정확한 진단을 내릴 수 없고 더 정밀한 검사가 필요한지 알려주는 것에 불과하다. 이를 보완하기 위해 필요한 검사가 바로 수면 다원 검사이다. 아이가 심각한 수면 위험 신호를 보인다면 반드시 수면 전문가를 만나 아이의 상태를 살펴보아야 한다. 위험 신호 중에는 아주 긴박한 것도 있다. 아이가 숨이 막히는 듯한 소리를 내거나 코를 심하게 곤다면 즉시 의학적인 검사를 받아야 한다.

그런데 수면 다원 검사에는 몇 가지 문제점이 있다. 수면 다원 검사는 집이 아닌 검사실에서 이루어지므로 아이들에게(그리고 부모에게도) 어려운 점이 많다. 그뿐만 아니라 아이들은 계속 움직이기 때문에 정확한 검사를 하기가 어렵다. 그리고 검사 비용도 많이 들고 검사할 수 있는 환경이 한정되어 있어서 실제로 검사를 받고자 하는 아이들을 모두 수용하기 어려운 상황이다. 이를 위해 전문가들은 가정에서도 정확한 검사를 할 수 있는 방법을 고안하기 위해 애쓰고 있다. 가정에서 정확한 검사가 가능해지면 더 많은 사람이 쉽게 검사를 할 수 있고, 검사를 받는 사람과 의료계 양쪽 모두 비용 부담을 덜 수 있을 것이다.[198] 수면 다원 검사를 대체할 수 있는 검사 방법을 고안하기 위한 노력도 계속되고 있다. 이와 관련해 지속적 양압기 치료를 고안한 콜린 설리번Colin Sullivan 박사가 집에서 수면 검사를 할 수 있는 소노매트Sonomat라는 장비를 개발하여 그 활용이 기대되고 있다. "소노매트는 현재 사용 중인 측정 항목을 이용해 아이들의 수면 호흡 장애를 정확히 진단합니다. 게다가 소아청소년 수면 호흡 장애의 흔한 증상인 부분 기도 폐쇄를 수량화해서 나타냅니다."[199] 그 밖에도 에스프리노바Esprit Nova 등 여러 가정용 검사 장치가 개발 또는 임상 시험 중이며 이런 장치들이 상용화되면 가정에서도 정확한 검사가 가능해지므로 수면 다원 검사를 위해 기다리는 시간과 비용을 크게 절감할 수 있을 것이다.

하지만 현재까지는 잠자는 동안 벌어지는 일을 확인할 수 있는 가장 확실한 표준검사 방법은 수면 다원 검사이다. 정확한 검사는 굉장히 중요하다. 그 결과에 따라 치료 방법이 결정되기 때문이다. 철저한 검사를 통해 아이가 수면 이상이나 수면 장애 진단을 받는다면 담당 수면 전문가는 아이에게 적절한 치료법을 제안해줄 것이다. 지속적 양압기 치료나 약물 치료를 제안할 수도 있고, 영양제 복용을 권유할 수도 있다. 또 수면 자세나 수면 생활 습관에 대해 조언을 해줄 수도 있다. 아니면 행동과 일과 문제를 도와줄 심리학자를 소개하는 등 또 다른 분야의 전문가에게 치료를 의뢰할 수도 있다. 수술이 필요한 상황이라면 그와 관련된 의학 전문가를, 입천장을 넓혀야 한다면 치과 의사나 치과 교정 전문의를 소개해줄 것이다. 이비인후과 전문의, 내분비학 또는 유전학 전문가 등 다양한 의학 전문가를 만나보도록 권유할 수도 있다. 이처럼 의학적 질환으로 인한 수면 장애를 치료하려면 많은 의학 전문가들의 도움이 필요하다.

― 치과 의사

소아 치과 의사는 유아기부터 청소년기까지 아이들의 구강 건강을 돌보는 사람이다. 그들은 치아를 아이의 발달 단계에 따라 치료할 수 있는 경험과 자격을 가지고 있다. 부모들은 보통 아이가 아주 어릴 때는 구강 검진을 받지 않다가, 아이가 유치원에 갈 때쯤 처음으로 검진을 받는다. 하지만 아기의 이가 나기 전부터 치아와 구강 검진을 받는 것이 좋다.

기도 문제를 가능한 한 일찍 발견하고 치료할 것을 강조하는 치과 의사들도 있다. 그들은 아이의 턱 성장이 정상적이지 않고 어긋나 있는 경우, 구강 관련 습관을 빨리 고치고 조기에 위턱을 확장하여 이가 잘 맞물리도록 할 것을 권장한다. 입과 턱 그리고 치아는 기도로 가는 문으로, 기도의 역할에 크게 영향을 준다는 점에서 미국 버지니아주의 펠릭스 랴오Felix Liao 박사는 치과 의사란 '고른 이를 만드는 의사'가 아니라 '입을 치료하는 의사'라고 이야기를 한 적이 있다.[200] 치과 의사는 수면 호흡 장애나 폐쇄성 수면 무호흡증 징후를 찾기 위한 기도 검사를 하는 과정에서 입과 얼굴에 나타나는 위험 신호와 그것으로 인한 기도의 손상을 발견할 수 있다.

모든 치과 의사가 화상 진단 장치를 사용하는 것은 아니지만, 치과 의사들이 사용하는 측정 도구나 시스템을 이용해 턱의 넓이, 높이 등을 측정하여 기도 성장이 정상적으로 이루어지고 있는지 확인할 수 있다.[201,202] 이것을 통해 특정 증후군 혹은 다른 질환을 유발하지는 않아도 기도에 영향을 줄만한 특징이나 성장 문제가 있는지도 확인 가능하다. 하지만 방사선 문제 때문에 기도 촬영을 위한 엑스레이 사용을 피하는 의사들이 많다. 콘빔 전산화단층촬영(방사선 노출이 적은 입체 촬영)이 대안으로 사용되고 있지만, 모든 치과 병원에서 사용하고 있는 것은 아니다.

또 치과 의사는 맞물림 장애(부정 교합)와 관련된 위험 신호도 찾아볼 것이다. 부정 교합, 높은 아치형 위턱, 얼굴 골격 문제, 이갈이 징후, 구강 호흡 징후, 혀에 물결무늬로 나타나기도 하는 조직 외상 등을 가장 먼저 알아볼 수 있다. 어떤 아이들에게는 기도 문제를 개선하기 위한 부정 교합 치료에서 위턱 확장이나 치아 교정을 추천하기도 하는데, 이런 치료에서는 위턱을 확장시켜 입안 공간을 넓혀주는 기구를 끼우기도 한다.

치과 위생사도 최전선에서 구강과 기도 건강 문제를 발견할 수 있는 사람이다. 치과 위생사는 구강 건강을 관리하는 치의학 및 치과 교정학 팀의 일원으로서 구강 및 치주 건강에 관한 모든 치료를 지원한다. 치과 위생사 중에는 근육 기능 치료 기술이 뛰어난 사람도 있는데, 이들은 기도와 수면 문제를 발견하고 그에 필요한 근육 기능 치료를 제안해줄 수 있다. 아이에게 기도 문제가 있다는 신호가 포착되면 기도 중심의 치과 치료와 함께 근육 기능 치료 전문가의 도움을 받는 것이 좋다. 그 두 가지 치료 모두 구조와 기능에 대한 치료이기 때문이다. 그렇게 되면 치과 의사와 근육 기능 치료 전문가가 부모와 한 팀이 되는 것이다. 또 어떤 경우에는 이비인후과 의사와 치과 의사가 한 팀이 될 수 있다.

── 치과 교정 전문의

치과 교정학은 부정 교합 같은 안면 및 치아의 이상을 예방하고 진단, 치료하는 치의학 전문 분야이다. 하지만 치열 교정뿐만 아니라 건강한 기도 발달도 중요하게 다루는 부분이다.[203] 대부분의 사람들이 완벽하지 않은 두개 안면 골격을 가지고 태어난다. 따라서 기도를 제대로 열 수 있는 이상적인 두개 안면 골격을 갖추려면 전문가의 도움이 필요하다.[204] 입천장을 넓히거나 앞으로 당겨주는 위턱 확장 치료를 통해 기도 문제를 완화시키기도 한다. 이 방법이 모든 문제를 해결해주거나 모두에게 효과가 있는 것은 아니지만 큰 도움을 받는 사람들이 있는 것은 분명하다.[205]

대부분의 치과 의사나 치과 교정 전문의가 폐쇄성 수면 무호흡증의 발견 및 치료가 중요하다는 사실을 인식하고 있지만, 수면 호흡 장애를 예방하는 데 있어서 자신의 위치가 얼마나 중요한지 미처 깨닫지 못하는 의사들도 있다. 치과 교정 전문의 중에서는 턱 맞물림이 건강하게 발달하고, 안정 및 유지되는 데 있어서 구강 안면 근육이 하는 역할을 인정하는 의사도 있고 그렇지 않은 의사도 있다. 반면에 치과 교정 전문의가 수면 장애를 가장 먼저 발견하고 치료할 수 있는 위치에 있다고 주장하는 전문가도 있다.[206] 그리고 이것은 이치에 맞는 말이다. 어릴 때 받는 치과 교정술이 안면 골격 성장을 도와서 치아가 모두 자랄 만큼 충분한 공간을 확보해주는지에 대해서는 더 많은 연구가 필요하다. 현재 대부분의 치과 교정 전문의들이 취학 연령 이전의 아이들은 진료하지 못하고, 고등학생이 되기 전에 교정 치료를 하는 경우도 드물다. 하지만 기도 건강 문제와 조기 턱 성장의 중요성을 인식하고 이를 치료에 적용하는 치과 교정 전문가들이 점점 많아지고 있으므로 이런 관행은 점점 바뀔 것이다. 그런 면에서, 아이에게 치과 교정술로 치료할 수 있는 기도 문제가 있는지 알고 싶다면 기다리지 말고 미리 병원에 가보는 것이 가장 좋다. 아이가 사춘기가 되기 전에 기도의 건강과 발달을 중요시하는 치과 교정 전문의를 찾아보아야 한다. 근육 기능 치료 전문가나 치과 의사에게 요청하여 기도 문제를 주로 다루는 치과 교정 전문 병원을 소개받는 것도 좋다.

한편, 치과 교정 전문의가 보철 치료 전문가를 소개해줄 수도 있다. '구강 건축가'라고 할 수 있는 보철 치료 전문가는 구강의 기능과 건강 그리고 구강 형태를 개선하거나 유지하기 위해 치아를 복원하거나 새로 만들어 넣는 일을 한다. 보철 치료 전문가는 치아 무발생(치아 결손) 혹은 충격에 의한 치아 손실 등으로 기도가 제대로 발달하지 못한 아이들에게 중요한 역할을 한다. 치아를 온전히 유지해야 골격과 턱 구조를 잘 유지할 수 있으므로 32개의 치아를 모두 가지고 있는 것이 좋다. 치아 결손은 턱의 성장 발달에 상당한 영향을 주기 때문에 턱 발달과 구강 기능에 있어서 보철 치료 전문가의 도움이 필요하다. 치의학 팀에 속하는 구강 건축가로서, 보철 치료 전문가가 하는 역할은 의학 및 치의학 전문가들과 함께 치료 계획을 세우고 일련의 치료에 동참하여 환자에게 종합적인 치료를 제공하는 것이다.

─── 이비인후과 전문의

이비인후과 전문의는 수면 호흡 장애의 근본 원인을 밝히기 위해 정밀 진단을 한다. 얼굴 전면부터 후두까지 아이의 상기도 전체를 살펴보면서 상기도에서 발생할 수 있는 폐쇄나 파열 증상을 찾아본다. 이런 검사는 아이가 깨어 있을 때 할 수도 있고, 자는 동안 할 수도 있다. 이비인후과 전문의가 기도 문제를 살필 때 고려하는 것은 다음과 같다.

1. 턱의 크기와 형태
2. 기도에 나타나는 부어오름, 염증, 폐쇄 증상(편도선 비대증이나 기도 협착 등)
3. 이갈이 징후
4. 근육의 기능을 방해할 수 있는 조직 결박 증상(설소대 단축증 등)
5. 중이염 또는 중이 삼출액
6. 역류 증세 또는 위장 장애
7. 알레르기

문제가 발견되면 이비인후과 전문의는 적절한 치료를 제안하고 직접 치료를 하기도 한다. 그것은 약물 치료가 될 수도 있고, 수술이 될 수도 있다. 비강 세척기나 비강 확장 패치의 사용을 권하기도 한다. 비강 세척기 제품 중에는 소아용 노즐이 달린 것도 있다. 또는 알레르기에 대한 약물 치료나 기도 조직의 염증 치료를 권하기도 한다. 이비인후과 전문의가 진료 결과에 따라 치과 의사, 치과 교정 전문의, 근육 기능 치료 전문가, 언어병리학자에게 안내할 수도 있다.

만 3세의 라이언Ryan은 수줍음이 많은 아이였고, 언어 능력이 또래보다 12개월 정도 뒤처진 상태였다. 또 잠을 잘 자지 못했고 한밤중에 잠에서 깨어서는 다시 잠들기 힘들어했다. 라이언은 습관적으로 구강 호흡을 했고, 코는 항상 막혀 있었다. 라이언을 진찰한 이비인후과 전문의는 매일 밤 고양이가 함께 자는 것에 대해 우려를 표시했다. 의사는 알레르기 유발 물질이나 고양이 비듬 같은 것이 남아 있지 않도록 침구와 인형을 뜨거운 물에 세탁하고, 라이언도 잠들기 전에 목욕을 시켜서 하루 동안 몸에 붙은 알레르기 유발 물질을 제거하라고 권유했다. 이렇게 하자 라이언의 기도가 다시 건강해졌다. 기도 문제를 일으키고 호흡 패턴을 망가뜨렸던 문제들이 4주가 지나기도 전에 해결되면서 라이언의 상태는 아주 좋아졌다. 알레르기 테스트를 해본 결과, 라이언의 알레르기는 고양이 때문이 아니라 주변 환경 속 꽃가루 때문이었다. 하지만 알레르기 위험은 차치하더라도 고양이의 움직임과 소리 또한 라이언의 수면을 방해할 수 있었다. 따라서 아이의 침대에서 반려동물이 함께 자는 것은 피하는 것이 좋다.

이비인후과 의사가 볼 때 편도선과 아데노이드가 아이의 기도를 막거나 좁아지게 하여 수면을 방해한다고 판단되면 수술을 권유하기도 한다. 또 중이에 계속 삼출액이 찬다면 고막에 관을 삽입하여 중이 삼출액이 빠져나오도록 하는 치료를 하기도 한다. 그런데 이 문제는 근육 기능 치료를 통해 호전될 가능성도 있다. 근육 기능 치료로 목구멍 뒤쪽의 근육을 움직이게 하면 거기에 있는 이관을 통해 귀에서 나오는 분비물이 자연스럽게 배출되기 때문이다. 이런 경우 이비인후과 전문의, 근육 기능 치료 전문가가 아이에게 도움이 된다.

─── 알레르기 전문 의사/면역학자

코 막힘이나 기도 문제의 정확한 원인을 찾기 위해서 알레르기 전문 의사나 면역학자가 검사를 수행하기도 한다. 이들은 기도 문제의 원인이 되는 모든 알레르기를 찾아낼 수 있을 것이다. 어떤 알레르기가 있는지 확인하고 나면 알레르기 반응을 줄여 아이가 호흡하는 데 도움이 되는 방법을 알려준다.

어떤 알레르기가 있는지 찾아내는 가장 흔한 방법은 피부 반응 검사이다. 이 검사는 알레르기를 유발할 수 있는 물질을 각각 소량씩 피부 표면에 떨어뜨리고 피부를 살짝 찔러 피부 바로 밑에 침투시킨 후 반응을 관찰하는 것이다. 알레르기의 원인이 밝혀지면 알레르기 전문 의사는 그에 대한 적절한 처치 방법을 추천하는데, 비강 스프레이를 권하기도 하고 집 먼지를 제거하거나 탈 감각 치료를 받도록 제안하기도 한다. 앞서 소개한 라이언의 경우에서도 보았듯이, 알레르기 유발 물질을 제거하면 비강이 자극을 덜 받아 하루 종일 이상적인 호흡을 할 수 있다. 그리고 비강이 자극을 덜 받으면 기도가 열리게 되어 자는 동안에도 코로 숨을 쉴 수 있다.

━━ 소화기내과 전문의

기도 폐쇄 증상이 있는 아이들은 위장 장애가 있는 경우도 많다.[207] 즉, 그 두 가지는 밀접한 관련이 있다. 수면 장애가 있는 환자를 치료하던 중 위장 장애 증상이 개선된 경우도 있고, 위장병 치료를 한 결과 수면의 질이 향상된 경우도 있다. 아이의 소화기나 간에 문제가 있거나 혹은 영양상의 문제가 있을 때 그것을 진단하고 치료할만한 전문 지식을 가진 사람이 소아 소화기내과 전문의이다. 이런 문제가 아이들에게 나타나는 경우 어른들과는 다른 양상을 보일 수 있으므로 소아 소화기내과 전문의가 받은 특별한 교육과 그들이 가진 전문 지식은 매우 유용하다.

소아 소화기내과 전문의는 신생아부터 10대 청소년까지 치료한다. 이들이 진단하고 치료하는 질환으로는 위장관 출혈, 유당 불내증, 식사 알레르기, 음식 과민증, 심각한 수준의 또는 병발성 위-식도 역류 질환, 염증성 장 질환, 단장 증후군, 간 질환, 급성 또는 만성 복통, 구토, 만성 변비, 급성 설사 또는 극심한 설사 증세, 췌장 부전증(낭포성 섬유증 포함), 췌장염, 영양상 문제(영양실조, 성장 장애, 비만 등), 섭식 장애 등이 있으며, 이러한 질환은 모두 수면 장애와 상호 연관성이 있다.

━━ 신경과 전문의/소아 신경과 전문의

신경과 전문의는 발작 장애, 열성 경련, 간질, 머리 외상, 뇌종양, 뇌성마비, 퇴행성 근육 위축, 신경 근육 장애처럼 신경계에 영향을 미치는 질병과 질환을 다루는 의사이다. 아이에게 이 중에서 어떤 질환이 있는 것으로 의심된다면 소아청소년과 전문의가 신경과 전문의에게 검사를 요청할 수도 있다.

이런 질환은 수면과 관련해서도 중요한 문제일 수 있다. 근육이 약한 아이들은 기도 허탈 위험이 있기 때문이다.[208] 그리고 근육 수축으로 통증이 있는 아이들은 자주 잠에서 깨기 때문에 수면이 분절될 것이다. 그러므로 신경과 전문의는 신경 근육 질환, 뇌 장애, 뇌 질환으로 인해 수면과 기도 문제가 생길 수 있는 아이들을 발견하고 치료해야 하는 중요한 위치에 있는 사람이다.

━━ 외과 전문의(수술 전문 의사)

두개 안면 증후군, 해부학적 이상, 근육 긴장도 이상, 유전적 장애 등을 치료할 때에는 이비인후과 전문의, 소아 치과 전문의, 소아 외과 전문의, 보철 치료 전문가 등 다양한 외과 전문의가 아이의 수면 치료 팀에 포함될 수 있다. 두개 안면 장애가 있는 아이들은 여러 가지 문제를 한꺼번에 가지고 있으므로 아이와 그 가족이 신체적, 정서적, 금전적 부담을 최소화하면서도 모든 발달 단계에서 아이와 가족에게 도움을 줄 수 있는 다양한 전문가로 구성된 팀이 필요하다. 치료 과정에서 여러 차례의 수술 치료가 필요할 수 있기 때문이다.

두개 안면 장애는 섭식, 호흡, 수면, 말과 언어 발달에 문제를 유발할 수 있는 두개 및 안면 기형을 나타내는 포괄적인 용어이다. 두개 안면 장애의 예로는 구개 파열이 있다. 구개 파열 수술은 생후 3개월쯤 되었을 때 시작하고 보통 생후 12개월쯤 절차가 마무리되지만, 주기적으로 발달 상태를 살펴보면서 경과에 따라 2차 수술 혹은 그 이상의 수술이 필요할 수도 있다. 치료 팀은 주로 병원에서 상주하는 의사들인데 보통 성형외과 전문의, 이비인후과 전문의, 소아 치과 전문의, 치과 교정 전문의, 간호사, 심리학자, 사회 복지사, 언어병리학자, 작업 치료사, 물리 치료사 등으로 구성되며 그 밖에도 다양한 전문가가 포함될 수 있다. 여러 학문 분야가 연계된 조기 치료는 두개 안면 장애가 있는 아이들의 발달에 도움이 된다. 신체적 기형을 바로잡으면 변칙적인 보상 행동의 발생을 줄이고 상기도 발달에 적합한 몸 상태를 만들 수 있다. 예를 들면, 좁은 위턱을 넓히거나 설소대 단축증 수술을 받으면 상기도가 잘 발달할 수 있는 최적의 신체 조건을 갖추게 되는 것이다.

━━ 정신과 전문의

정신 건강과 수면 장애는 깊은 관련이 있다. 정신과 전문의는 정신 건강을 전문적으로 다루는 의사이다. 아이가 정서적 문제나 행동 문제를 해결하기 위해 상담과 더불어 약이 필요한 상태라면 정신과 전문의의 도움을 받는 것이 좋다. 정신과 전문의가 감별 진단을 할 수도 있는데, 감별 진단이란 아이에게 나타나는 모든 징후를 살펴보고 어떤 진단명이 아이의 문제와 정확히 일치하는지 판단하는 진단법이다.

아이의 상태에 따라 약물 치료가 필요할 수도 있다. 하지만 약물 치료는 반드시 의학적 진단과 처방에 따른 것이어야 한다. 처방전 없이 살 수 있는 일반 의약품이 빠른 해결책이 될 수 있을 것이라 생각하겠지만, 오히려 수면 문제를 악화시킬 수 있다. 처방전 없이 살 수 있는 약은 또 다른 문제를 유발할 수 있기 때문에 치료에 적합하지 않다. 예를 들어, 아이에게 수면을 위한 약을 먹인 경우 아이가 깨어서 다시 잠들지 못할 수도 있다. 심지어 의도한 것과는 다른 결과를 내는 경우도 있어서 아이가 처음부터 잠들지 못하게 되기도 한다.

━━ 근육 기능 치료 전문가

근육 기능 치료 전문가는 입과 얼굴, 목구멍의 근육과 구강 관련 습관을 자세히 검사하고 진단한다. 검사와 진단이 완료되면 근육 기능 치료 전문가는 구강 내 근육의 휴식 자세를 바로잡는다. 또한 입, 얼굴, 목구멍 근육의 힘, 긴장도, 움직임을 개선하며 머리와 목의 자세를 바로잡고 구강 안면 근육 문제를 해결함과 동시에 손가락 빨기 같은 해로운 습관을 없애기 위한 프로그램을 설계한다. 모든 기능에 대한 검사는 아이의 상기도 건강 상태와 그것이 수면에 주는 영향을 고려하여 이루어진다. 근육 기능 치료 전문가들은 징후의 특징과 심각한 정도를 바탕으로 아이의 나이와 관심 분야까지 고려하여 최상의 치료법을 설계한다. 치료 프로그램은 아이가 가진 모든 의학 및 치의학적 질환과 신체 및 행동 문제를 통합하여 개인의 특성에 맞게 짜여진다. 그러므로 수면의 질에 문제가 생겼을 때, 폐쇄성 수면 무호흡증과 수면 호흡 장애 같은 수면 장애에 대한 보조적 치료법으로서 근육 기능 치료가 매우 중요한 역할을 한다.[209] 아이가 구강 안면 근육 기능 장애라는 진단을 받았다면 바로 이때가 근육 교정 치료가 필요한 시점이다.

입과 얼굴, 목구멍의 근육을 인지하고 통제하는 능력을 발달시키는 것이 근육 교정의 목적이다. 근육 교정은 우선 씹고 삼키고 숨 쉬는 기능에 도움이 되는 운동에 집중하는 치료법이다. 하지만 근육 교정의 최종 목표는 호흡하고 삼키고 씹는 동안 발생하는 근육의 움직임과 휴식이 제대로, 그리고 저절로 이루어지도록 근육을 훈련시키는 것이다. 근육 교정 훈련을 통해 근육을 사용하는 새로운 방법이 몸에 익으면 나쁜 습관은 저절로 사라질 것이다. 하지만 치료의 최종 목적은 근육의 기능을 교정하는 것이기 때문에, 운동을 넘어 근육 기능의 치료와 정착에 점점 더 초점을 맞추어야 한다. 그러기 위해서는 근육에 대한 전문 지식을 갖춘 사람이 치료를 해야 한다.[210,211] 근육 운동은 누구나 쉽게 할 수 있다. 하지만 어려운 것은 새로운 근육 사용 방법이 몸에 배도록 만드는 것이다. 근육 교정은 구강 호흡 그리고 손가락이나 노리개 젖꼭지 빠는 버릇을 고치는 것부터 시작한다. 이런 버릇이 고쳐지지 않으면 새로 시작되는 좋은 습관을 지켜나가기가 어렵기 때문이다. 코로 바르게 숨 쉬는 것은 의학적 도움이 필요한 부분이어서, 위턱이 좁은 아이들이 치과 의사나 치과 교정 전문의의 도움을 받아 위턱을 넓히는 치료를 받기도 한다. 입과 관련된 해로운 버릇을 없애거나 구강 호흡을 바로잡고 나면 근육을 인지하고 통제하는 능력을 기르기 위해 기본적인 입, 얼굴, 목구멍 근육 운동을 한다. 근육을 다시 훈련시키는 데 방해가 되는 다른 구조적 문제가 있는 경우에도 의학적 치료의 도움을 받을 수 있다(알레르기 치료, 아데노이드 편도 절제술, 설소대 단축증 수술 등). 이런 문제를 해결하기 위해 근육 기능 치료 전문가가 가장 적합한 분야의 의사를 소개해줄 것이다. 하지만 중이에 관을 삽입하거나 아데노이드 편도 절제술 또는 설소대 절제술을 받는 등 의학적 개입이 필요한 경우에도 수술 전과 후에 일정 기간 동안 입, 얼굴, 목구멍 근육 기능 향상을 위한 근육 재훈련을 해야 한다.

   근육 교정은 특정 치료 절차를 넣거나 빼는 데 영향을 주기도 한다. 설소대가 짧아서 혀의 움직임이 매우 제한되어 있는 아이에게 근육 교정 프로그램은 혀가 정상적인 기능을 하도록 도와준다. 그렇기 때문에 수술의 개입이 필요한 상황이라도 근육 교정 절차를 건너뛰고 바로 수술을 결정하는 것은 바람직하지 않다. 근육 최적화와 근육 교정의 목적은 두개 안면 성장을 촉진할 수 있도록 숨쉬기, 씹기, 삼키기 기능과 구강 내 근육의 휴식 자세를 바로잡고 턱의 맞물림을 바르게 안정시키며 구강 건강을 향상시키고 기도 기능의 발달을 최적화하는 것이다.

이런 새로운 기술은 결코 하룻밤 사이에 완성되지 않는다. 운동은 매우 빠르게 배울 수 있지만 새로운 방법으로 씹고 삼키고 숨 쉬는 법은 6개월에서 12개월에 걸쳐 서서히 정착되는 경우가 많다. 마치 악기를 배우는 것과 같다. 매일 아주 조금씩 바뀔 것이다. 근육 기능 치료를 위해 추가적인 교육과 훈련을 받은 언어병리학자, 치과 위생사, 물리 치료사, 작업 치료사 등이 근육 기능 치료 전문가가 될 수 있다. 치과 의사, 치과 교정 전문의 그리고 다른 의료 종사자들도 근육에 대한 이해를 높이기 위해 교육을 받기도 하지만 실제로 치료를 하는 경우는 드물다. 아이가 목소리, 공명, 말하기에 문제가 있는 경우, 물리 치료사나 치과 위생사가 아니라 언어병리학자의 치료 범위에 속한다는 사실을 참고할 필요가 있다. 각각의 근육 기능 치료 전문가들이 가지고 있는 기술은 그 범위가 다양하기 때문에 근육 기능 치료에 필요한 자격과 임상 실무에 대한 보편적 기준을 만들고자 하는 노력은 지금도 활발히 진행되고 있다.

━━ 호흡 교육 전문가

잘못된 호흡 습관이 정착되면 그것을 교정하는 데 전문가의 도움이 필요한 경우가 많다. 호흡 습관을 교정하는 것은 잠을 자는 동안 그리고 일상 활동이나 운동을 할 때에도 모두 적용되는 바른 호흡 패턴을 새로이 습득하는 것이다. 숙련된 호흡 교육 전문가라면 다음과 같은 과정을 도울 수 있다. 예를 들어 부테이코 호흡법은 널리 알려진 호흡 재교육 방법으로, 구강 호흡을 비롯한 여러 형태의 비정상적 호흡 습관을 바로잡도록 도와준다.[212] 근육 기능 치료 전문가 중에는 호흡 교육 전문가 자격도 갖추어 근육 기능 치료 프로그램에 호흡법 교정을 포함시키는 사람도 있다. 근육 기능 치료와 호흡법 재교육을 연계하여 기도 문제와 기도 관련 수면 장애를 치료하는 데 이용하는 것이다. 많은 의료계 종사자가 부테이코 호흡법을 이용하고 있으며, 치료에 필요한 훈련을 받은 호흡 교육 전문가들이 전 세계적으로 많이 있다. 이런 것을 참고하여 진료 경험이 많고 다른 전문가들과의 협업을 통해 아이의 상기도 건강을 증진할 수 있는 전문가를 선택하는 것이 가장 좋다.

호흡 패턴을 바로잡는 것은 습관을 재훈련하는 것만으로 간단히 해결되지 않을 수도 있다. 그러므로 비정상적 호흡을 유발하는 다른 의학적 문제가 있는지 확인하는 것도 중요하다. 예를 들어 코에 구슬이 들어갔다거나 코 폴립(코안에 버섯같이 돋아 오른 살덩어리)이 생긴 경우, 또는 비중격 만곡증이 있는 경우에 아이들은 해부학적 제약으로 인해 숨을 잘 쉴 수 없을 것이다. 이럴 때는 아무리 호흡 재훈련을 해도 비정상적 호흡 습관은 사라지지 않는다. 따라서 호흡 전문가가 아니라 이비인후과 전문의가 먼저 치료를 해야 한다.

━ 언어병리학자

언어병리학자는 의사소통 장애와 삼킴 장애를 진단하고 치료한다. 진료 범위는 매우 넓지만 의학 및 치의학 전문가들과 함께 일하는 언어병리학자들은 상기도 기능에 좀 더 집중하는 편이다. 언어병리학자는 신생아 집중 치료 시설이나 병원에서 아기의 기도 발달 혹은 기능과 관련된 치료를 하기도 하고, 의학적 문제가 있는 아기들이나 아동들의 섭식 및 삼킴 장애를 진단하고 치료하기도 한다. 입과 얼굴 구조의 발달을 돕고 섭식 및 삼킴 기능을 향상시켜 아이가 안전하게 먹고 마실 수 있도록 해주는 구강 운동 치료를 진행하기도 한다. 이때 가장 중요하게 여겨야 하는 것은 안전한 영양 섭취이다. 이런 치료는 아이가 감당할 수 있는 속도와 수준으로 근육 기능 치료를 시작해야 한다.

언어병리학자 중에서 근육 기능 치료 전문가 교육을 마친 사람들은 의학 및 치의학 전문가들과 함께 최적의 상기도 건강과 발달을 위한 치료를 돕기도 한다. 흥미로운 점은 삼킴 장애를 치료할 때 언어병리학자의 역할은 환자가 음식을 삼키도록 돕는 것, 즉 기도를 닫는 작업인 반면, 수면 중 호흡 개선을 위해 환자를 치료할 때 언어병리학자의 역할은 기도를 열어주는 작업이라는 점이다.[213] 기도를 열고 닫는 것 모두 건강을 위해 매우 중요하다. 브라질에서는 구강 안면 근육 기능 치료 훈련을 받은 말하기-언어병리학자(SLPs)가 기도 문제로 인한 수면 장애 환자를 치료하는 데 매우 중요한 역할을 하고 있는데, 그들은 기도를 열어놓는 치료법을 사용하기도 한다. 이것은 수술을 하지 않는 교육적 치료법이다. 브라질의 말하기-언어병리학자들은 이 치료법을 수행할 수 있는 공식 자격증을 가지고 있으며, 전 세계의 언어병리학자들의 선구자 역할을 하고 있다.

언어병리학자들은 갓 태어난 아기들을 포함한 모든 연령대의 사람들을 치료하기 때문에 아이들, 특히 기도 문제가 있는 아이들의 수면 장애 징후를 발견할 수 있는 최전선에 있다.[214] 전 세계의 모든 병리학자가 기도의 중요성을 강조하는 것은 아니지만, 이와 같은 인식이 점점 확대되고 있다.

── 작업 치료사

작업 치료사는 아이들이 소근육 운동이나 손과 눈의 협응 같은 발달 과업을 성취하도록 도와준다. 또 아이들의 정상적인 발달과 학습을 위해 부모나 보육 교사를 교육하는 일도 한다. 초기 발달에 문제가 있는 아이들이나 장애를 가진 아이들의 보육 과정에 작업 치료사가 개입하면 도움이 된다.

작업 치료사들도 갓 태어난 아기들을 치료하는 일이 많기 때문에 아이들, 특히 기도 문제가 있는 아이들의 수면 장애 징후를 누구보다 먼저 발견할 수 있다.

── 물리 치료사

소아 물리 치료사는 아이들의 성장과 관련하여 근육과 관절이 최상의 기능을 하는 것을 목표로 하여 아이들의 움직임과 자세를 검사하고 진단하며 치료한다. 물론 상기도 건강과 기능에 매우 중요한 영향을 미치는 머리와 목의 자세도 포함된다. 물리 치료는 아이가 움직이고 자세를 유지하고 그런 자세가 몸에 배도록 하는 데 도움을 주며, 몸에 나타나는 위험 신호를 감지할 수도 있다.

성인과 달리 아이들은 소아 물리 치료사로부터 특별한 도움을 받을 수 있는 신체적 성장 단계에 있다. 성장하는 아이들의 경우에는 뼈가 근육보다 빠르게 성장하는데, 이러한 특징을 활용해 해결할 수 있는 문제들도 있다. 자세나 근막 이완, 호흡을 치료하는 물리 치료사의 능력은 특히 기도 문제로 수면을 방해받는 아이들에게 도움이 될 것이다.

수면 이상에 도움이 되는 전문가

아이의 행동과 환경, 일과를 조정함으로써 수면 문제가 해결된다면 부모들은 전문 지식 없이도 상대적으로 쉽게 문제를 해결할 수 있을 것이다. 이런 방식으로 해결되는 수면 문제는 수면 이상이라는 범주에 속한다. 하지만 고질적인 행동 문제가 있다면 여기에도 다른 사람의 도움이 필요할 수 있다. 부모의 힘으로 문제를 해결할 수 없다면 효과적인 행동 전략을 세워줄 전문가를 찾아보아야 한다. 수면 문제를 해결하기 위한 행동 전략을 세우는 데는 시간이 많이 들 뿐 아니라, 다른 아이들보다 더 풀기 어려운 문제를 가진 아이들도 있기 때문이다.[215] 또 환경을 바꾸기가 어려운 상황이라면 제삼자가 개입하여 새로운 방법을 제시해주는 것도 도움이 된다. 그러므로 수면 생활 습관이나 일과, 버릇, 행동, 환경의 문제 때문에 수면 문제가 지속되는 경우에는 아래에 소개하는 전문가들로부터 도움을 얻길 권한다.

─ 수면 전문가

수면 전문가가 아이의 수면 상태를 검사한 후 수면 장애가 아니라는 진단을 내린다면 그들은 아이의 행동이나 습관, 일과, 환경을 변화시킬 방법을 제안하거나 조언을 해줄 수 있다. 상담을 통해 도움을 줄 수도 있고, 소아청소년과 전문의나 심리학자, 정신과 전문의 등 또 다른 전문가를 소개해줄 수도 있다.

신경심리학자/심리학자/행동심리학자/정신과 전문의

인생을 살면서 누구나 만성 스트레스를 경험하기도 한다. 심리학자나 정신과 전문의는 이러한 가족이나 아이에게 일상생활 속 과도한 감정을 처리하기 위한 정서적 공간 넓히기 방법을 가르칠 수 있다. 정서적 공간 넓히기란, 바쁜 일정과 예상치 못한 문제로 인해 생기는 감정적 긴장을 푸는 것이다. 만성 통증이나 심각한 질병이 있는 아이들, 특수 아동 또는 장애가 있는 아이들도 소아 심리학자나 정신과 전문의로부터 도움을 받을 수 있다.

행동 및 감정 조절 장애와 수면 문제는 서로 연관되어 있다. 수면 문제가 해결되면 행동 문제나 성격의 문제도 해결되는 경우가 많다. 그 반대의 경우도 마찬가지다. 습관적으로 비정상적이거나 바람직하지 않은 감정 반응을 보이는 아이들에게도 심리학적 도움이 필요하다. 가족 간의 갈등이나 가정에 근심이 있는 경우도 마찬가지이다. 이런 때에는 어른들뿐만 아니라 아이들에게도 외부의 도움이 오히려 효과적일 수 있다. 불안감이나 스트레스가 있는 아이들을 치료하는 데 가장 널리 인정받는 방법으로 인지 행동 치료법이 있다.

아이들의 수면에 문제가 생기면 문제 해결 능력과 추론 능력, 집중력 저하 등 학업에 문제가 생길 뿐 아니라 자기 조절 능력이 떨어지기도 하는데, 신경심리학자 또는 심리학자는 아이들의 이런 능력을 구체적으로 검사할 수 있다. 그리고 수면 문제가 해결되면 학업에 대한 집중력이나 주의력 문제도 해결될 수 있다. 위에서 말한 대로 정신과 전문의는 의사로서 정신 건강을 전문적으로 다루는 사람이므로 필요한 경우에는 약을 처방할 수도 있다.

━━ 수면 코치

의학적 질환을 모두 치료했지만 수면과 관련된 아이의 행동 문제가 여전히 고쳐지지 않는다면, 전문적인 수면 코치가 도움을 줄 수 있다. 많은 수면 코치가 있지만, 가지고 있는 철학과 접근법이 아이와 잘 맞는 수면 코치를 찾는 것이 중요하다. 만약 오랜 수면 부족으로 지치고, 그로 인해 부모가 되는 고통을 느끼고 있다면 전문적인 수면 코치의 조언을 참고하자. 이때 부모로서 가지고 있는 철학에 부합하는 방식으로 지도하는 수면 코치를 찾아보는 것이 좋다.

━━ 보육 전문가

보육 전문가 중에는 아이들이 하는 골칫거리 행동들에 잘 대처하는 사람이 많다. 그러므로 아이를 돌봐주는 사람이 따로 있다면, 그 보육 전문가에게 아이의 수면 이상 문제에 대해 도움을 요청하거나 수면 환경 변화에 대한 조언을 얻는 것이 좋다.

또한 보육 교사나 유치원 교사에게 아이에 대한 의견을 묻는 것도 도움이 된다. 그들은 아이를 바로 곁에서 지켜보는 사람들이므로 수면 문제를 해결하는 데 있어서도 어떤 방법이 가장 좋을지 통찰력 있는 의견을 줄 수 있다.[216]

━━ 산부인과 전문의

산부인과 전문의들은 여성에 대한 내과적·외과적 치료를 하고 임신, 출산, 생식 계통 장애에 관한 전문 지식을 가진 사람들이다. 또한 이들은 태아의 발달을 방해하고 조산을 일으킬 수 있는 임신부의 수면 호흡 장애나 폐쇄성 수면 무호흡증 같은 호흡 문제를 발견할 수 있는 중요한 위

치에 있다.[217,218]

가장 이상적인 것은 아이가 가진 문제를 태아 단계에서 발견하는 것이다. 모든 엄마들이 상기도 건강의 중요성을 알게 된다면 임신 중에 자신과 태아의 기도 건강 상태를 확인할 것이다. 태아 초음파 검사를 해보면 빨기, 삼키기 같은 자궁 속 태아의 움직임을 확인할 수 있다. 따라서 아기에게 위험 요소가 있는 경우, 그것을 출생 전에 발견하면 태어나자마자 조기 근육 기능 치료를 시작할 수 있다.

아울러, 기도 문제가 있는 엄마에게서 태어난 미숙아들은 출생 시 호흡하기, 빨기, 삼키기 등에 필요한 발달이 제대로 이루어져 있지 않다. 산부인과 전문의들은 이런 문제를 가장 먼저 발견할 수 있다.

─ 신생아 전문의

신생아 전문의는 호흡 장애나 감염증, 선천성 장애를 가지고 태어난 신생아들을 진단하고 치료한다. 또 미숙아 또는 위독한 신생아, 수술이 필요한 신생아들을 위한 통합적 관리와 치료를 한다. 신생아 전문의는 가능한 한 가장 빠른 나이에 아이들의 위험 요소를 발견할 수 있는 사람들이며 모유 수유에 필요한 도움을 주기도 한다. 아이가 설소대 단축증으로 모유 수유를 하는 데 어려움을 느낀다면 설소대 절제 수술을 해주기도 한다. 아이에게 모유 수유를 할 수 없는 경우에는 신생아 전문의들이 조기에 구강 반사를 자극하여, 얼굴과 입 그리고 혀와 턱의 힘을 키우고 필수적인 움직임을 하도록 유도하기도 한다. 수면 중 호흡 이상은 아주 어린 나이에도 생길 수 있다. 어릴 때 위험 신호를 발견하고 조기에 치료한다면 아기들, 특히 미숙아들이 건강한 기도를 발달시키기 위한 순조로운 출발을 할 수 있다.

▬ 모유 수유 상담가(국제인증모유수유상담가)

모유 수유가 아기의 근육과 얼굴뼈 발달에 얼마나 중요한 역할을 하는지 기억하는가? 그런데 모유 수유가 순조롭게 진행되지 않는다면 모유 수유 상담가가 도움을 줄 수도 있다. 그들은 효과적인 모유 수유 방법을 알려줄 뿐 아니라 근육 긴장도 저하, 수유의 기술적 문제, 빨고 삼키고 숨쉬기에 필요한 조화 운동의 문제, 작은 입 또는 설소대 단축증처럼 모유 수유를 방해하는 문제들을 찾아내는 데 도움을 준다.

생후 3개월에서 12개월 사이쯤 되어서야 아기의 수유 문제가 드러나기도 한다. 예를 들어 수유량이 많으면 초기에 모유 수유 문제를 발견하기 어렵다. 아기가 젖을 빠는 기술이 다소 적절하지 않더라도 충분한 양의 모유를 먹고 체중이 계속 늘기 때문이다. 모유 수유 상담가는 필요에 따라 젖병 수유 또는 다른 대안들을 적용하는 데도 도움을 준다.

앞서 설명했던 모든 의료 종사자들이 아기들에게도 도움을 줄 수 있다. 언어병리학자, 작업 치료사, 물리 치료사 등 이러한 의료 종사자들은 아기들, 특히 특정 질환이 있는 아기들을 치료하는 의료 환경에서 일하는 사람들이다. 모든 의료 전문가와 다양한 의료 종사자, 그리고 보육 전문가가 함께 수면 장애나 수면 이상이 있는 아이들을 발견하고 필요한 치료를 해주는 것이 아마도 가장 이상적인 모습일 것이다.

더 나아가 전문가들이 모두 근육 기능 치료까지 공부한다면 아이들의 기도 발달에 더할 나위 없이 큰 도움이 될 것이다.

추천의 말 – 2

───── 저자는 우선 행동적 접근법에 따라 아이들의 일과와 환경을 최적화하여 잠을 잘 자게 해주는 방법을 설명한다. 그다음에는 건강한 기도를 만드는 데 있어서 구강 안면 근육 기능 치료의 역할을 설명하는데, 이것은 반드시 다루어야 하는 중요한 내용이다. 증거에 입각한 자료들에 따르면 구강 안면 근육 기능 치료는 폐쇄성 수면 무호흡증 치료에서 기도를 열린 채로 유지하는 데 큰 역할을 한다. 게다가 이것은 수술이 아닌 훈련을 통해 이루어지는 치료법이다. 저자의 폭넓은 지식을 바탕으로 아이들의 건강한 성장 발달과 관련된 수면의 중요성을 명확하고 자세하게 다루고 있는 이 책은 수면 건강 분야에서 보석 같은 존재임이 분명하다.

에스더 맨들바움 곤살베스 비안치니|Esther Mandelbaum Gonçalves Bianchini
언어병리학자, 박사,
상파울루가톨릭대학교 대학원 교수,
브라질수면학회 언어병리학자 위원회 총책임자

───── 여러 징후를 수반하는 수면 장애 환자들을 치료하고 있는 언어병리학자인 나의 입장에서 볼 때 표, 질문지, 인용문, 통계 자료 등이 포함된 이 책은 읽기 쉬우면서도 유용하다. 알레르기나 상기도 문제가 있는 아이

들에게 행동 문제나 교육 문제가 있다는 잘못된 진단이 내려지는 경우가 많다. 실제로는 알레르기나 해부학적, 생리적, 심리적 요인이 밤중 호흡에 영향을 주는 것이 원인인 경우에도 말이다. 부모들과 전문가들 모두에게 꼭 필요했던 책을 쓴 저자에게 찬사를 보낸다. 이 책은 모든 진료소의 대기실은 물론, 부모들이 모여 정보를 공유하고 서로 도움을 주는 모임 장소에 반드시 준비되어야 할 것이다.

리시아 코세아니 패스케이 Licia Coceani Paskay
이학 석사, 언어병리학자

─── 이 책은 미래 세대가 유전적으로 최대한 건강해질 수 있는 방법을 안내한다. 아이들의 성장 발달, 그리고 건강의 모든 측면에서 수면의 중요성을 결코 가볍게 여겨서는 안 된다. 이 책은 바람직한 기도 성장과 그것으로 인한 건강한 치과적 발달을 이루는 방법도 안내한다. 또 현대 사회에서 약물, 수술, 반복된 치과 교정술을 주로 사용하고, 원인보다는 증상만을 치료하는 것에 대해 문제를 제기한다. 치주 질환, 턱 통증(턱관절 장애), 수면 장애, 충치는 오늘날 치과 의사가 다루는 문제들이다. 이런 문제 중 다

수는 적절한 호흡과 씹기, 삼키기를 익히고 신체의 정상적인 기능과 발달을 막는 구강 관련 버릇을 제거함으로써 치료할 수 있다. 나는 많은 문제에 대한 답이 이 책 안에 있다는 생각이 들었다.

조이 몰러 Joy Moeller
의학사, 구강 안면 근육 기능 치료사,
응용근육기능학아카데미 설립자

─── 수면과 호흡은 간단한 문제처럼 보이지만, 수면 장애나 호흡 장애가 있는 아이와 가족들을 돕는 것은 매우 복잡한 문제이다. 저자 샤론 무어는 현재 세상에 나와 있는 다양한 자료들을 토대로 기능 장애, 발달에 주는 영향, 대책을 세우지 않았을 때 생기는 문제, 도움을 얻는 방법 등에 대해 부모들이 이해하기 쉽게 설명한다. 나도 어서 이 내용을 나의 환자들과 그 가족들에게 알리고 싶다.

린다 도노프리오 Linda D'Onofrio
이학 석사, 임상실무능력인증 언어병리학자

─── 부모들과 전문가들에게 정말 필요한 책이다. 수면 문제가 있는 아기와 아이들은 예전보다 더 많아졌다. 이런 질환들은 보통 기도 발달 장애나 호흡 문제와 관련이 있다. 어떤 문제들은 아기가 엄마의 자궁 안에 있을 때부터 시작되기도 한다. 또 현재의 자녀 양육 관습과 관련된 구조 또는 기능 장애를 발견하기도 한다. 예를 들어 깨어 있는 시간 동안 지나치게 오래 등을 대고 누워 있는 아기들이 많다. 이런 습관은 기본적인 자세 조절 능력의 발달과 바람직한 턱 성장을 방해한다. 게다가 젖병, 빨아 먹는 컵, 노리개 젖꼭지는 입과 기도의 발달을 방해한다. 무엇보다도 후성 유전학 측면에서 봤을 때 이런 관습 때문에 우리 종의 모습이 달라지는 것을 보게 될 수도 있다. 샤론 무어는 책 안에 이 중요한 문제를 포함시켰다. 아이들의 기도 문제와 수면 장애에 대한 원인과 해결책을 설명해주는 책을 써준 저자에게 감사하다.

다이앤 바르 Diane Bahr
이학 석사, 임상실무능력인증 언어병리학자, 공인 유아 마사지 지도사,
수유, 운동 언어, 입 발달에 대한 국제 강연자

─── 아기가 태어나면 혹은 태어나기 전에도 부모들의 주된 걱정거리 중 하나는 "우리 아기는 잘 잘까?"이다. 요즘 대부분의 의사들이나 연구단체는 수면 장애가 아이들의 두개 안면 발달이나 행동 발달에 부정적인 영향을 미친다는 사실을 알고 있다. 부모는 뭔가가 잘못되었을 때 아이에게 나타나는 첫 신호를 발견하는 중요한 역할을 해야 한다. 이 책은 부모가 이런 신호를 잘 알아챌 수 있도록 도와주고 부모가 할 수 있는 일을 가르쳐준다. 그것은 모든 아이들의 기도 건강을 향상시키고 구강 발달과 행동 발달을 촉진하는 데 아주 중요하다. 최근 연구가 보여주듯 구강 안면 근육 기능 전략과 치료 프로그램은 간단하지만, 수면 호흡 장애에 효과적인 보조 치료법이다. 이 책은 모든 독자가 수면과 호흡 행동을 더 잘 이해하도록 도우면서 건강을 향상시키는 데 필요한 행동을 실천하도록 이끈다. 아버지이자 언어치료사, 그리고 연구자로서 내가 말할 수 있는 것은 단 한 가지다. 이 책은 모든 부모와 다양한 분야의 의사들에게 훌륭한 자료라는 것이다. 언어병리학자, 의학 및 치의학 전문가 모두 이 책을 읽으면 도움이 될 것이다.

리카르도 산투스 Ricardo Santos
언어병리학자, 이학 석사, 박사, 언어치료사,
포르투갈 턱관절 장애 및 구강 안면 통증 학회 Society of TMJ and Orofacial Pain **공동 설립자**

참고 문헌

1 Adam Mansbach and Ricardo Cortés, Go the F**k to Sleep, (New York, NY: Akashic Books, 2011).
2 Olivero Bruni, 'Insomnia: Clinical and Diagnostic Aspects', World Sleep Society Conference (Prague, 2017).
3 Sarah Blunden, 'Behavioural Sleep Disorders across the Developmental Age Span: An Overview of Causes, Consequences and Treatment Modalities', Psychology, no. 3 (2012): 249–56, https://doi.org/10.4236/psych.2012.33035.
4 Judith Owens and Jodi Mindell, Take Charge of Your Child's Sleep: The All-In-One Resource for Solving Sleep Problems in Kids and Teens (New York: Marlowe & Co., 2005).
5 David McIntosh, Snored to Death: Are You Dying in Your Sleep? (Maroochydore: ENT Specialists Australia, 2017).
6 Leila Kheirandish-Gozal, 'Morbidity of OSA in Children', World Sleep Society Conference (Prague, 2017).
7 Jim Papadopoulos, 'Another Sleepless Night', Yahoo7, interview transcript, last edited July 22, 2013, https://au.news.yahoo.com/sunday-night/a/18093130/another-sleepless-night.
8 Sharon Moore, 'Sleep Disorders Are in Your Face', in The 2nd AAMS Congress (Chicago, 2017).
9 Bruni, 'Insomnia: Clinical and Diagnostic Aspects'
10 Institute of Medicine, 'Sleep Disorders and Sleep Deprivation: An Unmet Public Health Problem', (Washington, DC: National Academic Press, 2006), https://doi.org/10.17226/11617.
11 C.A. Schoenborn and P.F. Adams, 'Health Behaviors of Adults: United States, 2005–2007', Vital Health Stat 10, no. 245 (March 2010).
12 Hans P.A. van Dongen, Greg Maislin, Janet M. Mullington and David F. Dinges, 'The Cumulative Cost of Additional Wakefulness: Dose-Response Effects on Neurobehavioral Functions and Sleep Physiology from Chronic Sleep Restriction and Total Sleep Deprivation', Sleep 26, no. 2 (1 March 2003): 117–26, https://doi.org/10.1093/sleep/26.2.117.
13 Richard Wiseman, Night School: The Life-Changing Science of Sleep (London: Pan Books, 2015).
14 Institute of Medicine, 'Sleep Disorders and Sleep Deprivation: An Unmet Public Health Problem'.
15 National Highway Traffic Safety Administration, Drowsy Driving and Automobile Crashes: Report and Recommendations, (Washington, DC: U.S. Department of Transportation, 1998), https://www.nhtsa.gov/sites/nhtsa.dot.gov/files/808707.pdf.
16 Merrill M. Mitler, Mary A. Carskadon, Charles A. Czeisier, William C. Dement, David F. Dinges and R. Curtis Graeber, 'Catastrophes, Sleep, and Public Policy: Consensus Report', Sleep 11, no. 1 (1988): 100–09, https://doi.org/10.1093/sleep/11.1.100.
17 James K. Walsh, William C. Dement, and David F. Dinges, 'Sleep Medicine, Public Policy, and Public Health', Principles and Practice of Sleep Medicine, no. 4 (2005): 648–56, https://doi.org/10.1016/b0-72-160797-7/50060-4.
18 Dongen, Maislin, Mullington and Dinges, 'The Cumulative Cost of Additional Wakefulness', 117–26.
19 C.S. Moller-Levet, S.N. Archer, G. Bucca, E.E. Laing, A. Slak, R. Kabiljo, J.C.Y. Lo, N. Santhi, M. Von Schantz, C.

P. Smith, and D.-J. Dijk, 'Effects of Insufficient Sleep on Circadian Rhythmicity and Expression Amplitude of the Human Blood Transcriptome', Proceedings of the National Academy of Sciences 110, no. 12 (2013), https://doi.org/10.1073/pnas.1217154110.

20 F. Javier Nieto, Paul E. Peppard, Terry Young, Laurel Finn, Khin Mae Hla, and Ramon Farré, 'Sleep-Disordered Breathing and Cancer Mortality', American Journal of Respiratory and Critical Care Medicine 186, no. 2 (2012): 190–94, https://doi.org/10.1164/rccm.201201-0130oc.

21 Francisco Campos-Rodriguez, Miguel A. Martinez-Garcia, Montserrat Martinez, Joaquin Duran-Cantolla, Monica De La Peña, María J. Masdeu, Monica Gonzalez, Felix Del Campo, Inmaculada Gallego, Jose M. Marin, Ferran Barbe, Jose M. Montserrat and Ramon Farre, 'Association between Obstructive Sleep Apnea and Cancer Incidence in a Large Multicenter Spanish Cohort', American Journal of Respiratory and Critical Care Medicine 187, no. 1 (2013): 99–105, https://doi.org/10.1164/rccm.201209-1671oc.

22 David Gozal, 'Sleep Apnea and Cancer: Illicit Partnerships', in AACP Australian Chapter – 6th International Symposium, (Sydney, March 18, 2017).

23 Institute of Medicine, 'Sleep Disorders and Sleep Deprivation: An Unmet Public Health Problem'.

24 Wiseman, Night School: The Life-Changing Science of Sleep.

25 John J. Ross, 'Neurological Findings after Prolonged Sleep Deprivation', Archives of Neurology 12, no. 4 (1965): 399–403, https://doi.org/10.1001/archneur.1965.00460280069006.

26 Lisa Gallicchio and Bindu Kalesan, 'Sleep Duration and Mortality: A Systematic Review and Meta-Analysis', Journal of Sleep Research 18, no. 2 (2009): 148–58, https://doi.org/10.1111/j.13652869.2008.00732.x.

27 Ibid.

28 Yue Leng, Nick W. J. Wainwright, Francesco P. Cappuccio, Paul G. Surtees, Shabina Hayat, Robert Luben, Carol Brayne and Kay-Tee Khaw, 'Daytime Napping and Increased Risk of Incident Respiratory Diseases: Symptom, Marker, or Risk Factor?' Sleep Medicine 23 (2016): 12–15, https://doi.org/10.1016/j.sleep.2016.06.012.

29 Steven Park, '7 Surprising Health Conditions That Can Be from Poor Breathing at Night', December 6, 2017, podcast, MP3 audio, http://doctorstevenpark.com/7conditions#more-11214.

30 Deborah J. Lightner, Amy E. Krambeck, Debra J. Jacobson, Michaela E. Mcgree, Steven J. Jacobsen, Michael M. Lieber, Véronique L. Roger, Cynthia J. Girman and Jennifer L. St. Sauver, 'Nocturia is Associated with an Increased Risk of Coronary Heart Disease and Death', BJU International 110, no. 6 (2012): 848–53, https://doi.org/10.1111/j.1464410x.2011.10806.x.

31 M. G. Umlauf and E. R. Chasens, 'Sleep Disordered Breathing and Nocturnal Polyuria: Nocturia and Enuresis', Sleep Med Rev 7, no. 5 (2003): 403–11.

32 P. Oyetakin-White, A. Suggs, B. Koo, M. S. Matsui, D. Yarosh, K. D. Cooper, and E. D. Baron, 'Does Poor Sleep Quality Affect Skin Ageing?' Clinical and Experimental Dermatology 40, no. 1 (2014): 17–22, https:/doi.org/10.1111/ced.12455.

33 J. Axelsson, T. Sundelin, M. Ingre, E. J. W. Van Someren, A. Olsson, and M. Lekander, 'Beauty Sleep: Experimental Study on the Perceived Health and Attractiveness of Sleep Deprived People', British Medical Journal 341, no. 14/2 (2010): C6614, https://doi.org/10.1136/bmj.c6614.

34 Sebastian M. Schmid, Manfred Hallschmid, Kamila Jauch-Chara, Jan Born and Bernd Schultes, 'A Single Night of Sleep Deprivation Increases Ghrelin Levels and Feelings of Hunger in Normal-Weight Healthy Men', Journal of Sleep Research 17, no. 3 (2008): 331–34, https://doi.org/10.1111/j.1365-2869.2008.00662.x.

35 'The Price of Fatigue', Harvard Medical School, PDF document, December 2010, https://sleep.med.harvard.edu/file_download/100.

36 A. J. Yoon, S. Zaghi, S. Ha, C. S. Law, C. Guilleminault and S. Y. Liu, 'Ankyloglossia as a Risk Factor for Maxillary Hypoplasia and Soft Palate Elongation: A Functional–Morphological Study', Orthodontics & Craniofacial Research 20, no. 4 (2017): 237–44, https://doi.org/10.1111/ ocr.12206.

37 Hye-Kyung Jung, Rok Seon Choung and Nicholas J. Talley, 'Gastroesophageal Reflux Disease and Sleep Disorders: Evidence for a Causal Link and Therapeutic Implications', Journal of Neurogastroenterology and Motility 16, no. 1 (2010): 22–29, https://doi.org/10.5056/ jnm.2010.16.1.22.

38 Dale L. Smith, David Gozal, Scott J. Hunter, Mona F. Philby, Jaeson Kaylegian and Leila Kheirandish-Gozal, 'Impact of Sleep Disordered Breathing on Behaviour among Elementary School-Aged Children: A Cross-Sectional Analysis of a Large CommunityBased Sample', European Respiratory Journal 48, no. 6 (2016): 1631–39, https://doi.org/10.1183/13993003.00808-2016.

39 Yoo Hyun Um, Seung-Chul Hong and Jong-Hyun Jeong, 'Sleep Problems as Predictors in Attention-Deficit Hyperactivity Disorder: Causal Mechanisms, Consequences and Treatment', Clinical Psychopharmacology and Neuroscience 15, no. 1 (2017): 9–18, https://doi.org/10.9758/cpn.2017.15.1.9.

40 Owens and Mindell, Take Charge of Your Child's Sleep.

41 Judith Owens, 'Comorbidity of Insomnia', in 14th Czech-Slovak and 19th Congress of the Czech Society for Sleep Research and Medicine, (Prague, October 7, 2017).

42 Irina Trosman and Samuel J. Trosman, 'Cognitive and Behavioral Consequences of Sleep Disordered Breathing in Children', Medical Sciences 5, no. 4 (2017): 30, https://doi.org/10.3390/ medsci5040030.

43 Smith et al., 'Impact of Sleep Disordered Breathing on Behaviour among Elementary SchoolAged Children'.

44 Jiali Wu, Meizhen Gu, Shumei Chen, Wei Chen, Kun Ni, Hongming Xu and Xiaoyan Li, 'Factors Related to Pediatric Obstructive Sleep Apnea–Hypopnea Syndrome in Children with Attention Deficit Hyperactivity Disorder in Different Age Groups', Medicine 96, no. 42 (2017), https://doi.org/10.1097/md.0000000000008281.

45 Y. Takahashi, D. M. Kipnis and W. H. Daughaday, 'Growth Hormone Secretion During Sleep', Journal of Clinical Investigation 47, no. 9 (1968), https://doi.org/10.1172/jci105893.

46 Karen Bonuck, Sanjay Parikh, and Maha Bassila, 'Growth Failure and Sleep Disordered Breathing: A Review of the Literature', International Journal of Pediatric Otorhinolaryngology 70, no. 5 (2006), https://

doi.org/10.1016/j.ijporl.2005.11.012.

47 Alison L. Miller, Julie C. Lumeng and Monique K. Lebourgeois, 'Sleep Patterns and Obesity in Childhood', Current Opinion in Endocrinology & Diabetes and Obesity 22, no. 1 (2015), https://doi.org/10.1097/med.0000000000000125.

48 Bruce S. Mcewen, 'Sleep Deprivation as a Neurobiologic and Physiologic Stressor: Allostasis and Allostatic Load', Metabolism 55 (2006), https://doi.org/10.1016/j.metabol.2006.07.008.

49 Luciana Besedovsky, Tanja Lange and Jan Born, 'Sleep and Immune Function', Pflügers Archiv – European Journal of Physiology 463, no. 1 (2011), https://doi.org/10.1007/s00424-011-1044-0.

50 Ann C. Halbower, Mahaveer Degaonkar, Peter B. Barker, Christopher J. Earley, Carole L. Marcus, Philip L. Smith, M. Cristine Prahme and E. Mark Mahone, 'Childhood Obstructive Sleep Apnea Associates with Neuropsychological Deficits and Neuronal Brain Injury', PLoS Medicine 3, no. 8 (2006), https://doi.org/10.1371/journal.pmed.0030301.

51 Owens and Mindell, Take Charge of Your Child's Sleep.

52 L. M. Obrien, 'Neurobehavioral Implications of Habitual Snoring in Children', Pediatrics 114, no. 1 (2004): 44–49, https://doi.org/10.1542/peds.114.1.44.

53 Chitra Lal, Charlie Strange and David Bachman, 'Neurocognitive Impairment in Obstructive Sleep Apnea', Chest 141, no. 6 (2012), https://doi.org/10.1378/chest.11-2214.

54 Paul M. Macey, Leila Kheirandish-Gozal, Janani P. Prasad, Richard A. Ma, Rajesh Kumar, Mona F. Philby and David Gozal, 'Altered Regional Brain Cortical Thickness in Pediatric Obstructive Sleep Apnea', Frontiers in Neurology 9 (2018), https://doi.org/10.3389/fneur.2018.00004.

55 Stephen H. Sheldon, Richard Ferber, Meir H. Kryger and David Gozal, Principles and Practice of Pediatric Sleep Medicine, (London: Elsevier Saunders, 2014).

56 Matt Wood, 'The Deep Impact of Childhood Sleep Apnea', University of Chicago Medicine, posted on March 1, 2012, https://sciencelife.uchospitals.edu/2012/03/01/the-deep-impactof-childhood-sleep-apnea.

57 Halbower et al., 'Childhood Obstructive Sleep Apnea Associates with Neuropsychological Deficits and Neuronal Brain Injury'.

58 David L. Rabiner, Jennifer Godwin and Kenneth A. Dodge, 'Predicting Academic Achievement and Attainment: The Contribution of Early Academic Skills, Attention Difficulties, and Social Competence', School Psychology Review 45, no. 2 (2016): 250–67, https://doi.org/10.17105/spr45-2.250-267.

59 'Even Children with Higher IQs Behave Better When Their Sleep Apnea Is Fixed', University of Michigan, January 8, 2016, http://ihpi.umich.edu/news/even-children-higher-iqs-behavebetter-when-their-sleep-apnea-fixed.

60 Karen Bonuck, 'Pediatric Sleep Disorders and Special Educational Need at 8 Years: A Population-Based Cohort Study', Pediatrics 130, no. 4 (2012), https://doi.org/10.1542/peds.2012-0392d.

61 Karen Bonuck, Ronald D. Chervin and Laura D. Howe, 'Sleep-Disordered Breathing, Sleep Duration, and Childhood Overweight: A Longitudinal Cohort Study', The Journal of Pediatrics 166, no. 3 (2015), https://

doi.org/10.1016/j.jpeds.2014.11.001.
62 'Growing Up in Australia: The Longitudinal Study of Australian Children', Australian Institute of Family Studies, http://www.growingupinaustralia.gov.au/.
63 Rabiner, Godwin and Dodge, 'Predicting Academic Achievement and Attainment: The Contribution of Early Academic Skills, Attention Difficulties, and Social Competence'.
64 'News – Get Sleep Sorted By Age 5 To Help Children Settle At School', Queensland University of Technology, Interview with Dr Kate Williams, March 9, 2016, https://www.qut.edu.au/ news?news-id=102587.
65 Matthew Gray and Diana Smart, 'Growing Up in Australia: The Longitudinal Study of Australian Children: A Valuable New Data Source for Economists', Australian Economic Review 42, no. 3 (2009): 367–76, https://doi.org/10.1111/j.1467-8462.2009.00555.x.
66 Kate E. Williams, Jan M. Nicholson, Sue Walker and Donna Berthelsen, 'Early Childhood Profiles of Sleep Problems and Self-Regulation Predict Later School Adjustment', British Journal of Educational Psychology 86, no. 2 (2016): 331–50, https://doi.org/10.1111/bjep.12109.
67 Jessica Sylfest, 'The Truth About Autism and Sleep', Huffington Post, last modified January 18, 2017, https://www.huffingtonpost.com/entry/587f775ce4b0474ad4874f2f.
68 Ibid
69 Christian Guilleminault and Yu-Shu Huang, 'From Oral Facial Dysfunction to Dysmorphism and the Onset Of Pediatric OSA', Sleep Medicine Reviews, 2017, https://doi.org/:10.1016/j.smrv.2017.06.008.
70 Esfandiar Niaki, Javad Chalipa, and Elahe Taghipoor, 'Evaluation of Oxygen Saturation by Pulse-Oximetry in Mouth Breathing Patients', Acta Medica Iranica 48, no. 1 (15 February 2010).
71 Judith A. Owens and Ronald D. Chervin, 'Behavioral Sleep Problems in Children', UpToDate, last updated February 23, 2017, https://www.uptodate.com/contents/behavioral-sleepproblems-in-children.
72 Smith et al., 'Impact of Sleep Disordered Breathing on Behaviour among Elementary SchoolAged Children'.
73 Ibid.
74 Michael Gelb and Howard Hindin, GASP Airway Health: The Hidden Path to Wellness, (CreateSpace Independent Publishing Platform, 2016).
75 Owens and Mindell, Take Charge of Your Child's Sleep.
76 Nadia Aalling Jessen, Anne Sofie Finmann Munk, Iben Lundgaard and Maiken Nedergaard, 'The Glymphatic System: A Beginner's Guide', Neurochemical Research 40, no. 12 (2015), https:// doi.org/10.1007/s11064-015-1581-6.
77 J. J. Iliff, M. Wang, Y. Liao, B. A. Plogg, W. Peng, G. A. Gundersen, H. Benveniste, G. E. Vates, R. Deane, S. A. Goldman, E. A. Nagelhus and M. Nedergaard, 'A Paravascular Pathway Facilitates CSF Flow through the Brain Parenchyma and the Clearance of Interstitial Solutes, Including Amyloid β', Science Translational Medicine 4, no. 147 (2012), https://doi.org/10.1126/ scitranslmed.3003748.
78 Jeff Iliff, 'One More Reason to Get a Good Night's Sleep', Filmed September 2014 at TEDMED 2014, TED

video, https://www.ted.com/talks/jeff_iliff_one_more_reason_to_get_a_good_ night_s_sleep.
79 Nieto et al., 'Sleep-Disordered Breathing and Cancer Mortality'
80 Arianna S. Huffington, The Sleep Revolution: Transforming Your Life, One Night at a Time (New York: Harmony, 2016).
81 Y. He, C. R. Jones, N. Fujiki, Y. Xu, B. Guo, J. L. Holder, M. J. Rossner, S. Nishino and Y. H. Fu, 'The Transcriptional Repressor DEC2 Regulates Sleep Length in Mammals', Science 325, no. 5942 (2009), https://doi.org/10.1126/science.1174443.
82 Wiseman, Night School: The Life-Changing Science of Sleep.
83 Kheirandish-Gozal, 'Morbidity of OSA in Children'.
84 Macey et al., 'Altered Regional Brain Cortical Thickness in Pediatric Obstructive Sleep Apnea'.
85 Barbara A. Phillips and Meir H. Kryger, 'Management of Obstructive Sleep Apnea-Hypopnea Syndrome', Principles and Practice of Sleep Medicine, 2011, https://doi.org/10.1016/b978-1-41606645-3.00110-9.
86 Gang Bao and Christian Guilleminault, 'Upper Airway Resistance Syndrome-One Decade Later', Current Opinion in Pulmonary Medicine 10, no. 6 (2004), https://doi.org/10.1097/01.mcp.0000143689.86819.c2.
87 Barry Krakow, Jacoby Krakow, Victor A. Ulibarri and Natalia D. Mciver, 'Frequency and Accuracy of 'RERA' and 'RDI' Terms in the Journal of Clinical Sleep Medicine from 2006 through 2012', Journal of Clinical Sleep Medicine, 2014, https://doi.org/10.5664/jcsm.3432.
88 Niaki et al., 'Evaluation of Oxygen Saturation by Pulse-Oximetry in Mouth Breathing Patients'.
89 Owens and Mindell, Take Charge of Your Child's Sleep.
90 David McIntosh, Snored To Death.
91 Yvonne Pamula, Gillian M. Nixon, Elizabeth Edwards, Arthur Teng, Nicole Verginis, Margot J. Davey, Karen Waters, Sadasivam Suresh, Jacob Twiss and Andrew Tai, 'Australasian Sleep Association Clinical Practice Guidelines for Performing Sleep Studies in Children', Sleep Medicine 36 (2017), https://doi.org/10.1016/j.sleep.2017.03.020.
92 Sleep Disordered Breathing/Obstructive Sleep Apnea Symposium, Boston University, 2018, https://www.bu.edu/dental/ce/symposia/sleep-disordered-breathing-obstructive-sleepapnea-symposium.
93 Christian Guilleminault, Michelle Primeau, Hsiao-Yean Chiu, Kin Min Yuen, Damien Leger, and Arnaud Metlaine, 'Sleep-Disordered Breathing in Ehlers-Danlos Syndrome', Chest 144, no. 5 (2013), https://doi.org/10.1378/chest.13-0174.
94 Yu-Shu Huang and Christian Guilleminault, 'Pediatric Obstructive Sleep Apnea and the Critical Role of Oral-Facial Growth: Evidences', Frontiers in Neurology 3 (2013), https://doi.org/10.3389/fneur.2012.00100 Anna Tessa C. Villaneuva, Peter R. Buchanan, Brendon J. Yee and Ronald R. Grunstein, 'Ethnicity and Obstructive Sleep Apnoea', Sleep Medicine Reviews 9, no. 6 (2005), https://doi.org/10.1016/j.smrv.2005.04.005. 184.
95 Meir Kryger, 'Oropharyngeal Growth and Skeletal Malformations', Principles and Practice of Sleep Medicine (Philadelphia, PA: Elsevier, 2017), 1401–22.

96 Anna Tessa C. Villaneuva, Peter R. Buchanan, Brendon J. Yee and Ronald R. Grunstein, 'Ethnicity and Obstructive Sleep Apnoea', Sleep Medicine Reviews 9, no. 6 (2005), https://doi.org/10.1016/j.smrv.2005.04.005.

97 Guilleminault and Huang, 'From Oral Facial Dysfunction to Dysmorphism and the Onset Of Pediatric OSA'.

98 Sheldon et al., Principles and Practice of Pediatric Sleep Medicine.

99 Robert S. Corruccini, How Anthropology Informs the Orthodontic Diagnosis of Malocclusions Causes (Lewiston: Edwin Mellen Press, 1999).

100 Weston Price, 'Nutrition and Physical Degeneration', April 2012, http://gutenberg.net.au/ebooks02/0200251h.html.

101 Vandana Katyal, Yvonne Pamula, Cathal N. Daynes, James Martin, Craig W. Dreyer, Declan Kennedy and Wayne J. Sampson, 'Craniofacial and Upper Airway Morphology in Pediatric Sleep-Disordered Breathing and Changes in Quality of Life with Rapid Maxillary Expansion', American Journal of Orthodontics and Dentofacial Orthopedics 144, no. 6 (2013), https://doi.org10.1016/j.ajodo.2013.08.015.

102 B. H. Seto, H. Gotsopoulos, M. R. Sims and P. A. Cistulli, 'Maxillary Morphology in Obstructive Sleep Apnoea Syndrome', Eur J Orthod 23, no. 6 (2001): 703–14.

103 Simon Beaulieu-Bonneau, Mélanie Leblanc, Chantal Mérette, Yves Dauvilliers and Charles M. Morin, 'Family History of Insomnia in a Population-Based Sample', Sleep 30, no. 12 (2007), https://doi.prg/10.1093/sleep/30.12.1739.

104 Amita Sehgal and Emmanuel Mignot, 'Genetics of Sleep and Sleep Disorders', Cell 146, no. 2 (2011), https://doi.org/10.1016/j.cell.2011.07.004.

105 Stephen J. Ceci, The Nature-Nurture Debate: The Essential Readings (Malden, Md.: Blackwell Publ., 2007).

106 Kylie Andrews, 'Epigenetics: How Your Life Could Change the Cells of Your Grandkids', ABC News, April 21, 2017, http://www.abc.net.au/news/science/2017-04-21/what-doesepigenetics-mean-for-you-and-your-kids/8439548.

107 Wiseman, Night School: The Life-Changing Science of Sleep.

108 David Gozal, 'Pediatric Sleep Apnea: Clinical and Diagnostic Aspects', World Sleep Society Conference (Prague, 2017).

109 Jim Papdopoulos, 'Sleep Behaviour and Learning in Children', in AACP Australian Chapter – 3rd International Symposium, (Sydney, March 28, 2014).

110 Bruni et al., 'The Sleep Disturbance Scale for Children'.

111 Yasmin Anwar, 'Sleep Loss Linked to Psychiatric Disorders', UC Berkley, last modified 22 October, 2007, http://www.berkeley.edu/news/media/releases/2007/10/22_sleeploss.shtml.

112 Kheirandish-Gozal, 'Morbidity of OSA in Children'.

113 Gozal, 'Pediatric Sleep Apnea: Clinical and Diagnostic Aspects'.
114 Marco Zaffanello, Giorgio Piacentini, Giuseppe Lippi, Vassilios Fanos, Emma Gasperi and Luana Nosetti, 'Obstructive Sleep-Disordered Breathing, Enuresis and Combined Disorders in Children: Chance or Related Association?' Swiss Med Wkly, no. w14400 (2017):147, https:// smw.ch/article/doi/smw.2017.14400.
115 Guilleminault and Huang, 'From Oral Facial Dysfunction to Dysmorphism and the Onset Of Pediatric OSA'.
116 Huang and Guilleminault, 'Pediatric Obstructive Sleep Apnea and the Critical Role of OralFacial Growth: Evidences'.
117 Bradley A. Edwards, Danny J. Eckert and Amy S. Jordan, 'Obstructive Sleep Apnoea Pathogenesis from Mild to Severe: Is It All the Same?' Respirology 22, no. 1 (2016), https://doi.org/10.1111/resp.12913.
118 Guilleminault et al., 'Sleep-Disordered Breathing in Ehlers-Danlos Syndrome'.
119 Scott Burgess, presentation, AAOM Inc Symposium Day (Coolangatta, February 17, 2018).
120 Eleonora Dehlink and Hui-Leng Ta, 'Update on paediatric obstructive sleep apnoea', The Journal of Thoracic Disease 8, no. 2 (2016).
121 Owens and Mindell, Take Charge of Your Child's Sleep, 132–33.
122 Zuania Ramos, 'Storytelling Can Help Your Children Sleep Better and Strengthen Your Family', Huffington Post, last modified August 27, 2013, http://www.huffingtonpost.com.au/ entry/3817198.
123 A great resource for teaching kids breathing is accessible on the Buteyko Method for Children and Teenagers website, which you can find at http://buteykoclinic.com/ buteykochildren.
124 Gwen Dewar, 'Night-Time Fears in Children: A Guide for the Science-Minded', Parenting Science, accessed January 1, 2018, https://www.parentingscience.com/nighttime-fears.html.
125 Owens and Mindell, Take Charge of Your Child's Sleep.
126 Ibid.
127 Mansbach and Cortés, Go the F**k to Sleep.
128 Owens and Mindell, Take Charge of Your Child's Sleep
129 Ibid
130 Sarah L. Blunden, 'Comment on: The Joy of Parenting: Infant Sleep Intervention to Improve Maternal Emotional Well-Being and Infant Sleep', Singapore Medical Journal 58, no. 3 (2017), https://doi.org/10.11622/smedj.2017019.
131 Sarah L. Blunden, Kirrilly R. Thompson and Drew Dawson, 'Behavioural Sleep Treatments and Night-Time Crying in Infants: Challenging the Status Quo', Sleep Medicine Reviews 15, no. 5 (2011), https://doi.org/10.1016/j.smrv.2010.11.002.
132 American Academy of Pediatrics, Task Force on Infant Sleep Position and Sudden Infant Death Syndrome, 'Changing Concepts of Sudden Infant Death Syndrome: Implications for Infant Sleeping Environment and Sleep Position', Pediatrics 105, no. 3 pt 1 (2000): 650–56.
133 Steven Lin, The Dental Diet: The Surprising Link Between Your Teeth, Real Food, and Life-Changing

Natural Health (Carlsbad, CA: Hay House, Inc., 2018).

134 Max Lugavere, Genius Foods: Become Smarter Happier and More Productive while Protecting Your Brain for Life (Harper Collins, NY: 2018)

135 Bill and Claire Wurtzel, Funny Food: 365 Fun, Healthy, Silly Creative Breakfasts (Welcome Enterprises, NY: 2012)

136 Jim Benson and Tonianne De Maria. Barry, Personal Kanban: Mapping Work, Navigating Life (Seattle, WA: Modus Cooperandi Press, 2011).

137 Guilleminault and Huang, 'From Oral Facial Dysfunction to Dysmorphism and the Onset Of Pediatric OSA'.

138 Christian Guilleminault, 'A Case for Myofunctional Therapy as a Standard of Care for Pediatric OSA', in The 2nd AAMS Congress (Chicago, 2017).

139 Macario Camacho, Victor Certal, Jose Abdullatif, Soroush Zaghi, Chad M. Ruoff, Robson Capasso and Clete A. Kushida, 'Myofunctional Therapy to Treat Obstructive Sleep Apnea: A Systematic Review and Meta-analysis', Sleep 38, no. 5 (2015), https://doi.org/10.5665/sleep.4652.

140 Camila De Castro Corrêa and Giédre Berretin-Felix, 'Terapia miofuncional orofacial aplicada à Síndrome do aumento da resistência das vias aéreas superiores: caso clínico', CoDAS 27, no. 6 (2015), https://doi.org/10.1590/2317-1782/20152014228.

141 Nicole Archambault Besson, 'The Tongue Was Involved, but What Was the Trouble?' ASHA Leader 20, no. 9 (2015), https://doi.org/10.1044/leader.cp.20092015.np.

142 Kátia C. Guimarães, Luciano F. Drager, Pedro R. Genta, Bianca F. Marcondes and Geraldo Lorenzi-Filh, 'Effects of Oropharyngeal Exercises on Patients with Moderate Obstructive Sleep Apnea Syndrome', American Journal of Respiratory and Critical Care Medicine 179, no. 10 (2009), https://doi.org/10.1164/rccm.200806-981oc.

143 Giovana Diaferia, Luciana Badke, Rogerio Santos-Silva, Silvana Bommarito, Sergio Tufik and Lia Bittencourt, 'Effect of Speech Therapy as Adjunct Treatment to Continuous Positive Airway Pressure on the Quality of Life of Patients with Obstructive Sleep Apnea', Sleep Medicine 14, no. 7 (2013), https://doi.org/10.1016/j.sleep.2013.03.016.

144 C. Guilleminault, Y.S. Huang, P.J. Monteyrol, R. Sato, S. Quo and C.H. Lin, 'Critical Role of Myofascial Reeducation in Pediatric Sleep-Disordered Breathing', Sleep Medicine 14, no. 6 (2013), https://doi.org/10.1016/j.sleep.2013.01.013.

145 Huang and Guilleminault, 'Pediatric Obstructive Sleep Apnea and the Critical Role of OralFacial Growth: Evidences'.

146 Macario Camacho, Christian Guilleminault, Justin M. Wei, Sungjin A. Song, Michael W. Noller, Lauren K. Reckley, Camilo Fernandez-Salvador and Soroush Zaghi, 'Oropharyngeal and Tongue Exercises (Myofunctional Therapy) for Snoring: A Systematic Review and MetaAnalysis', European Archives of Oto-Rhino-Laryngology, 2017, https://doi.org/10.1007/s00405-0174848-5.

147 Diaferia et al., 'Effect of Speech Therapy as Adjunct Treatment to Continuous Positive Airway Pressure'.
148 Maria Pia Villa, Melania Evangelisti, Susy Martella, Mario Barreto and Marco Del Pozzo, 'Can Myofunctional Therapy Increase Tongue Tone and Reduce Symptoms in Children with Sleep-Disordered Breathing?' Sleep and Breathing 21, no. 4 (2017), https://doi.org/10.1007/ s11325-017-1489-2.
149 Fabiane Kayamori and Esther Mandelbaum Gonçalves Bianchini, 'Effects of Orofacial Myofunctional Therapy on the Symptoms and Physiological Parameters of Sleep Breathing Disorders in Adults: A Systematic Review', Revista CEFAC 19, no. 6 (2017), https://doi.org/10.1590/1982-0216201719613317.
150 Yasuyo Sugawara, Yoshihito Ishihara, Teruko Takano-Yamamoto, Takashi Yamashiro and Hiroshi Kamioka, 'Orthodontic Treatment of a Patient with Unilateral Orofacial Muscle Dysfunction: The Efficacy of Myofunctional Therapy on the Treatment Outcome', American Journal of Orthodontics and Dentofacial Orthopedics 150, no. 1 (2016), https://doi.org10.1016/j.ajodo.2015.08.021.
151 S. Saccomanno, G. Antonini, L. D'Alatri, M. D'Angelantonio, A. Fiorita and R. Deli, 'Causal Relationship Between Malocclusion and Oral Muscles Dysfunction: A Model of Approach', Eur J Paediatr Dent 13, no. 4 (2012): 321–23.
152 Joann Smithpeter and David Covell, 'Relapse of Anterior Open Bites Treated with Orthodontic Appliances with and without Orofacial Myofunctional Therapy', American Journal of Orthodontics and Dentofacial Orthopedics 137, no. 5 (2010), https://doi.org/10.1016/j.ajodo.2008.07.016.
153 Moore, 'Sleep Disorders are in Your Face'.
154 'The Asian Paediatric Pulmonology Society (APPS) Position Statement on Childhood Obstructive Sleep Apnea Syndrome', Erratum 1, no. 3 (2017): 69, https://doi.org/10.4103/ WKMP-0132.216541.
155 Stanley Liu, 'From Reconstruction to Re-Education: The Evolution of a Sleep Surgery Protocol with DOME, MMA, Hypoglossal Nerve Stimulation, and Myofunctional Therapy', AAMS Workshop, pre World Sleep Society Conference (Prague, 2017).
156 Guilleminault and Huang, 'From Oral Facial Dysfunction to Dysmorphism and the Onset Of Pediatric OSA'.
157 Anilawan Smitthimedhin, Matthew Whitehead, Mahya Bigdeli, Nino Gustavo, Perez Geovanny and Otero Hansel, 'MRI Determination of Volumes for the Upper Airway and Pharyngeal Lymphoid Tissue in Preterm and Term Infants', Clinical Imaging 50 (2018), https://
158 L. M. Obrien, A. S Bullough, M. C Chames, A. V Shelgikar, R. Armitage, C. Guilleminualt, C. E. Sullivan, T. Johnson, and R. D. Chervin, 'Hypertension, Snoring, and Obstructive Sleep Apnoea During Pregnancy: A Cohort Study', BJOG: An International Journal of Obstetrics & Gynaecology 121, no. 13 (2014), https://doi.org/10.1111/1471-0528.12885.
159 Bilgay Izci-Balserak and Grace W. Pien, 'Sleep-Disordered Breathing and Pregnancy: Potential Mechanisms and Evidence for Maternal and Fetal Morbidity', Current Opinion in Pulmonary Medicine 16, no. 6 (2010), https://doi.org/10.1097/mcp.0b013e32833f0d55.
160 Amy Corderoy, 'Late-Pregnancy Snoring Risk To Baby: Study', Sydney Morning Herald, October 27, 2011,

http://www.smh.com.au/national/health/latepregnancy-snoring-risk-to-babystudy-20111026-1mk9q.html.
161 Obrien et al., 'Hypertension, Snoring, and Obstructive Sleep Apnoea During Pregnancy: A Cohort Study'.
162 Brenda S. Lessen, 'Effect of the Premature Infant Oral Motor Intervention on Feeding Progression and Length of Stay in Preterm Infants', Advances in Neonatal Care 11, no. 2 (2011), https://doi.org/10.1097/anc.0b013e3182115a2a.
163 C. Brennan-Jones, R. Eikelboom, A. Jacques, D. Swanepoel, M. Atlas, A. Whitehouse, S. Jamieson and W. Oddy, 'Protective Benefit of Predominant Breastfeeding against Otitis Media May Be Limited to Early Childhood: Results from a Prospective Birth Cohort Study', Clinical Otolaryngology 42, no. 1 (2016), https://doi.org10.1111/coa.12652.
164 Michele Vargas Garcia, Marisa Frasson De Azevedo, José Ricardo Gurgel Testa and Cyntia Barbosa Laureano Luiz, 'The Influence of the Type of Breastfeeding on Middle Ear Conditions in Infants', Brazilian Journal of Otorhinolaryngology 78, no. 1 (2012), https://doi.org/10.1590/s1808-86942012000100002.
165 Christian Guilleminault and Shannon S. Sullivan, 'Towards Restoration of Continuous Nasal Breathing as the Ultimate Treatment Goal in Pediatric Obstructive Sleep Apnea', Enliven: Pediatrics and Neonatal Biology, no. 01 (2014), 178 'Ear infections', Paediatrics & Child Health 14, no. 7 (2009): 465–66, https://doi.org/10.1093/ pch/14.7.465. https://doi.org/10.18650/2379-5824.11001.
166 Christian Guilleminault, Shehlanoor Huseni and Lauren Lo, 'A Frequent Phenotype for Paediatric Sleep Apnoea: Short Lingual Frenulum', ERJ Open Research 2, no. 3 (2016), https:// doi.org/10.1183/23120541.00043-2016.
167 'Ear infections', Paediatrics & Child Health 14, no. 7 (2009): 465–66, https://doi.org/10.1093/pch/14.7.465.
168 Garcia et al., 'The Influence of the Type of Breastfeeding on Middle Ear Conditions in Infants'
169 Meir H. Kryger, Thomas Roth and William C. Dement, Principles and Practice of Sleep Medicine (Philadelphia, PA: Elsevier, 2017).
170 Carlos Torre and Christian Guilleminault, 'Establishment of nasal breathing should be the ultimate goal to secure adequate craniofacial and airway development in children', Jornal de Pediatria, 2017, https://doi.org/10.1016/j.jped.2017.08.002.
171 Chad M. Ruoff and Christian Guilleminault, 'Orthodontics and sleep-disordered breathing', Sleep and Breathing 16, no. 2 (2011), https://doi.org/10.1007/s11325-011-0534-9.
172 Seo-Young Lee, Christian Guilleminault, Hsiao-Yean Chiu, and Shannon S. Sullivan, 'Mouth breathing, 'nasal disuse', and pediatric sleep-disordered breathing', Sleep and Breathing 19, no. 4 (2015), https://doi.org/10.1007/s11325-015-1154-6.
173 Ornish Living, 'Breathe Your Way Into Balance', Huffpost, 2017, https://www.huffingtonpost.com/ornish-living/breathe-your-way-into-bal_b_7285090.html.
174 Licia Coceani Paskay, 'Chewing, Biting, Clenching, Bruxing And Oral Health', Oral Health Group, 2018,

https://www.oralhealthgroup.com/features/1003919890.

175 Daniel Lieberman, Evolution of the Human Head, (Harvard University Press, 2011)

176 Sandrine Thuret, 'You Can Grow New Brain Cells. Here's How', Ted.com, recorded June, 2015, https://www.ted.com/talks/sandrine_thuret_you_can_grow_new_brain_cells_here_s_how.

177 Yoshiyuki Hirano and Minoru Onozuka, 'Chewing and Attention: A Positive Effect on Sustained Attention', BioMed Research International 2015 (2015), https://doi.org/10.1155/2015/367026.

178 Akinori Tasaka, Manaki Kikuchi, Kousuke Nakanishi, Takayuki Ueda, Shuichiro Yamashita, and Kaoru Sakurai, 'Psychological stress-relieving effects of chewing - Relationship between masticatory function-related factors and stress-relieving effects', Journal of Prosthodontic Research 62, no. 1 (2018), https://doi.org/10.1016/j.jpor.2017.05.003.

179 'Choking Prevention For Children', Health.Ny.Gov, 2018, https://www.health.ny.gov/prevention/injury_prevention/choking_prevention_for_children.htm.

180 Sheldon et al., Principles and Practice of Pediatric Sleep Medicine. 275–80.

181 Miho Nagaiwa, Kaori Gunjigake and Kazunori Yamaguchi, 'The Effect of Mouth Breathing on Chewing Efficiency', The Angle Orthodontist 86, no. 2 (2016), https://doi.org/10.2319/02011580.1.

182 Gill Rapley and Tracey Murkett, Baby-Led Weaning: Helping Your Baby to Love Good Food (Chatham, Me.: Vermilion, 2008).

183 Nimali Fernando and Melanie Potock, Parenting in the Kitchen: How to Raise Happy and Healthy Eaters at Every Step in Your Child's Development (New York, NY: The Experiment, LLC, 2015).

184 Nancy Ripton and Melanie Potock, Baby Self-Feeding: Solid Food Solutions to Create Lifelong, Healthy Eating Habits (Beverly, MA: Fair Winds, 2016).

185 Robyn Merkel-Walsh, 'AAPPSPA Position Statement - Oral-Motor Therapy', Talktools, December 2, 2015, https://talktools.com/blogs/from-the-experts/aappspa-positionstatement-oral-motor-therapy.

186 Diane Bahr, Nobody Ever Told Me (or My Mother) That! Everything from Bottles and Breathing to Healthy Speech Development (Arlington, TX: Sensory World, 2010).

187 Patricia K. Kuhl, 'Brain Mechanisms in Early Language Acquisition', Neuron 67, no. 5 (2010), https://doi.org/10.1016/j.neuron.2010.08.038.

188 Bjorn Carey, 'Talking Directly to Toddlers Strengthens Their Language Skills, Stanford Research Shows', Stanford University, October 15, 2013, https://news.stanford.edu/news/2013/october/fernald-vocab-development-101513.html.

189 Daniel Garliner, Myofunctional Therapy (Philadelphia: W.B. Saunders, 1981).

190 Dana C. Won, Christian Guilleminault, Peter J. Koltai, Stacey D. Quo, Martin T. Stein and Irene M. Loe, 'It Is Just Attention-Deficit Hyperactivity Disorder ... or Is It?' Journal of Developmental & Behavioral Pediatrics, 2017, https://doi.org/10.1097/dbp.0000000000000386.

191 Rosalie Sivestri 'Introduction', in World Sleep Society Conference (Prague, 2017).

192 Robert Adams, Sarah Appleton, Anne Taylor, Doug McEvoy and Nick Antic, 'Report to the Sleep

Health Foundation: 2016 Sleep Health Survey of Australian Adults', University of Adelaide, Adelaide Institute for Sleep Health (Adelaide, 2016), https://www.sleephealthfoundation.org.au/pdfs/surveys/SleepHealthFoundation-Survey.pdf.

193 Schoenborn and Adams, 'Health Behaviours Of Adults'.

194 Malcolm Gladwell, The Tipping Point: How Little Things Can Make a Big Difference (London: Abacus, 2000).

195 Bruni, 'Insomnia: Clinical and Diagnostic Aspects'.

196 Owens, 'Comorbidity of Insomnia'.

197 'Paediatric Sleep Medicine and ENT at St George Private Hospital', video published July 28, 2016, https://www.youtube.com/watch?v=-U0dBOLLQ8c.

198 Gozal, 'Pediatric Sleep Apnea: Clinical and Diagnostic Aspects'.

199 Mark B. Norman, Sonia M. Pithers, Arthur Y. Teng and Karen A. Waters, 'Validation of the Sonomat Against PSG and Quantitative Measurement of Partial Upper Airway Obstruction in Children With Sleep-Disordered Breathing', Sleep 40, no. 3 (2017), https://doi.org/10.1093/ sleep/ zsx017.

200 Felix Liao, Six-Foot Tiger, Three-Foot Cage: Take Charge of Your Health (Carlsburg, CA: Crescendo Publishing, 2017).

201 Shirley Leibovitz, Yaron Haviv, Yair Sharav, Galit Almoznino, Doron Aframian and Uri Zilberman, 'Pediatric Sleep-Disordered Breathing: Role of the Dentist', Quintessence Int 48, no. 8 (2017), https://doi.org/10.3290/j.qi.a38554.

202 Chad M. Ruoff and Christian Guilleminault, 'Orthodontics and Sleep-Disordered Breathing', Sleep and Breathing 16, no. 2 (2011), https://doi.org/10.1007/s11325-011-0534-9.

203 Ibid.

204 Sheldon et al., Principles and Practice of Pediatric Sleep Medicine.

205 Macario Camacho, Edward T. Chang, Sungjin A. Song, Jose Abdullatif, Soroush Zaghi, Paola Pirelli, Victor Certal and Christian Guilleminault, 'Rapid Maxillary Expansion for Pediatric Obstructive Sleep Apnea: A Systematic Review and Meta-Analysis', The Laryngoscope 127, no. 7 (2016), https://doi.org/10.1002/lary.26352.

206 Ruoff and Guilleminault, 'Orthodontics and Sleep-Disordered Breathing'.

207 V. Khanijow, P. Prakash, H.A. Emsellem, M.L. Borum, D.B. Doman, 'Sleep Dysfunction and Gastrointestinal Diseases', Gastroenterol Hepatol (NY) 11, no. 12 (2015):817–25

208 Guilleminaul216 Leila Keirandish-Gozal, 'Morbidity Related Biomarkers in Pediatric Obstructive Sleep Apnea', World Sleep Society Conference (Prague, 2017).t and Huang, 'From Oral Facial Dysfunction to Dysmorphism and the Onset of Pediatric OSA'.

209 Leila Keirandish-Gozal, 'Morbidity Related Biomarkers in Pediatric Obstructive Sleep Apnea', World Sleep Society Conference (Prague, 2017).

210 Heather M. Clark, 'Neuromuscular Treatments for Speech and Swallowing', American Journal of

Speech-Language Pathology 12, no. 4 (2003), https://doi.org/10.1044/1058-0360(2003/086).

211 Heather Clark, 'Motor Learning and Neuromuscular Principles: Applications to Myofunctional Disorder', in The 1st AAMS Congress, (Los Angeles, 2015).

212 'The Complete Buteyko Method For Children and Teenagers', Buteyko Clinic International, accessed January 1, 2018, http://buteykoclinic.com/buteykochildren.

213 E. Bianchini, 'Pathways to Update Standards of Care: How Myofunctional Therapy Works in OSA', AAMS workshop, pre World Sleep Society Conference (Prague, 2017).

214 Moore, 'Sleep Disorders are in Your Face'

215 Sarah Blunden, 'Behavioural Sleep Disorders'.

216 Claire Broad, How to Be the Big Person Your Little Person Needs (Sydney, N.S.W.: The OMNE Group, 2015).

217 Children's National Health System, 'Preterm Infants Have Narrowed Upper Airways, Which May Explain Higher Obstructive Sleep Apnea Risk', ScienceDaily, accessed January 7, 2018, https://www.sciencedaily.com/releases/2017/12/171223134801.htm.

218 Smitthimedhin, 'MRI Determination of Volumes for the Upper Airway and Pharyngeal Lymphoid Tissue in Preterm and Term Infants'.

잠 못 자는 우리 아이를 위한

좋은 잠 처방전

2020년 4월 8일 초판 1쇄 발행
2021년 1월 4일 초판 2쇄 발행

지은이 샤론 무어 Sharon Moore
옮긴이 함현주

펴낸곳 해와달 출판그룹
브랜드 유월사일
출판등록 2019년 5월 9일 제2020-000272호
주소 서울특별시 마포구 양화로 183, 311호(동교동)
이메일 info@hwdbooks.com

ISBN 979-11-967569-2-5

* 유월사일은 해와달 출판그룹의 단행본 브랜드입니다.
* 책값은 뒤표지에 있습니다.
* 파본은 구입하신 서점에서 교환해드립니다.
* 이 책은 저작권법에 의하여 보호를 받는 저작물이므로 무단전재와 복제를 금합니다.

이 도서의 국립중앙도서관 출판예정도서목록(CIP)은 서지정보유통지원시스템 홈페이지(http://seoji.nl.go.kr)와 국가자료종합목록 구축시스템(http://kolis-net.nl.go.kr)에서 이용하실 수 있습니다. (CIP제어번호 : CIP2020011982)